TOD IM NEBELWALD

LUTZ G. WETZEL

TOD IM NEBELWALD

Krieg im Revier –
das Dorf schläft nie

KOSMOS

Ich würde mich schwertun, diese Geschichte zu erzählen, wenn es nicht noch Menschen gäbe, die sie miterlebt hätten. Viele Jahre lang war sie verborgen in der Erinnerung einer kleinen Stadt. Und sie wäre für immer versunken in der Tiefe der Zeit, wenn nicht drei Personen an einem Winterabend darüber gesprochen hätten, welche rätselhaften Wege uns das Schicksal führt, wie das Unheil sich seine Handlanger sucht und wie unsere Seele sich verirren kann zwischen Wahrheit und Wirklichkeit.

Kapitel 1

Es fehlte ein Huhn. Als Hauptwachtmeister Kesselring am Morgen vor dem Gang zum Dienst noch eben seine aufgeregt gackernden Kleinen Niederrheiner fütterte, fiel es ihm sofort auf: Es waren nur sechs Hühner, die um ihn herum gierig pickten. Mit der Gründlichkeit eines deutschen Beamten suchte er im Stall, im Strohboden und zwischen den Holunderbüschen. Nichts. Das siebte Huhn war verschwunden. Kesselring zitterte vor Aufregung. Da fiel sein forschender Blick auf ein paar hellbraune, sperberartige Federn zwischen den soeben ausgestreuten Weizenkörnern, Kopfsalatblättern und Kartoffelresten. Die Spur der Federn führte zu einem spannhohen Loch unterm Zaun. Es musste in der Nacht dort entstanden sein. Ein Fuchs? Ein Marder? Oder war gar ein zweibeiniger Hühnerdieb in den Stall eingedrungen und hatte heimtückisch diese Spuren gelegt, um ihn zu täuschen? Ihn, Hauptwachtmeister Kesselring, pflichtbewusster Vertreter der Staatsgewalt?

Der vom Landleben und seinen besonderen Genüssen beleibt gewordene Polizeibeamte stürmte mit hochrotem Kopf ins Haus, schob schnaufend seine entgeistert blickende Ehefrau Corinna zur Seite und wählte die Nummer der Wache: 215. Sein Kollege, Kommissar Rottek, saß, wie so oft, besonders früh bei der ersten Zigarette am Schreibtisch. Er war Jäger. „Rottek, schnallen Sie den Colt um, ich brauche Sie hier“, rief Kesselring in den Hörer. „Eine blutige Straftat. Kommen Sie als gewissenhafter Fahnder und als waidmännische Spürnase. Alles Weitere am Tatort.“

Wenig später erstarb das hohle Zweitakter-Kollern des grauen DKW Junior von Kommissar Rottek vor der Haustür der Kesselrings. Der Hauptwachtmeister führte ihn bedeutsam schweigend zum Stall.

Wortlos zeigte er auf die Federn. „Ein Hühnerdieb", knurrte er. Rottek drängte ihn zurück. „Keine Spuren vernichten! Haben Sie irgendwelche Beobachtungen gemacht?"

„Ich habe beobachtet, dass ein Huhn fehlt", brummte Kesselring. „Graubraune Federn, eher kleine Statur, grauer Schnabel, zwei Flügel, gackernde Lautäußerungen." Kommissar Rottek schaute sich das Loch im Zaun von außen an. Die Spur der Federn zog sich bis zur Weißdornhecke hinter Kesselrings Gartenschuppen, der gleich an die im Nebel versinkende Feldmark angrenzte. Im Dickicht der Hecke fand der Ermittler einen Berg Federn und die Reste des Huhns: Ein paar blutige Fetzen. Die gelben Füße. Den Schnabel, noch wie in der Todesklage geöffnet. Kesselring stapfte herbei. Betroffen senkte er den Kopf. „Rache", fauchte er. „Bittere Rache."

Kommissar Rottek untersuchte den Fundort und schnupperte. „Fuchs", stellte er fest. „Das war ein Fuchs." Kesselring schaute ihn ungläubig an. „Woher wollen Sie das wissen? Oder spricht jetzt wieder der jagdliche Klugscheißer?"

„Das Loch im Zaun ist zu groß für einen Marder. Und die Federn sind abgebissen. Das macht nur ein Raubtier. Außerdem riecht man es. Fuchs riecht wie ungewaschene Socken. Sage ich Ihnen als Jäger. Und wenn dem Fuchs das Huhn geschmeckt hat, dann kommt er jetzt öfter."

Kesselring schnupperte oberflächlich in Richtung der Federn und blickte dann empört. „Geschmeckt? Natürlich hat ihm das Huhn geschmeckt. Sonst hätte er es ja nicht verspeist. Ihre Theorien sind ja wirklich hochgradig verblüffend. Meine Hühner schmecken jedem, Herr Kommissar. Das wollen wir hier mal festhalten. Und wenn der Fuchs unbedingt wiederkommen möchte, dann fliegen ihm bleierne Bohnen um die Ohren. Ich schlafe die nächsten Nächte im Hühnerstall mit meiner Knarre in der Hand. Und wenn es knallt, dann bin ich das." Entrüstet schwang er seine Dienstpistole Walther P5.

„Solange es hier nachts nach Hauptwachtmeister riecht, kommt der Fuchs wohl nicht “, meinte Rottek. „Der wartet, bis Sie weg sind. Dann erst holt er sich wieder eins. Bauen Sie doch einfach eine solide Tür ein und schließen Sie den Stall ab. Das hilft schon.“

„Ich will keine Tür abschließen, ich will Rache“, knurrte Kesselring und zielte mit der Dienstpistole grimmig in den Weißdorn hinter dem Gartenhaus. „Wer meine Hühner beißt, der beißt mich, einen deutschen Beamten. Da fällt mir ein: Sie können ja auch mal Ihren großartigen Jagdhund auf die Spur des Mörders ansetzen.“

Den Kommissar schmerzte dieses ironische Bemerkung. Er besaß als Jagdhund einen Foxterrier. „Toni“ war sein Name. Toni war im Ort allerdings weniger für Verdienste als tüchtiger Helfer im Waidwerk bekannt, als für seine Fähigkeit, jede läufige Hündin im weitem Umkreis persönlich zu kennen und zwecks Anknüpfung näherer Bekanntschaft aufzusuchen. Außerdem jagte er mit großer Leidenschaft Katzen auf die Bäume, raufte frech mit anderen Hunden und beschaffte sich Nahrung, indem er so lange leidend vor Läden wie dem von Schlachter Karasek fiepte, bis man ihm eine Schale mit Wurst und Bratenresten herausstellte und ihn so vor dem vermeintlich unmittelbar bevorstehenden Hungertod rettete.

Jagd indessen verstand Toni eher als sein ganz privates Vergnügen denn als Dienstleistung für seinen Besitzer, den Kriminalbeamten Rottek. Deshalb sah man ihn öfters allein in der Feldmark, wenn er fröhlich kläffend Hasen und Rehen Bewegung verschaffte. Schmackhafte Lebensmittel aller Art betrachtete er grundsätzlich als sein persönliches Eigentum. Er schnappte deshalb ohne große Umschweife arglosen Schulkindern Schinkenbrote aus der Hand oder durchsuchte unbeaufsichtigte Frühstücksbeutel von Bauarbeitern nach verwertbaren Bestandteilen. All diese sinnvollen Beschäftigungen füllten seinen Alltag aus, und deshalb bettete er sich am Abend zufrieden, müde und behaglich auf sein Lager im alten Forsthaus.

Rottek, seinen Herrn, liebte er abgöttisch und stand ihm wachsam und treu zur Seite. Aber jagdliche Hilfeleistungen für ihn betrachtete er eben nur als gelegentliche Gefälligkeit und nicht als Lebensaufgabe. Wenn es allerdings einmal mit seinem Zeitplan und seinen anderweitigen Verpflichtungen vereinbar war, dann stellte er bei der Jagd beherzt jede Sau, suchte zuverlässig den beschossenen Rehbock nach und packte den Fuchs, der sich in seinem Bau in Sicherheit wähnte.

Die Ermittlungen in Sachen des verschwundenen Huhns nahm Kommissar Rottek persönlich in die Hand. Er hielt ein paar blutige Hühnerfedern hoch. „Diese Beweismittel werden wir sicherstellen", erklärte er. „In den nächsten Tagen ziehen wir alle verfügbaren Kräfte zusammen, um diesen Fall aufzuklären."

„Klären Sie nicht auf, schießen Sie den Fuchs tot. Sie sind Jäger, gehen Sie auf die Pirsch", rief Kesselring. „Ihr Jäger könnt ja auch mal was Sinnvolles für die Bevölkerung tun. Denn das war Mord. Kaltblütiger Mord an einem Huhn. Keine Gnade für den Täter!"

Der Kommissar schaute ihm frech in die Augen. „Andererseits, Herr Hauptwachtmeister."

„Was heißt hier ‚andererseits'? Kommt jetzt wieder so eine krachende Jägerweisheit vom Humpenstammtisch?"

„Andererseits haben Sie in gewisser Weise Ihre Aufsichtspflicht gegenüber den Hühnern vernachlässigt."

„Aufsichtspflicht? Wenn sich hier heimlich ein Mörder durch den Zaun bohrt, kann ich ihn nicht dabei beaufsichtigen. Soll ich etwa Tag und Nacht als Wachkommando neben den Hühnerstall stehen?"

„Haben Sie nicht versprochen, den Nutzen des Hühnervolks zu mehren und Schaden von ihm zu wenden? Die Hühner haben Ihnen vertraut, Herr Hauptwachtmeister. Die haben sich sicher gefühlt und Ihnen zum Dank Eier gelegt. Viele, schmackhafte Eier. Für die Hühner waren Sie der große Freund und Beschützer. Und dann lassen Sie zu, dass ein Fuchs solch eine Bluttat im Stall anrichtet? Ich könnte verstehen, wenn sich die Hühner nun enttäuscht von Ihnen abwenden und keine Eier mehr legen würden, Hauptwachtmeister Kesselring. Ich könnte es verstehen."

„Sie, Herr Oberschlaukommissar, als Sie vierzehn waren und besoffen Moped gefahren sind, da hab' ich Ihnen mal eine wunderbar wirksame, erzieherische Ohrfeige verpasst. Ich gelange zu der Auffassung, dass jetzt wieder ein solch wichtiger Moment gekommen sein könnte."

Rottek holte die orangefarbene Schachtel Ernte23 aus seiner speckigen Lederjacke und hielt sie Kesselring hin. „Hier", sagte er. „Eine Beruhigungszigarette." Sie rauchten schweigend und schauten in den Garten, in dem noch Porree und Grünkohl in den Beeten standen. Zwei Gießkannen hingen an Haken neben dem großen Regenfass. Eine letzte, rotgelbe Tomate leuchtete im Gewächshaus.

„Der Tag fängt ja wirklich gut an", brummte Kesselring. „Wenn das heute mal nicht so weitergeht."

Rottek trat die Zigarettenkippe geschickt in ein Wühlmausloch. „Warum sollte das so weitergehen?"

„Weil Scheißtage so anfangen", meinte Kesselring. „Genau so."

Kapitel 2

„Ich habe unseren Theo nicht gestillt. Mein Mann wollte es nicht. Er hat gesagt, davon bekomme ich einen Hängebusen. Was sagen Sie dazu? Sie kennen doch so viele Damen." Die Frau des Apothekers schaute Friseur Rimini im Spiegel fragend in die Augen, während er an ihrem Hinterkopf geschäftig Locken eindrehte. Lächelnd hielt er inne. „Gnädige Frau Siebenstern, früher oder später hat jeder einen Hängebusen. Auch Männer." Die Apothekersgattin lachte kreischend auf und versuchte, ihn dabei schwärmerisch anzuschauen. „Sie sind einer, Herr Rimini, Sie sind aber auch einer!", kicherte sie.

Das Telefon läutete. Der kleine Friseur verschwand in seinem winzigen Büro und besprach mit der Anruferin umständlich einen Termin: „Donnerstag, 11 Uhr ist für Sie reserviert, Frau Klötzer. Sie hatten ja gestern schon deswegen angerufen. Ich freue mich auf Sie. Ja, gerne. Habe ich notiert. Selbstverständlich. Nein, das ist sicher. Kundendienst, Frau Klötzer. Bis Donnerstag. Ja, wir haben geöffnet. Nein, Sie müssen nicht warten. Wiederschauen, Frau Klötzer. Ja, für Sie auch."

Hatte er die Türklingel gehört, während er telefonierte? Rimini schaute in den Laden. Aber niemand war hereingekommen. Er trat wieder an den Friseurstuhl und griff sich einen Lockenwickler. Als er die Strähne eingedreht hatte und losließ, sank der Kopf der Frau langsam nach vorne. „Den Kopf bitte wieder hochnehmen, so kann ich nicht arbeiten!", sagte Rimini in strengem Ton.

Aber die Kundin reagierte nicht. „Gnädige Frau? Frau Siebenstern?" Rimini ging um den Stuhl herum und stellte sich vor sie. „Hallo? Frau Siebenstern? Ist Ihnen nicht gut?" Dann sah er ein kräftiges Blutrinnsal, das unter dem weißen Friseurumhang auf das graugrüne Linoleum tropfte. „Ist Ihnen möglicherweise nicht gut?", fragte er noch einmal unsicher. Als er den Umhang von ihrem Hals löste und ihre Hand griff, sank sie vornüber und plumpste klatschend mit dem Gesicht auf den Boden.

„Frau Siebenstern, um Himmels willen, was ist denn los mit Ihnen? Sagen Sie doch was!" Aus dem Oberkörper der Apothekersfrau sprudelte dunkles Blut. Sie drehte sich leicht und bewegte den Kopf. Wie abwehrend spreizte sie krampfig die Hände. Ihr rechtes Auge schloss und öffnete sich langsam. Zweimal. Dreimal. Die rechte Schulter hob sich. Sie atmete noch zweimal rasselnd. Dann entspannte sich der Körper.

Friseur Rimini stürzte zum Telefon, wählte fahrig die Nummer von Doktor Rotgold, dem Universalmediziner der kleinen Stadt. „Hier Friseur Rimini! Einen Arzt! Starkes Unwohlsein einer Dame!", kreischte er in den Hörer. Dann wandte er sich wieder der Apothekersfrau zu, die regungslos in einer größer werdenden Blutpfütze auf dem Boden lag. „Machen Sie sich keine Sorgen, der Doktor kommt!", rief er ihr zu. „Ein Glas Wasser vielleicht? Oder einen Weinbrand?"

Wenige Minuten später hörte man auf der Wilhelmstraße lautes Fahrradklingeln. „Alarm, Alarm", brüllte Doktor Rotgold. Das war eine Marotte von ihm für Noteinsätze. Er war ein Arzt, der keine Krankheit und selbst den Tod nicht ernst nahm. Ernst wurde er nur bei der Diskussion um Rieslingjahrgänge. Aber seine Patienten mochten ihn, denn er stellte präzise Diagnosen, hielt lange Krankschreibungen für besonders gesundheitsfördernd und setzte sich leidenschaftlich für Mutter-und-Kind-Kuren im Allgäu oder an der Nordsee ein.

„Oh, meine alte Freundin", rief Doktor Rotgold und band sich seine alte Metzgerschürze aus fleckigem weißem Gummi um, „ich tippe mal auf akute Kreislaufbeschwerden." Er öffnete den Arztkoffer und kniete sich neben die Frau des Apothekers. Seine nach Brisk duftenden dunkelbraunen Strähnen hatte er streng nach hinten gekämmt. Am Hinterkopf liefen sie in einem fetten Entenschwanz spitz zusammen. Rimini sah es mit einem Ausdruck großen Missfallens. Frisiercreme empfand er als eine Beleidigung seines Berufsstandes. Außerdem stank Brisk, so pflegte er festzustellen, „wie ein Matrose aus dem Hosenlatz." Dem Doktor war das egal. Ihm war völlig gleichgültig, was man über ihn dachte. Er war stets mit sich und den Patienten seiner kleinen Stadt sehr zufrieden.

Die Frau des Apothekers war seit langem wegen einer Herzgeschichte bei ihm in Behandlung gewesen. Sie wusste nicht viel von der Welt. Der Arzt, soviel war im Ort bekannt, vergnügte sich oft mit jungen Männern, die ihn in seinem Haus neben dem Heldengedenkstein besuchten. Vor wenigen Tagen erst hatte sie sich während des Blutdruckmessens schüchtern getraut ihn zu fragen, wie es sei, wenn Männer sich lieben. Und Doktor Rotgold hatte ihr bereitwillig und detailliert Auskunft erteilt. „Dann ist das ja gar nicht so schlimm", hatte sie gesagt und ihn angelächelt. Jetzt schwammen ihre grauen Haare mit den Lockenwicklern in dem Blutsee, der sich um ihren Oberkörper gebildet hatte.

„Ist Ihnen die Schere aus der Hand gerutscht?" fragte Rotgold feixend den Friseur. Der schaute nur entsetzt kopfschüttelnd auf die Frau. Doktor Rotgold schnitt ihr die Kleider vom Oberkörper. Dicht nebeneinander waren in der Brust nahe des Herzens zwei große Einstiche zu sehen, aus denen das Blut inzwischen dünner rann. „Hatte Sie das schon, als sie reinkam?", fragte der Arzt mit gespieltem Ernst. „Nein. Nein", stammelte Friseur Rimini und wand sich, „sie war ganz normal, wir haben uns unterhalten. Ich hätte es doch gemerkt, wenn sie verletzt gewesen wäre. Und man redet doch darüber, wenn man Messerstiche in der Brust hat. Nein, sie war ganz normal."

„Rufen Sie Kommissar Rottek. Die Frau ist tot", sagte Doktor Rotgold, „das muss sich die Polizei ansehen." Der Friseur zuckte zusammen. „Die Polizei? Glauben Sie wirklich? Aber ich habe hier doch Publikumsverkehr! Vielleicht war es nur ein Unfall. Das interessiert die Polizei doch nicht, wenn es nur ein Unfall war."

„Dann legen Sie die Dame erst mal hinten in den Flur. Vielleicht kommt sie ja sogar wieder zu sich."

Friseur Rimini wirkte sehr erleichtert. „Ja? Glauben Sie? Vielleicht bis heute Abend. Dann kann ich ja immer noch was unternehmen." Er raffte einen Arm voller Handtücher zusammen und versuchte ungeschickt, den Blutsee rund um die Leiche aufzuwischen. „Erst mal das hier", keuchte er. Dabei rutschte er auf der roten Nässe aus und fiel quer über die tote Frau Siebenstern. Als er sich wieder aufrichtete, tropfte von seinem blauen Friseurkittel und von seiner weißen Leinenhose das Blut. Wie betäubt versuchte er, sich mit den verschmierten Handtüchern zu säubern.

Doktor Rotgold ging ins kleine Büro und wählte 215, die Nummer der Polizeiwache. Hauptwachtmeister Kesselring nahm den Anruf entgegen.

„Hier ist Doktor Rotgold. Eine Leichensache. Haben Sie Interesse?"

„Leichensache? Hat Ihre Heilkunst wieder versagt?"

„Möglicherweise, Herr Hauptwachtmeister. Ein Blutbad bei Friseur Rimini. Bringen Sie auch Ihren Kriminalkollegen Rottek mit. Falls er Zeit hat."

„Friseur Rimini? Hat er jemandem die Nasenspitze abgeschnitten? Ich habe schon immer gesagt, der Mann redet zu viel bei der Arbeit. Dann passieren solche Sachen."

„Diesmal muss es eine sehr intensive Unterhaltung gewesen sein. Aber schauen Sie selbst. Ich warte hier auf Sie."

„Ist das wieder so ein Ulk von Ihnen? Doktor, wenn Sie uns veräppeln, dann zeige ich Sie an wegen mangelndem Respekt vor der uniformierten Staatsgewalt. Das kann teuer werden."

Doktor Rotgold legte kommentarlos auf und probierte die Duftwässer, die auf dem schmalen Marmorbord unter den großen Spiegeln standen. Mit einem davon sprühte er sich grunzend ein. Er liebte den verfeinerten Lebensstil und beeindruckte damit die jungen Männer, die am Wochenende zu ihm in das elegante Haus neben dem Denkmal für die Gefallenen kamen, bis in die Nacht lachten und laute Schallplattenmusik spielten. Einmal, im Sommer, war Pastor Löselein an dem Haus vorbeigegangen und hatte gesehen, wie Doktor Rotgold in seinem Garten unter dem Rosenbogen einen Jüngling auf den Mund geküsst hatte. Abends war sogar amerikanische Musik aus dem Haus geklungen von diesem Sänger, der gerade die Jugendlichen verrückt machte. Aber nicht nur die: Sogar die Frau von Pastor Löselein sang beim Abwaschen „Love me tender", und fast hätte er ihr deshalb im Jähzorn auf den Mund geschlagen. Wütend predigte der Pastor am nächsten Sonntag von Sodom und Gomorrha und der Sündenlast gewisser Personen, die sich sittlichen Ausschweifungen hingaben. Aber seine Empörung verpuffte, denn der Doktor und seine Knaben waren nicht in der Kirche und die anderen Gottesdienstbesucher dachten, es ginge mal wieder um die Halbstarken von der Oberschule.

Friseur Rimini hatte sich inzwischen einen frischen Kittel angezogen. Die blutigen Hosenbeine schauten unten heraus. „Was für eine Situation!", flüsterte er kopfschüttelnd. „Was für eine Situation!" In dem Moment öffnete sich die Ladentür. Witwe Süsselbeck vom Pilsbüdchen in der Frankfurter Straße tat vier Schritte in das Friseurgeschäft und blieb wie angewurzelt stehen. Sie war eine große, herbe Frau und ihre Vorliebe für Speckpfannkuchen und Schmalzgebackenes zeigte sich in sehr deutlichen Rundungen. „Was ist denn hier los?" knarrte sie vorwurfsvoll mit ihrer Feldwebelstimme.

Rimini stellte sich freundlich lächelnd vor sie hin. „Nichts weiter, eine kleine Unpässlichkeit, der Doktor ist schon da", flötete er. „Wenn

Sie dort schon mal Platz nehmen möchten, ich bin gleich bei Ihnen." Witwe Süsselbeck schob den kleinen Friseur mit ihren kräftigen Armen grob zur Seite. „Was ist denn hier los?", schnarrte sie noch einmal. „Ist die Frau gefallen oder was?"

„Ja, sozusagen. Umgeknickt. Platzwunde", erklärte Friseur Rimini mit zitternder Stimme. „Aber der Arzt ist ja schon da. Kein Grund zur Aufregung. Wird schon wieder." „Machen Sie der Frau erst mal kalte Umschläge, Herr Doktor", kommandierte Witwe Süsselbeck streng, „und die Beine hoch, damit das Blut ins Gehirn läuft." „Da läuft nichts mehr ins Gehirn", schnarrte der Arzt, „die Frau ist tot. Aus medizinischer Sicht jedenfalls. Oder sind Sie anderer Meinung?"

Die Kioskbesitzerin schaute den Friseur böse an und stemmte die Hände in die ausladende Hüfte. „Wieso liegt die Apothekersfrau tot in Ihrem Laden? Letzte Woche habe ich noch beim Bäcker mit ihr gesprochen. Da hat man ihr nichts angemerkt. Manchmal sind Sie aber auch ein Hallodri, Herr Rimini. Sie haben doch sonst ein Händchen für Damen. Was ist denn hier schiefgelaufen?"

Rimini ließ sich in einen Friseurstuhl fallen und bedeckte sein Gesicht mit einem Handtuch. „Ich weiß nichts. Ich weiß gar nichts", schluchzte er, „wahrscheinlich ist es eine ganz dumme Geschichte."

Witwe Süsselbeck stemmte die Hände noch einmal energisch auf die wuchtigen Beckenknochen. „Das kann man wohl sagen", knurrte sie. „Und die Haare machen Sie mir heute erst mal nicht. Jedenfalls nicht, solange hier Leichen bei Ihnen herumliegen."

Friseur Rimini sprang auf und verbeugte sich vor ihr. „Zu Diensten, Frau Süsselbeck, immer zu Diensten. Aber bisher sind doch alle Damen lebend bei mir herausgekommen. Lebend herein und lebend heraus. Ich versichere es Ihnen. Dieser Fall ist eine Ausnahme. Wirklich eine Ausnahme."

„Ich hoffe es für Sie, Herr Rimini. Ich hoffe es für Sie." Witwe Süsselbeck drohte ihm streng mit dem Zeigefinger.

Kapitel 3

In der Gaststube vom „Grünen Baum“ war es still. Nur die Kiefernscheite im Kachelofen knackten. Wirt Äffchen Fettweiß schaute beim Gläserpolieren hinaus auf die Straße, wo seine drei Enkelkinder eine Trauerzeremonie für die überfahrene Katze „Mohrle“ abhielten. Auf der Bank am Ecktisch unter dem großen Ölbild mit dem pflügenden Bauern saß wie ein Fleischberg der massige, kahlköpfige Schrotthändler Popel Troost in einem dicken, braunen Ledermantel. Bei jeder Kopfbewegung schwappte die fast handtellergroße Fleischfalte unter seinem Kinn über die lodengrüne Krawatte. Und die gewaltigen, blauroten Speckwangen zitterten dabei nach, wie von einem inneren Erdbeben geschüttelt.

„Hast du alles geregelt, Männel?“, fragte Troost seinen Tischnachbarn, einen großen, hageren Rothaarigen, der soeben hereingekommen war.

„Nein. Ich glaube, hier regeln wir nichts“, knurrte der Rothaarige. „Die Leute hier sind Dickschädel. Westerwälder Basaltköppe. Das ist nicht unsere Gegend, glaube ich. Kuhschweinhuhn.“

Popel Troost schaute ihn mit triefenden Augen verärgert an. „Glaube ich, glaube ich“, ahmte er ihn böse nach. „Ich will es, Männel. Ich will es, verstehst du? Hier geht es nicht um glaubst du, sondern will ich. Ob du das versteht?“

„Verstehe, Popel. Verstehe. Natürlich. Wenn du etwas willst, dann willst du es. Du bist der Chef, Popel. Aber diesmal ist es nicht einfach. Wirklich nicht einfach. Kuhschweinhuhn.“

Männel verstand nicht viel von der Welt. Dafür hatte er zu lange auf einem zerfallenden Bauernhof in einem verlorenen Eifeldorf gelebt. Da hatte ihn Troost Mitte der fünfziger Jahre zerlumpt und halb verhungert gefunden. Männel lebte dort allein und ernährte sich von gefangenen Eichelhähern, gewilderten Kaninchen, Schweinebirnen, Hagebutten und Holunderbeeren. Er hatte viele Jahre lang auf ein Leben als Postobersekretär gehofft und darauf gewartet, dass ihn irgendwann ein gelbes Auto abholen und an einen Schreibtisch in einer warmen Amtsstube bringen würde, an dem er den ganzen Tag in einer taubenblauen Uniform nur noch Schriftstücke zu unterzeichnen hatte und dafür viel Geld bekam. Und später sogar Pension. Es war damals der Traum vieler junger Männer in den zugigen Eifeldörfern gewesen: Postobersekretär. Ein Zauberwort, und es bedeutete die Erlösung von Nächten in nasskalten Schlafkammern, Erlösung von der quälenden Sehnsucht nach der längst begrabenen Mutter und Erlösung von verlassenen steinigen Äckern, die überwuchert waren von Quecke, Ampfer und Disteln.

Männel war nicht faul und nicht dumm. Aber die Hoffnung auf das Leben als Postobersekretär lähmte ihn, und das Anwesen verkam immer mehr. Doch eines Tages rollte statt des gelben Autos Schrotthändler Troost mit seinem uralten grauen Magirus auf den Hof. Männel hatte bald verstanden, dass dies die erwartete Erlösung war, und dass er es auf dem rostigen Schrotthof in Düsseldorf sogar besser hatte als bei der Post. Wenn er nur das tat, was Troost ihm befahl. Viele Jahre waren sie dann gemeinsam mit dem uralten Magirus M40 durch das Land gekreuzt auf der Suche nach Eisenschrott, Kupfer, Bleirohren und Messing. Männel trug stets eine graue Latzhose, hatte bald Kräfte wie ein Bagger und wuchtete sehnig Teile auf die Ladefläche, für die es normalerweise zwei Mann gebraucht hätte: „Wird gewuppt. Kuhschweinhuhn."

„Kuhschweinhuhn", das war sein Spruch. Damit erklärte er gegenüber sich und anderen, dass er mal wieder recht hatte oder dass ein besonderer Sachverhalt vorlag. Dann zog er seine braune Bauernmütze etwas tiefer ins Gesicht, nickte bestätigend und wandte sich der nächsten Aufgabe zu. „Kuhschweinhuhn“: Mit dem Ruf hatte er schon als kleiner Junge sein Schaukelpferd zu schnellerem Galopp angetrieben, damit er rechtzeitig zu Hause war, wenn der Dippedotz mit Apfelmus auf den Tisch kam.

Es gab viel zu tun für Männel. Denn Popel Troost verteilte ständig wichtige Aufträge. Der Schrotthändler war inzwischen so reich, dass seine Hauptbeschäftigung nur noch darin bestand, sich Wünsche zu erfüllen. Und er war so dick, dass er wegen schmerzender Knie nur wenige Gänge selber erledigte und dann watschelnd und mit den kurzen Armen rudernd zur nächsten Sitzgelegenheit strebte. Männel wurde zu seinem wichtigsten Gehilfen.

Einmal hatte Troost den Wunsch, eine Knappenkapelle zu dirigieren. Die Musiker mussten in seinem Düsseldorfer Villengarten Aufstellung nehmen und mehrfach hintereinander „Glück auf, der Steiger kommt“ spielen. Troost gab mit den Zeigefingern den Takt an. Er weinte vor Rührung, denn sein Vater war Bergmann gewesen und jenes Lied wurde auf dessen Beerdigung gespielt. „Popel“ hieß er, weil seine Mutter in „Puppel“ genannt hatte. Troost war als Kind zierlich und hübsch wie ein Püppchen gewesen. Wie ein Puppel eben. Und daraus war inzwischen Popel geworden. Das passte jetzt auch besser zu ihm.

Nicht alle Wünsche Troosts waren leicht zu erfüllen. Manches schien ihm selbst als eine schwer lösbare Aufgabe. Aber der Schrotthändler wusste, warum er Männel aus dem verfallenen Bauernhof geholt hatte. Er sagte sich: Einer, dessen Familie zehn Generationen in einem armen, kalten Eifeldorf überlebt hatte, der würde immer einen Weg finden. „Männel, erledige das“, sagte er streng, wenn es schwierig wurde. Oft genügte dafür etwas Geld. Gelegentlich viel Geld. Aber manchmal reichte Geld nicht aus.

Für Männel war das, was er dann erledigen musste, ein schönes, aufregendes Spiel, bei dem er immer gewann. Mit der Zeit fand er

Spaß daran. Auch an Gewalt. Er liebte das klatschende Geräusch, wenn seine Faust in dem Gesicht eines anderen landete. Wenn das Blut aus der Nase des Getroffenen schoss, erheiterte ihn das. Oder den dumpfen Klang seines Knüppels beim Schlag auf den Körper eines widerspenstigen Gegenübers, den fand er richtig schön. Schöner als das, was seiner rauen, hungrigen Seele am Schreibtisch des Postobersekretärs hätte widerfahren können. Und er verstand genau so viel von der Welt, um zu wissen, dass es nichts Wichtigeres gab, als Popel Troost für eine kurze Zeit glücklich und weich zu stimmen und anderen zu verstehen zu geben, dass man sich diesem Gebieter nicht zu widersetzen hatte.

Jetzt war Troost sogar Jäger geworden. Für Männel öffnete sich deshalb ein neues, unübersehbares Feld von Aufgaben. Es gab viel zu erledigen. „Wer kein Jäger ist, ist kein Mann", sagte Popel Troost laut und wichtig mit seiner fetten Quetschstimme. Er wollte ein Jagdrevier. Und zwar sofort. Denn alle seine Freunde aus dem Düsseldorfer Industrie-Club waren schon Jagdpächter geworden oder in guten Revieren untergekommen. Aber für Troost war das nicht so einfach. Denn für die Jäger auf dem Land war er ein feister Widerling mit viel Geld, und dort, wo man in ihren Reihen feiste Widerlinge mit viel Geld akzeptierte, da waren ihm schon andere feiste Widerlinge zuvorgekommen.

Deshalb begnügte sich Popel Troost erst einmal mit einer illegalen, aber für ihn reizvollen Zwischenlösung. Er ließ sich von Männel im Mercedes durch den Westerwald fahren, und wenn irgendwo am Waldrand ein Rehbock stand, dann hielt Männel die Limousine an. Popel Troost kurbelte das Fenster herunter, nahm den Drilling vom Rücksitz und schoss. Wenn der Rehbock tot umfiel, schnitt ihm Männel schnell das Haupt mit der Trophäe ab und warf es in einen Eimer im Kofferraum. Dann brausten sie lachend davon. Wenn der Rehbock gefehlt oder nur angeschossen war, fuhren sie weiter. „Eins, zwei, drei, lustig ist die Jägerei", brüllte Popel Troost dann, und prustend vor Lachen kurvten sie weiter über Land.

Jetzt saßen die beiden im „Grünen Baum", weil es in der Stadt Wichtiges zu erledigen gab. Troost wollte hier einem Jagdpächter um jeden Preis sein Revier abspenstig machen. Außerdem begeisterte er sich für die schmackhaften und reichlich bemessenen Essensportionen in dem alten Gasthaus. Wirt Äffchen Fettweiß schlurfte heran und stellte drei Portionen Bockwurst mit Kartoffelsalat auf den Ecktisch. Zwei für Troost, eine für Männel. „Schönes Auto", murmelte Äffchen Fettweiß und zeigte durch das Fenster auf den schwarzen Mercedes 220S, der vor dem Haus parkte. „Ich hab' die Heckflosse als 190er Diesel, in Beige."

Troost im braunen Ledermantel hatte bereits eine halbe Wurst in seine geräumige Mundhöhle geschoben, schaufelte eine Gabel voll Kartoffelsalat hinterher, nahm einen Schluck Bier und kaute schnell. „Ich kann mir alles kaufen", sagte er hastig ohne vom Teller aufzublicken, „und ich kaufe mir alles."

„Düsseldorf", sagte Fettweiß beiläufig mit einem Blick auf das Nummernschild. „Ja und?", zischte Troost aus dem vollem Mund. Äffchen Fettweiß wackelte zurück zum Tresen. Die linke Hüfte wollte nicht mehr. „Verschleiß", sagte der Arzt und gab ihm teure Spritzen. Als Junge war Fettweiß der beste Kletterer im Ort gewesen, der die Elsternnester aus dem höchsten Ahornbaum aushob und der sich an senkrechten Kiefernstämmen hochstemmte. „Äffchen" nannte man ihn deshalb. Und so nannten ihn die Einheimischen immer noch, wenn sie in der verrauchten Wirtsstube saßen, von der erlegten Wildsau oder ein Abenteuer aus der Gefangenschaft erzählten, Skat kloppten, furzten und über Witze lachten, in denen es um Büstenhalter ging oder um das Bett.

Troost hatte blitzschnell beide Teller geplündert. „He", rief er Äffchen Fettweiß vom Ecktisch aus frech zu. „He, Herr Wirt, kennen

Sie außer mir noch einen, der sich alles kaufen kann?" „Ja, der Kaiser war mal hier", berichtete Äffchen leise, „hat meine Mutter oft erzählt. Der Kaiser war hier, damals, vor dem ersten Krieg, als die großen Manöver im Westerwald waren. Wir hatten am Tag vorher geschlachtet. Der Kaiser kam herein, und meine Mutter bot ihm Schlachtplatte mit Kraut und Bratkartoffeln an. Das war gerade fertig. Aber er wollte nur ein Schinkenbrot. Wie es so war."

„Na, der ist ja dann auch ordentlich pleitegegangen", brüllte Troost, „der ist ja wohl richtig pleitegegangen mit seinem Schinkenbrot, euer Kaiser." Er lachte ein quäkiges, fleischiges Lachen. Aber das Lachen erstarb schnell, denn mit der linken Hand griff er sich schnell die halbe Wurst, die Männel ihm anbot und stopfte sie ernst und gierig zwischen seine schlauchartigen Lippen. „Kuhschweinhuhn!", sagte Männel in Richtung Tresen und hob mahnend den Zeigefinger. „Kuhschweinhuhn!"

Kapitel 4

Friseur Rimini nahm das Kehrblech und den Handfeger von der Wand und stellte sich vor die Leiche, die in der verschmierten Blutpfütze lag. Dann zuckte er ratlos mit den Schultern und hängte die Gerätschaften wieder an den Haken. „Hat ja alles keinen Zweck", flüsterte er. Draußen näherte sich klingelnd ein VW-Motor. Kommissar Rottek und Hauptwachtmeister Kesselring stiegen aus ihrem dunkelgrünen Polizei-Käfer und betraten den Friseurladen. „Oha", knurrte Kesselring.

„Tot?", fragte Rottek in Richtung des Doktors.

Der nickte. „Nach allem Wissen der ärztlichen Kunst ist die Dame tot."

Hauptwachtmeister Kesselring schnaufte: „Der Begriff ‚ärztliche Kunst' in Zusammenhang mit Ihnen ist wohl etwas übertrieben", knurrte er. „Was war denn hier überhaupt los?"

„Ich nehme an, zwei Stiche in Herz und Lunge", sagte der Arzt leise und deutete mit dem Kinn vielsagend auf den Friseur.

Hauptwachtweister Kesselring hielt inne, hob den Kopf und schaute Rottek eindringlich und vielsagend an. „Hab ich's nicht gesagt?", meinte er. „Als ob ich's heute früh beim Hühnerstall nicht gewusst hätte: So fangen Scheißtage an."

Witwe Süsselbeck stand immer noch daneben und wirkte verstört. „Ich geh dann mal", murmelte sie und bewegte sich Richtung Tür.

„Sind Sie eine Tatzeugin?", fragte Rottek. „Haben Sie irgendetwas beobachtet?"

Sie winkte ab und schüttelte energisch den Kopf: „Er sollte mir die Haare machen. Mit der ganzen Sache habe ich überhaupt nichts zu tun. Frau Siebenstern lag schon hier, als ich hereinkam. Ich wollte helfen, weil die beiden Männer so komisch herumstanden. Aber es hieß, die Frau ist tot. Und wissen Sie, wenn irgendwo eine Leiche liegt, dann hält man sich besser aus allem raus. Soweit möglich jedenfalls. Wissen Sie noch, als ich neben Brockmanns Kälberweide den Mann gefunden hatte, der an einem Stück Sülze erstickt war? Zwei Tage lang hatte ich nur Scherereien und musste Protokolle unterschreiben. Deshalb gehe ich jetzt lieber."

Rottek nickte. „Verstehe. Aber hier müssen Sie wohl auch wieder was unterschreiben." Witwe Süsselbeck zog eine Grimasse und eilte aus dem Friseurladen.

„Herr Rimini, erzählen Sie mal." Rottek schaute dem Friseur fordernd in die Augen. Hauptwachtmeister Kesselring streifte mit suchendem Blick durch den Raum. Doktor Rotgold beschäftigte sich immer noch interessiert mit den Duftwässern auf dem schwarzen Marmorbord. Rimini starrte den Kommissar mit weit aufgerissenen Augen an.

„Erzählen Sie mal?", wiederholte er flüsternd. „Erzählen Sie mal?" Der Friseur fuchtelte fahrig mit den Händen vor Rotteks Gesicht. Er schaute wirr auf die Leiche, zum Fenster und zur Tür. Kesselring versperrte wie eine Wand den Ausgang und fingerte schon einmal klappernd die Handschellen aus der Tasche. „Haben Sie die Frau erstochen?" Rottek legte dem Friseur den Arm um die Schulter. „Herr Rimini. Machen Sie es uns nicht so schwer. Was war los?"

Der Friseur schaute wirr von einem Polizisten zum anderen. Dann sah er flehend zu dem Arzt: „Herr Doktor, Sie haben doch alles gesehen... Herr Doktor... Das Blut... Aus heiterem Himmel..." Alle drei schauten ihn schweigend an. Rimini senkte den Blick, rang atemlos nach Worten. „Als ich... vorhin..." Rottek nahm seine Hand. „Herr Rimini, wir beide kennen uns doch schon so lange. Was ist passiert? Setzen Sie sich doch erst mal."

Rottek kannte ihn. Friseur Rimini wäre gerne ein Jäger geworden, aber er traute sich nicht zu schießen. Deshalb wirkte er als malerisch aufgeputzter Jagdhelfer im Revier mit. Erst in der letzten Woche bei der Hasenjagd hatte man den kleinen Mann zum Edeltreiber ernannt, weil er ein Getöse wie ein Mähdrescher entwickelte und das Wild vor ihm in panischem Schrecken flüchtete.

Seit vielen Jahren war Rimini von der Jagd hellauf begeistert. Zwar konnte sich niemand, am wenigsten er selbst, ihn mit einer Jagdwaffe auf dem Hochsitz vorstellen. Aber die Männer in Grün, die in wuchtigen Stiefeln, ausgebeulten alten Jacken und verwitterten Hüten hinauszogen um dem Wild nachzustellen, die waren für ihn kühne, bewundernswerte Gestalten. Sie schienen ihm eine Art verwegene Abenteurer zu sein und im Leben der Kleinstadt eine Kaste von Menschen, die über das normale Alltagsleben hinaus besondere Privilegien genossen: Sie durften Waffen tragen, sie durften auf Lebewesen schießen und ihre Hände waren sogar manchmal blutig, wenn sie aus dem Revier kamen. Da draußen im Wald, da ging es um Leben und Tod.

Das alles erregte ihn und schien ihm höchst erstrebenswert, aber als er selbst einmal einen Probeschuss mit einer Büchse 8x68S machen durfte, erlitt er von dem Knall einen Schock und vom Rückstoß eine Schulterprellung. Er warf die Waffe vor Schmerz weit von sich ins Gras. Seitdem hatte er noch mehr Respekt vor den Jägern, aber es erschien ihm auch noch erstrebenswerter, einer von ihnen zu sein, obwohl er wusste, dass er es nie sein würde. Welche Wahrheiten sich wirklich hinter den Fassaden seiner lodengrünen Idole verbargen, das wollte er gar nicht wissen. „Jäger sind Spinner wie alle anderen", hatte Rottek ihm einmal am Feuer nach einem Fasanentreiben gesagt, „aber das Gute ist: Bei der Jagd kann man seinen wahren Charakter am wenigsten verbergen. Da zeigt sich oft ganz deutlich, wer wirklich ein Vollidiot oder ein gerader Kerl ist."

Rimini hatte es nicht geglaubt und nur gelacht. Letztlich war es ihm auch egal, denn als Friseur kam er am einfachsten durchs Leben, wenn er nur an das Gute im Menschen glaubte und nicht an denen zweifelte, die im Stuhl vor ihm saßen. Wenn er sich ernsthaft mit dem befasste, was vielleicht in den Köpfen vorging, die er gerade verschönerte, dann lähmte es seine Hände, die Finger wurden klamm und er vermochte Schere oder Kamm nicht mehr schwungvoll zu führen. Deswegen hatte er sich das Nachdenken schon früh abgewöhnt. Es genügte ihm, zu den Jägern zu gehören, wenn auch nur als Helfer oder als Treiber. Das wertete ihn vor sich selbst auf und wenn es auf Sauen ging und er mit den anderen durch die Dickungen lärmte, dann wünschte er sehnlichst, seine tote Mutter könnte vom Himmel aus zusehen, wie er furchtlos und schneidig die wehrhaften Schwarzkittel in die Flucht schlug.

„Erst einmal tief durchatmen." Rottek führte Rimini zu dem nächstgelegenen schwarzen Friseurstuhl. Der kleine Mann ließ sich in das Lederpolster fallen und sank in sich zusammen. Der Kommissar lehnte sich ihm gegenüber an das Waschbecken. „Sie waren mit Frau Siebenstern allein. Und dann? Irgendwas ist doch dann passiert, Herr Rimini?"

„Sonst wäre die Frau ja nicht tot", knurrte Hauptwachtmeister Kesselring von der Tür her. „Davon gehen wir jetzt mal aus. Wenn nichts passiert, fällt keiner tot um. Das lernt man als Polizist als erstes."

Wieder schwiegen alle. In die Stille brach das klirrige Rasseln der Türklingel. Kesselring trat zur Seite. Witwe Süsselbeck trat mit vorsichtigem Schritt herein. Sie hielt ein großes, blutverschmiertes Jagdmesser in der Hand. „Hier… Es lag drüben am Brunnen. Vielleicht ist das für Sie wichtig?"

Kapitel 5

Bürgermeister Ingo Dingens blickte von seinem Schreibtisch sehnsüchtig quer über die Straße zum „Grünen Baum“. Wirt Äffchen Fettweiß stand dort in der Herbstsonne entspannt vor der Tür und schaute seinen Enkeln zu, die im Garten hinter dem Parkplatz letzte Äpfel aus einem Baum schüttelten. Landsberger Renette, eine späte Sorte. Ingo Dingens hatte auch als kleiner Junge diese köstlichen Winteräpfel aus jenem Baum gerüttelt und dann als Mitglied der Apachenbande in Brockmanns Scheune verzehrt. Vor dem „Grünen Baum“ stand eine schön schwarz glänzende Mercedes S-Klasse. Sah man im Ort nicht oft. Das waren wohl Gäste von Äffchen Fettweiß.

Ingo Dingens hatte heute keine Lust auf Amtsgeschäfte. Er hatte eigentlich nie Lust auf seine Amtsgeschäfte. Ein beschriebenes Blatt Papier schien ihm manchmal kiloschwer und er verstand nur wenig von dem, was in den Akten und in den wichtigen Briefen stand. Als Autoverkäufer bei Ford-Windisch hatte er gelernt, dass das Leben leicht und geschmeidig lief, wenn man nur gut reden konnte. Mehr brauchte er nicht zu beherrschen, als so lange auf die Kunden einzureden, bis sich ihre stumpfen Gesichter aufhellten und in ihnen der Hunger auf das Auto zu lesen war, das vor ihnen stand und das sie kaufen sollten.

Bürgermeister zu sein war ähnlich, aber etwas schwieriger. Vor allem gab es bei Ingo neuerdings manchmal solche merkwürdigen Augenblicke, wo alles wattig und luftig wurde in seinem Kopf und er nicht mehr wusste, was er Sekunden vorher gedacht hatte. Oder was gerade wichtig war. Oder was er jetzt am Telefon sagen sollte. Behördenschreiben widerten ihn an, und wenn er der Vorzimmerdame Rita Oberklein Schriftsätze diktierte, dann fielen ihm die richtigen

Worte nicht ein und er stammelte irgendetwas daher, bis sie ihn vorwurfsvoll anschaute. Dann dauerte es Minuten, bis er einen Gedanken aufgreifen und fortsetzen konnte. Manchmal vergaß er den Zusammenhang ganz und schickte die entnervt die Augen rollende Schreibkraft mit dem unvollendeten Diktat wieder ins Vorzimmer.

Ingo Dingens wusste auch nach zwei Jahren noch nicht, warum man ihn zum Bürgermeister gewählt hatte. Er hatte sich nicht gewehrt, als die Bürgerfraktion ihn aufstellte und auch nicht, als er ernannt wurde. Aber spätestens seit er sich mit der Haushaltssatzung befassen und sogar etwas zu einem Flächennutzungsplan vortragen musste, da hasste er das Amt mit seinen schwierigen Begriffen und diesen Sachverhalten, die alle anderen verstanden und offensichtlich nur ihm fremd blieben. Aber er erfreute die Bevölkerung mit einfachen Wahrheiten und erklärte seinen Bürgern die Welt so, dass sie es verstanden. Er verkaufte ihnen die Politik wie er früher Autos verkauft hatte. Es war alles leicht. Dafür liebte man ihn, glaubte er. Ingo spürte: Die Menschen brauchten einfach nur einen netten Kerl, der ihr Anführer war. Alles andere war ihnen mehr oder weniger gleichgültig.

Zum Ausgleich für die Widrigkeiten der Amtsbürokratie gab es für ihn angenehme Pflichten, wie die Einweihung der neuen Schützenhalle, die Überreichung von Blumensträußen an betagte Geburtstagskinder oder die Eröffnung des Herbstmarktes mit dem großen Reibekuchenessen. Das waren seine glücklichen Momente, die ihm zeigten, wie verbunden er mit seiner Gemeinde war. Der Männergesangverein besuchte ihn jedes Jahr in seinem Amtszimmer zum Adventssingen und sang „Steh'n zwei Stern am hohen Himmel“ für ihn, das alte Liebeslied aus dem Westerwald. Rita Oberklein bot Glühwein und selbstgebackenen Christstollen an und Ingo Dingens zog aus seiner Amtsstube gleich mit den Sängern hinüber in den „Grünen Baum“, wo „Schön ist die Jugend“ angestimmt wurde. Äffchen Fettweiß weinte bei diesem Lied immer. Deshalb wurde es für ihn zwei Mal gesungen. Die alte Wirtshausköchin Irmela servierte Schnitzelwecken und heißen Apfelsaft mit Rum, und Ingo Dingens bekam als Bürgermeister das erste Glas. In solchen Momenten glühte er für sein hohes Amt.

Ingo Dingens führte seine Amtsgeschäfte mit leichter Hand. Alles gelang ihm irgendwie, und er sah sich in einer Reihe mit großen, erfolgreichen Staatslenkern der Geschichte, sogar mit Adelsherrschern der Vergangenheit, die mächtig und milde regierten. „Auch die Landbevölkerung braucht politische Genies", pflegte er zu sagen, und niemand widersprach ihm. In seiner Gemeinde, so glaubte Bürgermeister Ingo Dingens, machte sowieso jeder, was er wollte, und wenn wirklich einmal Autorität und Achtung vor der Staatsgewalt gefragt waren, dann vertraute er auf die Fähigkeiten von Hauptwachtmeister Kesselring. Wichtige Entscheidungen beriet er mit Gastwirt Äffchen Fettweiß, seinem Vertrauten. Äffchen war ein kluger Mann, und wenn Meinungen und Forderungen auf Ingo Dingens einprasselten, stimmte er sich gerne mit Äffchen ab und bat ihn um stichhaltige Argumente.

Ingo Dingens schaute zur Kirchturmuhr. Halb elf. Noch etwas früh für einen Gaststättenbesuch bei Äffchen. Seine Vorzimmerdame Rita Oberklein durchschaute sowieso jede seiner Ausreden und spürte es sofort, wenn er sich zu einem angeblich wichtigen Besuch, etwa bei einem Gemeinderatsmitglied oder zur Landwirtschaftskammer, verabschiedete, aber in einem weiten Bogen zum „Grünen Baum" zurückkehrte und dort katzengleich zur Hintertür hineinschlüpfte. Die blonde Vorzimmerdame mit den frechsten Augen und dem aufregendsten Dekolleté der Stadt wusste auch, dass er ziemlich verrückt war und sehr spezielle Angewohnheiten auslebte.

Manchmal war der Bürgermeister ihr unheimlich. Manchmal verkrampfte sich sein Körper und seine Augen glotzten starr ins Leere. „Als ob er sich gleich in einen Hund oder in einen Pavian verwandelt“, dachte Rita Oberklein. Aber nicht einmal das hätte sie an ihm überrascht. Sie kannte ihn. Sie wusste beispielsweise von seinem zwanghaften Trieb, mit Eiern zu werfen. Manchmal sogar nach Hühnern. Dieser rätselhafte Drang packte ihn unvermittelt, und er musste nicht selten große innere Kraft aufwenden, um diesem Gelüst nicht sofort nachzugeben. Gelegentlich suchte er spontan das Federvieh von Bauer Ferdel Wagner auf, das abseits vom Hof in den Pastoreneichen, in Jagenbergs Fichten oder auf der Weizenstoppel kratzte und ließ nach sorgfältiger Umschau seinem abwegigen Verlangen freien Lauf. Die getroffenen Tiere beruhigten sich nach wenigen Sekunden wieder, denn Eier waren ihnen nicht fremd, und sie überstanden das Bombardement stets unverletzt. Danach fühlte sich Ingo Dingens besser und begab sich wieder beschwingt zu seinen Amtsgeschäften.

Soeben hatte Rita Oberklein ihm von dem Mord an der Apothekersgattin bei Friseur Rimini berichtet. Ihre Freundin Elvira Duvenbeck hatte es ihr beim morgendlichen Sekretärinnentratsch am Telefon erzählt. Sie war Schreibkraft auf der Polizeiwache. Ingo Dingens erklärte betroffen, nach dem Hinscheiden einer so bekannten Mitbürgerin könne man als Bürgermeister nicht zur Tagesordnung übergehen und in dieser schweren Stunde müsse er drüben im „Grünen Baum“ mit Äffchen Fettweiß Beratungen über diese dramatische Situation der Gemeinde führen.

Aber die Sekretärin wies ihn mit verhaltener Schadenfreude darauf hin, dass in einer halben Stunde der Fremdenverkehrsausschuss im kleinen Sitzungssaal zusammentreten würde und von ihm eine Stellungnahme zur Finanzierung der Aufstellung von Ruhebänken am Westerwald-Wanderweg erwarte. Außerdem wäre da noch einiges in der Tagesmappe, was er zumindest unterschreiben, wenn auch, wie üblich, nicht lesen müsse.

Verstimmt setzte sich Ingo Dingens wieder an seinen Schreibtisch, blickte sehnsüchtig hinüber zum „Grünen Baum", wo Äffchen Fettweiß an der Tür lehnte und sein Gesicht in die Novembersonne hielt. Rita Oberklein brachte die Akte „Ruhebänke am Westerwald-Wanderweg" und blieb mit ihrem Stenoblock erwartungsvoll vor ihm sitzen. Sie trug wieder diesen viel zu engen grauen Shetland-Pullover mit dem viel zu tiefen Ausschnitt, der ihn atemlos machte. Wie ein warmer Sommerwind stieg das Verlangen in seinen Kopf und wenn sich ihre Blicke trafen, glaubte er in ihren Augen zu lesen: „Vielleicht demnächst. Aber jetzt erst mal nicht." Doch im Moment ging es nicht um ihren Ausschnitt, sondern um den Fremdenverkehrsausschuss. Aber Rita Oberklein hatte ihn vom Zwang zu behördlichen Formulierungen erlöst. Denn die kluge Mitarbeiterin brachte eine alte Vorlage zur Finanzierung einer Schutzhütte am Westerwald-Wanderweg mit und wies ihn darauf hin, dass nur geringfügige Umstellungen erforderlich seien, um diese in einen fundierten Text zur Finanzierung von Ruhebänken umzuwandeln.

„Frau Oberklein, Sie sind eine zauberhafte Mitarbeiterin. Wirklich zauberhaft", rief Bürgermeister Ingo Dingens. „Sie schweben wie eine gute Fee durch die Aktenregale dieser Stadt."

„Ich weiß", murmelte Rita Oberklein und schaute ihn wieder so merkwürdig tief dabei an, dass ihm schwindelig wurde und er vor Aufregung mit Daumen und Zeigefinger das Radiergummi quälte. „Aber ich frage mich, warum sie es erst bei einem Blick in meinen Ausschnitt bemerkt haben."

Ingo Dingens war fasziniert von dieser Frau. Er war unendlich verliebt in sie, aber sie spielte mit ihm wie mit einem jungen Hund. Einmal hatte es zwischen ihnen den Anfang von Zärtlichkeiten gegeben, aber weil Dingens nur leidenschaftslos wie ein Fünfjähriger küssen konnte, stockte der Vorgang, die schüchterne Wanderung seiner Hand in interessante Körperregionen der Mitarbeiterin fand ein jähes Ende und Rita erklärte ihn für unromantisch. „Sie küssen noch schlechter als mein Mann", hatte sie enttäuscht erklärt. Falls es ein zweites Mal geben würde, so nahm es sich der Bürgermeister vor, wollte er leidenschaftlich küssen. So wie der Saugbagger in der Bellersheimer Kiesgrube.

„Außerdem sind Sie kein Kerl", hatte Rita einmal gesagt. „Und sie riechen wie ein Kaninchen. Machen Sie mal was Dolles. Sie sitzen nur am Schreibtisch, kritzeln Männchen und schauen aus dem Fenster. Machen Sie mal was, was eine Frau beeindruckt." Seitdem rätselte Ingo Dingens, womit er Rita Oberklein beeindrucken könnte. Aber ihm fiel nichts ein. „Werde Jäger und schieße ein dickes Schwein und einen Hirsch", hatte Äffchen Fettweiß gesagt. Aber der Weg dahin war Ingo zu mühsam. Er hatte es versucht und war schon zu Beginn des Jägerlehrgangs verzweifelt.

Er hatte angenommen, dort würde nur das Schießen geübt. Aber dann plagte man ihn im Unterricht mit Gesetzestexten. Und er sollte sogar Dutzende von Enten- und Gänsearten auseinanderhalten. Ingo war geradezu entsetzt, als er erfuhr, dass man beim Drilling zum Schießen nicht einfach abdrücken konnte, sondern die drei Läufe auch noch umständlich laden, zwischen ihnen umschalten und auch noch entsichern musste. Manchmal glaubte er, dass man ihm absichtlich die Jägerprüfung verleiden und erschweren wollte. „Sie möchten mich nicht dabeihaben", dachte er verbittert. „Ich gehöre nicht zu ihnen." Ingo hatte den Lehrgang nach wenigen Wochen abgebrochen.

Außerdem gab es immer öfter Momente, in denen seine Gedanken vom Rathausschreibtisch wie eine sanft ziehende Wolke in andere, freundliche Umgebungen wanderten. Es erfüllte ihn dann plötzlich ein romantisches Feuer und er glaubte, in weitläufige Herzensangelegenheiten mit Rita verwickelt zu sein. So war er sicher, sich an heiße Liebesnächte mit ihr zu erinnern. An zärtliche Stunden im

Garten, an gemeinsame Wanderungen und sogar an Besuche bei einem Schützenfest, wo sie als prominentes Paar gefeiert wurden.

Eine Stimme in seinem Kopf erzählte ihm davon und malte Bilder aus, die ihn mit der Glut der Liebe erfüllten. Die graue Rathauswirklichkeit verschwand dann für Sekunden aus seinem Kopf und verwandelte sich in eine andere, schönere. Und auch er fühlte sich dann noch intensiver wie ein vom Schicksal verwöhnter Mann. Hinterher spürte er, dass etwas Merkwürdiges mit ihm geschehen war und er erschrak, als er aus jener Bewusstseinswanderung erwachte und sich wieder am Schreibtisch fand mit dem Anspitzer in der Hand. Aber mit der Zeit gewöhnte er sich an diese kleinen Ausflüge. Es passierte ja nichts Schlimmes.

Hinter seinem Rücken lenkte Rita Oberklein mit ihrer klugen, stillen Art im Ort vieles, von dem er nichts verstand. Sie nahm charmant Einfluss auf Ratsbeschlüsse, fädelte wichtige Entscheidungen ein und manches, was im Bauamt oder in der Ordnungsbehörde verfügt wurde, ging auf ihre dezente Einwirkung zurück. Ihre Ehe wurde ihr dabei zu langweilig. Ihr Mann war Abteilungsleiter der Ortskrankenkasse und saß dreimal die Woche teigig im weißen Hemd mit Bernstein-Manschettenknöpfen bis nach Mitternacht im Schach-Club. Wenn er zu Hause blieb, fiel ihm drei Minuten nach dem Abendbrot die Rhein-Zeitung aus der Hand, sein Kopf sank hintenüber und er röchelte laut und scharf wie eine defekte Espressomaschine. Nach einem trüben Blick auf die Uhr stellte er dann fest, dass es Schlafenszeit war. Er wankte in die Kammer und schnarchte schon, bevor die Kissen warm wurden.

Außerdem roch er schon nach wenigen Jahren Ehe aus dem Hals wie nach Katzenkot, und das verstörte nicht nur seine Gegner am Schachbrett, sondern hielt vor allem Rita Oberklein nachhaltig von ihm fern und erstickte den Austausch ehelicher Zärtlichkeiten im Keim. Selbst wenn er nachts im Schlaf mit offenem Mund in ihre

Richtung röchelte, schüttelte sie sich vor Ekel und drehte sich weg. „Hermann, du stinkst wieder", rief Rita dann. Er nahm es duldsam hin wie ein Gottesurteil und bemühte sich, in Nähe der beiden Kinder flach zu atmen, damit sie sich nicht angewidert von ihm abwendeten.

Für Rita Oberklein war es nach einiger Zeit selbstverständlich, dass sie sich andere Männer holte, die nach gutem Schweiß und nach Kerl rochen, nach teurem Rasierwasser oder einfach nur nach heißer Haut. Jungen Oberschülern, die so süß dufteten und denen sie ganz langsam und zärtlich zeigen konnte, was wichtig war in jenem Augenblick und überhaupt.

Da war auch einmal dieser eine Mann ins Rathaus gekommen, so ein Schlanker in einem guten Anzug mit Krawatte, den hatte sie einfach in den Sitzungssaal gezerrt, ihn an sich gepresst und ihm so tief in die Augen geschaut, bis er sie küsste und immer wilder wurde. So wild, dass sie erst wieder zur Besinnung kam, als Ingo Dingens auf dem Flur nach ihr rief. Der wilde schlanke Mann war der neue Landrat gewesen, und das Erlebnis im Sitzungssaal war ihr später richtig peinlich, wenn sie ihn sah. Aber sie war sicher: Es hatte alles so geschehen müssen, und nach einigen Monaten erkannte sie an seinen lustigen und schlauen Blicken, dass die Erinnerung an jene Minuten ihm überhaupt nicht unangenehm war.

Deshalb konnte sie auch bald darauf mit dem Landrat Angelegenheiten regeln, die Bürgermeister Ingo Dingens nicht verstanden hätte. Rita brauchte ja nur über den Ständeplatz zu laufen ins Kreisamt, um den Landrat zu treffen, und er verstand schnell, dass es viele solcher Angelegenheiten gab, die man ganz einfach mit Ritas Klugheit regeln konnte.

Ingo Dingens schien anfangs für Frauen einer der langweiligsten Männer der Stadt zu sein. Schon in der Schule war er einer der wenigen Jungs gewesen, die keine Briefchen von aufgeregt kichernden

Mädchen bekamen. Solche Sachen beschäftigten ihn auch nur am Rande. Wenn überhaupt. Einmal, als er am Küchentisch Blumenkohl mit Frikadellen und Kartoffelbrei aß, sah er draußen auf der Wäscheleine den mächtigen rosafarbenen Büstenhalter von seiner Tante im Wind zappeln, und er wunderte sich über seine eigenen Gedanken, die von der Frikadellenmatsche in ganz andere Bereiche abwanderten. Bereiche, die er noch nie vorher gekannt hatte und die ihn wie ein wohliges Fieber packten.

Doch erst als Ingo Dingens Bürgermeister geworden war, hatte es gelegentlich Frauen gegeben, die ihn begehrten und listig wie Anakondas umschlangen. Er glaubte, das gehöre wohl zu dem hohen Amt, und führte die schmachtenden Damen ohne große Umstände in seine Wohnung, schenkte ihnen ein Glas Scharlachberg Meisterbrand ein und nahm die weiteren Tätigkeiten dann linkisch wie die üblichen Amtshandlungen in seinem Schlafzimmer vor.

Es kam deshalb in seinem Bett zu körperlich eher mechanischen Verrichtungen und die Frauen schauten dabei ungeduldig und höflich zur Seite oder auf das Foto von den Fischerbooten auf dem Königssee an der Wand, bis sich der Bürgermeister nach Abschluss des Verfahrens abwälzte und schnell seine Unterhose hochzog. Aber Ingo Dingens war sicher: Das gehörte so zum großen Bürgermeister-Spiel. „Er hatte sogar Frauen“, würde man später sicher einmal über ihn sagen. „Er war ein großer Mann.“

„Ich mach das denn mal fertig“, sagte Rita Oberklein und verschwand mit den Papieren im Vorzimmer. Nicht ohne jenes gefährliche Wackeln im Ausschnitt, und nicht ohne ihm noch einen ihrer geheimnisvollen, frechen Blicke zuzuwerfen. Ingo Dingens reckte die Schultern und streckte die Beine lang unter den Schreibtisch. „Warum verweigert sich diese Frau meiner Macht und meinen Liebeskünsten?“, fragte er sich. Wahrscheinlich hatten alle Staatsmänner so eine widerspenstige Muse in ihrer Umgebung, die sich erst einmal verweigerte, ihnen aber auch auf geheimnisvolle Weise dadurch Kraft vermittelte.

Ingo Dingens war sicher: Er als Bürgermeister einer ländlichen Gemeinde brauchte solch eine Frau ebenso wie andere Schicksalslenker. Dieser Napoleon etwa. Oder der Zar von Moskau. Solche Leute. Die hatten bestimmt auch magische Frauen in ihrer Umgebung gehabt. Solche wie Rita Oberklein eine war. Rita war ihm als Helferin an die Seite gestellt worden von einer höheren Macht, glaubte er. Nur mit ihrer Hilfe konnte er dieses große Werk vollenden, das viel zu schlicht „Gemeindeverwaltung" hieß und das in Wahrheit das kleine Modell großer Wirkkräfte des Weltgeschehens war.

Macht. Schön war es, so ein bisschen Macht zu haben. Er hatte niemals vorher geahnt, wie wunderbar Macht sein konnte. Erst als er zum Bürgermeister gewählt worden war, spürte er: Sie schauten zu ihm auf und achteten sein Wort. Ein herrliches Gefühl. Davon zehrte Ingo Dingens, und dieses Gefühl erfüllte ihn, wenn er nach Hause ging in seine Dienstwohnung im Parterre der Amtshäusersiedlung. In den drei spärlich möblierten Zimmern war die Einrichtung so unbedeutend und mittelmäßig wie alles an ihm. Ingo liebte Resopalmöbel. Er fand sie beruhigend. Unordnung, Schnörkel und übermäßig dekorierte Wände verursachten eine fiebrige Unruhe in seinem Kopf. Alles um ihn sollte möglichst gerade, glatt und leer sein. Aber das aufgeräumt Spießige war bei ihm nur äußerlich: Als Mensch, so glaubte er, hatte er sich im Innern weit, prunkvoll und strahlend über die Mittelmäßigkeit der Bürger erhoben und er wusste: Es würde der Tag kommen, an dem man wie von einem Helden und Fürsten über ihn sprach.

Eins hob ihn besonders über das gemeine Volk hinaus: Wenn er nur wollte, konnte er ziemlich bedeutende Entscheidungen fällen, in Schicksale eingreifen, Anordnungen treffen und Veränderungen bewirken. Darüber berichtete sogar die Kreiszeitung. Das fand er wunderbar. Er wusste ja nicht, dass Rita Oberklein vieles davon bereits auf ihre Art und mit ihrem tiefen Ausschnitt geregelt hatte. Aber Ingo Dingens überzeugte in der Politik auch durch sein schauspielerisches Talent. Er stellte sich vor die Gemeinderatsversammlung und erklärte fröhlich: „Freunde, ich werde jetzt mal einen Vorschlag machen, der euch sicher nicht gefällt. Aber weil ich ein wirklich netter Kerl bin, werdet ihr dem Vorschlag bitte zustimmen." Und sie stimmten ihm lachend zu, obwohl sie eigentlich dagegen waren. Das alles war seine kleine Macht, und sie berauschte ihn.

Ingo saß an seinem Schreibtisch im gepolsterten Lehnstuhl und grinste. Es gab so viele wunderbare, freundliche Leute im Ort. Aber er war sicher: Es gab da auch einige, die nicht freundlich zu ihm waren. Er glaubte sie alle zu kennen. Eine ganz bestimmte Sorte von Menschen. Sie versagten ihm die Anerkennung und fühlten sich ihm sogar überlegen. Doch er würde sie bestimmt noch zur Demut erziehen. Verändern. Das war ihm wichtig. Die Einwohner konnten sonst machen, was sie wollten. Egal. Aber aufschauen sollten sie zu ihm und freundlich zu ihm sein. Mehr nicht. In der Stille des Raums wiegte er heiter den Kopf und schmunzelte.

Er zog die rechte Hand aus seiner Jackentasche und holte ein braunes Ei heraus. Ingo Dingens schaute es an und lächelte. „Frau Oberklein!", rief er. „Frau Oberklein, mal herkommen!" Die Vorzimmerdame öffnete die Tür. Das Ei flog haarscharf an ihrem Kopf vorbei und zerschellte hinter ihr an der Wand.

Rita Oberklein schaute ihn einige Sekunden eisig an wie eine Löwin, die von einer Maus im Schlaf gestört wurde. „Ich weiß", rief Ingo Dingens lustig, „ich weiß, ich bin etwas verrückt."

„Das wird nichts mit Ihnen. Sie werden ins Unglück rennen, Bürgermeister", sagte Rita Oberklein leise und scharf. „In Ihre Welt findet keiner hinein. Und Sie finden nicht hinaus. Irgendwann werden sie sich fragen, wie Sie das zu Ende leben sollen."

„Ist das wichtig? Ich spiele gerne Theater. Es geht mit mir durch, ich kann es nicht ändern. Ich bin verrückt, das ist alles. "

„Verrückt? Das kann höchstens bedeuten, dass sie nichts verstehen von der Welt."

„Wer nichts versteht von der Welt, der wird kein Bürgermeister. Ich bin einfach ein netter Kerl, der sich mehr rausnehmen darf als andere. Das müssen Sie jetzt einfach mal so sehen. Oder stört Sie das?"

„Ich denke, es kann ganz unterhaltsam sein mit Ihnen. Aber ich habe Angst vor dem, was noch kommt."

Kapitel 6

„Siehst du: Am Ende einer Schweinefährte findest du immer ein Schwein", sagte Jäger Jürgen Frohberger zu seinem Jagdhund. Dann streichelte er ihn, rau und liebevoll. „Metternich" hieß der Deutsch Drahthaar, der ihn zu der toten Wildsau geführt hatte. Der Jagdpächter Apotheker Siebenstern hatte am frühen Morgen in der Dämmerung auf das Tier geschossen. Er war sicher, dass er es tödlich getroffen hatte, aber das Wildschwein war nach dem Schuss weggerannt.

„Such doch mal mit deinem Hund nach", hatte Siebenstern seinen Jagdhelfer Frohberger gebeten. Deshalb war er hier draußen im Wald. Drahthaar Metternich fand schnell den Anschuss. Helles Blut, Lungenblut. „Kann nicht weit gekommen sein", sagte Frohberger zu seinem Hund. Metternich nahm schnell die Fährte des verletzten Wildschweins auf. Es war nach dem Schuss noch achtzig Meter in eine Fichtendickung gerannt und dort verendet. „Siehst du, mein Guter, es ist nicht weit gekommen", sagte Frohberger leise zu seinem Hund. Weil sich am Ende einer Schweinefährte eben immer ein Schwein findet, lag es jetzt tot vor ihm. Er zog es auf den Weg, um es dort aufzubrechen und dann in seinem Mopedanhänger abzutransportieren. Er verschnaufte und zündete sich erst einmal in Ruhe eine Güldenring an.

Auf dem Waldweg sah er einen hellen Fleck, der schnell größer wurde. Toni, der Foxterrier von Kommissar Rottek, befand sich mal wieder auf einer Inspektionstour durch die Jagdreviere und hatte das erlegte Wildschwein gewittert. Frech und angriffslustig verjagte er erst einmal den dreimal so großen Metternich von der Sau, kniff den völlig eingeschüchterten Deutsch Drahthaar auch noch in das rechte Ohr und untersuchte dann ruhig und ernst mit jagdlichem Sachverstand die tote Sau. Er packte sie an der Nackenschwarte und beutelte sie kräftig, zerrte er auch noch am Pürzel und eilte dann beflissen weiter auf seiner Vormittagsrunde, denn es gab noch viel zu erledigen.

Jürgen Frohberger kannte den Foxterrier. Er wusste, dass der kleine Hund eine unbestrittene Autorität in der Stadt darstellte und dass es ungehörig war, seine Führungsrolle anzuzweifeln. Frohberger schaute ihm kopfschüttelnd hinterher. Dann zog er das Wildschwein auf die Wiese, holte sein Klappmesser aus der Tasche und schlitzte den jungen Keiler vom Bauch bis zum Kehlkopf auf, um ihn auszuweiden. Dazu brauchte er nur wenige Minuten. Dann lud er das Schwein auf den selbstgebauten Mopedanhänger seiner Zündapp RS 50, setzte Metternich daneben und knatterte Richtung Dorf.

„Da kommt Pipi Spezial", kreischten die Enkel von Gastwirt Fettweiß, öffneten mit übertriebenen Gesten die Klappen ihrer Lederhosen und griffen sich an den Schlitz. Denn Jäger Jürgen Frohberger war im Ort bekannt als der „Dreistrahlige Pinkler". Wegen einer anatomischen Missbildung an der Eichel schlug Frohberger sein Wasser als dreifachen Strahl ab. Das hatte schon in seiner Kinderzeit für großes Interesse bei den Gleichaltrigen geführt und sorgte auch nach vierzig Jahren im Ort immer noch für Anteilnahme. Nicht nur bei der Dorfjugend. „Pipi Spezial" nannten ihn die Schulkinder, und wenn Frohberger bei Zechgelagen im „Grünen Baum" oder bei Zeltfesten seine Schamhaftigkeit überwunden hatte, brachte er als „Dreistrahliger Pinkler" sein besonderes Kunststück für zwei Mark Eintritt pro Person unter großem Beifall und Gejohle im Pissoir oder hinter einem Baum öffentlich zur Anwendung.

„In die Kühlkammer." Jagdpächter Siebenstern im weißen Apothekerkittel lotste Jürgen Frohberger durch den verwinkelten Anbau. Der dreistrahlige Pinkler trug die Wildsau auf der Schulter. Im Kühlraum packten sie zusammen das Schwein und hängten es an einen eisernen Haken. Am Abend wollte Siebenstern dem jungen Keiler eigenhändig die Schwarte abziehen. Das von ihm geschossene Wild verspeiste er am liebsten zusammen mit guten Freunden und inszenierte die Zubereitung vor den Gästen wortreich und theatralisch in Kochjacke und hoher Mütze. „Es gehört zum deutschen Waidwerk, dass man dem Tod des Tieres einen Sinn gibt," dozierte er dabei mit hoher Stimme und seinem leicht ostpreußisch eingefärbten Zungenschlag, „das gebietet uns die Jägerehre." Eine der wenigen Möglichkeiten, dem Tod des Tieres einen Sinn zu geben, bestand für ihn darin, das Wild zu verzehren. Als in Portwein und Schalotten geschmorte Hasenkeule beispielsweise, als Rehrücken in einer Steinpilz-Sahnesauce oder als gefüllten Fasan auf Rosenkohl und Kartoffelpüree.

Seine Waidmannsehre war ihm heilig. Zumindest das, was er darunter verstand. Denn Jäger zimmerten sich auch damals gerne ihre eigene Jagdmoral und bestimmten selbst, was wichtig und was erlaubt ist. Apotheker Siebenstern zum Beispiel machte ein besonderes Verständnis von Waidmannsehre für sich geltend. Es beruhte auf einer besonderen Achtung der Schöpfung und den Tieren gegenüber. Viele Mitjäger empfanden das als altmodisch und übertrieben. „Jagd ist, wenn's kracht", sagten sie, „zur Wildsau musst du nicht freundlich sein."

Hinter seinem Rücken feixten sie über Siebenstern und seine moralischen Marotten. Er wusste das, aber er ließ sich nicht beirren. Er war Jagdpächter im großen Stadtforst und bekreuzigte sich, wenn er mit der Waffe auf dem Rücken das Revier betrat. „Papst Hubertus", johlten seine Jagdnachbarn, denn andächtig schritt er durch den Buchenwald wie ein Priester durch seine Kathedrale. Apotheker Siebenstern duldete in seinem Terrain keinen Jäger, der als Schießer, als roh zum Wild oder als grob gegenüber seinem Hund bekannt war. Viele äfften seine Tugendpredigten nach. Sie wurden bei lustigen Schüsseltreiben von Witzbolden im Singsang wie Psalmen heruntergebetet. Viele lachten, aber Respekt hatte sie doch vor ihm. Denn sie neideten ihm auch sein großes, wildreiches Revier.

In letzter Zeit kamen sogar immer mal wieder reiche Jäger aus dem Rheinland und aus dem Ruhrgebiet zu ihm in die Apotheke und machten ihm raunend verlockende Angebote. Denn das Wirtschaftswunder hatte viele Neureiche hervorgebracht, für die Jagd ein begehrenswertes Statussymbol war. Bei Siebenstern tauchte ein Schrotthändler aus Düsseldorf auf, der in die Jagdpacht einsteigen wollte und schwindelerregend hohe Summen für eine Jagderlaubnis bot. Eine massiv gebaute Hütte mit einer eichenen Sitzgarnitur für das Revier versprach er ihm und Sekt für jeden erlegten Rehbock. Vorhin war er wieder da gewesen. Zum dritten Mal schon hatte sein schwarzer Mercedes vor der Hubertus-Apotheke gehalten. Der Schrotthändler aus Düsseldorf war ein unangenehmer, feister Mensch und Siebenstern hatte ihn kurz und deutlich abgewiesen. „Einen wie mich schickt man nicht weg", hatte der Dicke wütend gefaucht und sein Fahrer war hinter den Verkaufstresen gekommen, hatte sich dicht vor ihn gestellt und ihn mit einem bedrohlichen Unterton angebrüllt: „Wir haben so viel Gutes gehört von dir und deiner Jagd. Es soll doch so bleiben?"

Siebenstern hatte die beiden aus dem Laden gedrängt. Der grobschlächtige, rothaarige Fahrer kam wieder herein, starrte ihn drohend an, nahm das Glas mit den Anisbonbons und zerschmetterte es auf den schwarzweißen Fliesen, dass die Scherben bis in die letzte Ecke flogen. „Bis demnächst", murmelte er böse. „Wir bleiben auf deiner Spur." Beim Wegfahren winkten die beiden ihm höhnisch aus dem Auto zu. Den Apotheker beeindruckte das nicht.

Mit leuchtenden Augen betrachtete Siebenstern in der Wildkammer die Wildsau, die er im Morgengrauen geschossen hatte. „Schönes Schwein", flüsterte er und streichelte die borstige Leiche. „Schönes

Schwein", bestätigte der dreistrahlige Pinkler und betastete fachmännisch das Loch, durch das die Kugel in den Wildkörper eingedrungen war: „Guter Schuss, Herr Siebenstern."

„Sauber jagen!", sprach Waidmann Siebenstern ernst mit erhobenem Zeigefinger und schaute der Wildsau in die erloschenen Augen. „Immer sauber jagen!"

„Was macht denn der Beutel da?", fragte Frohberger ihn und zeigte auf einen Fleischerhaken in einem Winkel der Kühlkammer, an dem eine braune Damenhandtasche aus Straußenleder baumelte.

Siebenstern erschrak. „Was? Die Tasche? Wieso hängt dort eine Tasche? Das ist ja die von meiner Frau. Ich denke, die ist beim Friseur?" Der dreistrahlige Pinkler wollte die Tasche vom Haken nehmen. Aber seine Hand zuckte zurück. „Blut!", rief er. „Sie ist blutig."

Kapitel 7

Rottek ging zu Fuß. Der Weg war nicht weit vom Friseurladen am Marktplatz bis zu Siebensterns Hubertus-Apotheke. Er führte an Anitas Blumenladen vorbei. Der kleine Laden seiner Frau, in dem es immer wunderbar nach Blüten und nach frischem Grün duftete. In der Schulzeit waren sie lange sehr verliebt zusammen gewesen. Aber dann kam ein anderer. Einer mit Geld und mit einem großen Auto. Anita war mit dem gegangen und hatte ihn geheiratet. Das war damals. Diese Trennung hatte Rottek lange geschmerzt. Die große, einzige Liebe seines Lebens war zerbrochen. Aber Anitas Ehe ging schief: Eine böse Scheidung, die auch den zwei Kindern das Herz zerriss. Anita hatte es schwer. Sie wohnte einige Jahre in einem kleinen Gartenhaus am Rand der Stadt. Durch Zufall trafen sie sich wieder, und obwohl Rottek sehr zurückhaltend und misstrauisch blieb, war es nach ein paar Monaten fast wie früher zwischen ihnen. Fast. Es begann eine neue, andere, glückliche Zeit. Dann zogen sie ins Alte Forsthaus zusammen mit Anitas Kindern. Sie liebte ihr kleines Blumengeschäft an der Wilhelmstraße.

Kommissar Rottek ging nie an dem Laden vorbei, ohne hereinzuschauen. Auch diesmal öffnete er die Tür. Die dicke Frau Amtsgerichtsdirektor Washönig stand in ihrem braunen Persianermantel im Laden und ließ sich gerade Chrysanthemen zeigen. „Fräulein Anita, ein Notfall, ganz dringend: Welche Blumen schenkt man einem verliebten Kriminalbeamten?", rief Rottek ernst in den Raum. Frau Amtsgerichtsdirektor Washönig zuckte zusammen und schaute erschrocken.

„Herbstveilchen! Was für's Auge!", rief Anita frech und schwang dabei lachend die kleine Faust. Ihre Hände waren rot und rau von der

Arbeit im Blumenladen. Aber diese Hände konnten unendlich zärtlich sein und ihn verzaubern, wenn er nachts erstarrt lag nach all dem Widerwärtigen und Verlogenen, das ihm als Kriminalbeamter tagsüber begegnet war.

Rottek erinnerte sich genau daran, wie er vor fast fünfzehn Jahren zitternd die kleine, knochige Mädchenhand zum ersten Mal berührt hatte. Damals, als sie unter den verblühenden Kastanien am Hermann-Löns-Stein saßen und sich vor lauter Herzklopfen nicht mehr die Englischvokabeln abhören konnten. Es war viel geschehen seitdem. Aber nun wohnten sie zusammen im Alten Forsthaus und das, von dem nur sie beide wussten, würde nie vergehen.

Rottek winkte noch übermütig durch den Türspalt und ging weiter. „Kennen Sie den Herrn?", fragte Frau Washönig unsicher.

„Nein, nie gesehen", meinte Anita und steckte die Chrysanthemen zusammen. „Wahrscheinlich ein Sittenstrolch."

„Trotzdem sehr romantisch", murmelte die Frau des Amtsgerichtsdirektors und kniff verschmitzt die dünnen Lippen zusammen. „Ich würde auch gerne mal so einen netten Sittenstrolch kennenlernen."

Anita lächelte ihr feines Lächeln. „Die Netten sind die Schlimmsten", sagte sie mit gespieltem Ernst. „Außerdem haben Sie doch einen Mann?"

Die Züge von Frau Amtsgerichtsdirektor verfinsterten sich. „Danke, dass Sie mich dran erinnern", sagte sie bitter.

Ihr Mann, Amtsgerichtsdirektor Washönig, war wegen seiner Strenge bei der Landbevölkerung gefürchtet. Ihm hing der Mund nach einer Gesichtslähmung rechts so tief, dass ihm ständig der Speichel herauslief und er sich mit karierten Sacktüchern das Kinn wischen musste. Wenn er „Im Namen des Volkes" verkündete, sprühte bei jedem „S" eine nasse Fontäne kraftvoll aus seinem hängenden Mundwinkel. Je schwächer und aussichtsloser ein Beklagter vor ihm stand, umso härter bestrafte er ihn und empfand prickelnde Lust angesichts der Verzweiflung eines Verurteilten. Schon am Tag vorher legte sich Washönig heiteren Sinnes wie ein Sortiment von Folterinstrumenten Worte zurecht, mit denen er den Beschuldigten erniedrigen und verletzen würde. Besondere Härte zeigte er gegen Jugendliche, die wegen harmlosen Streichen angezeigt worden waren. Hatten sie Stinkbomben geworfen, eine Gartenpforte ausgehängt oder schwarz geangelt, brüllte er sie zusammen und verhängte Geldstrafen oder gar Arrest gegen sie. Washönig empfand Lust dabei, wenn die Halbwüchsigen schlotternd vor ihm standen und weinten oder sogar die anwesenden Mütter in Tränen zerflossen.

Hartes Gericht hielt er auch über seinen Sohn Ronny. Schon vom frühesten Kindesalter an ahndete Richter Washönig jede kleine Verfehlung des Jungen in Form eines Strafprozesses, schrie den knienden Kleinen vom Küchentisch aus nieder und verhängte drakonische Maßnahmen gegen ihn, die in einem Protokoll festgehalten und dann exekutiert wurden.

„Görge, du versündigst dich“, flehte seine Frau oft, „Görge, wir werden einmal so gerichtet, wie du richtest. Der Herr nimmt seinen Segen von uns.“ Aber Washönig lachte nur brüllend und nahm keuchend seine Frau am Küchenherd oder an der Wäschemangel, wo sie sich gerade befand. Er quetschte ihre Brüste, biss sie in die Schulter und riss ihre Beine auseinander, roh und kalt, dass ihre Wirbelsäule knackte und sie qualvoll aufheulte.

„Jagdgott“ nannte man ihn spöttisch unter den Jägern, denn Washönig hielt sich auch als Waidmann für unfehlbar. An seinem Lob und seinem Tadel durfte nicht gezweifelt werden, und er hielt am Jägerstammtisch mit sonorer Stimme erschöpfende Vorträge über jagdliche Themen, deren Inhalte er sich in einer erstaunlichen Form der Beschränktheit zusammenreimte und die von Geltungssucht und einer spröden Amtsstubenfantasie geprägt wurden. „Der Bär fängt die Maus, indem er sich über sie wälzt und sie sich so in seinem zottigen Fell verheddert“, erklärte er. „Daraufhin wird sie mit der Tatze gegriffen und verspeist.“ Wenn ein Zuhörer am Jägerstammtisch nach solchen Ausführungen zu lachen wagte, traf ihn der Bannstrahl des Richters, und wochenlange Verachtung strafte ihn. Sein Sohn weigerte sich, die jagdlichen Interessen des Vaters zu teilen und ekelte sich vor Waffen, vor toten Tieren und vor der nach Schweiß und Mann riechenden Kleidung seines Vaters.

Mit siebzehn begehrte Ronny gegen seinen Vater auf. Es war Gründonnerstag. Er ging ins Badezimmer und schlug sich minutenlang am Waschbeckenrand die Zähne aus. Dann stürzte er ins Esszimmer, brüllte seinen Vater hasserfüllt mit blutendem Mund an. Washönig ging an den Waffenschrank und gab ihm seine Offizierspistole. „Wenn du so wütend bist, dann erschieß mich doch“, rief er ihm zu. „Einfach abdrücken. Aber das bringst du nicht fertig.“ Der Junge hob die Pistole, richtete sie auf sich selbst und schoss sich ins Herz. Washönig nahm noch eine Kohlroulade, schöpfte Pfeffersoße auf die Salzkartoffeln und aß in Ruhe seinen Teller leer. Altes Porzellan von Rosenthal: Zwiebelmuster. Seine Frau starrte ihn minutenlang wie gelähmt schweigend an. „Ruf den Bestatter“, kommandierte Washönig dann. „Ich muss ins Gericht.“

Seitdem war Frau Washönig Anitas beste Blumenkundin. Überall in der großen Wohnung waren Sträuße drapiert, und abends saß sie oft mit ihren Freundinnen im Wintergarten unter dem üppig wuchernden Gummibaum beim Rommé, während der Amtsgerichtsdirektor nebenan in der „Wild und Hund“ las und Scharlachberg Meisterbrand trank, bis er im Sessel einschlief. Schon morgens vor dem Zähneputzen nahm er einen großen Schluck aus der Flasche. Im Gericht wehte den ganzen Tag ein Wölkchen von Weinbrand hinter ihm her, und seine roten Augen schwammen, wenn er mit hängendem Mundwinkel seine Bosheit über die Angeklagten versprühte.

Jeden Samstag empfingen Washönigs Gäste zum Wildessen. Die Prominenz der kleinen Stadt schöpfte sich Klöße und Rotkohl, es wurde lieblicher Spätburgunder von der Ahr ausgeschenkt und Washönig tranchierte den Braten. Jovial und scherzend, wie die Gäste sich einen Amtsgerichtsdirektor wünschten. „Die scharfe Klinge der Gerechtigkeit", kommentierte Pastor Hühnchen jedes Mal, wenn Washönig möglichst gleich bemessene Bratenstücke aufschnitt und verteilte. Hinterher legte Washönig Schallplatten auf, und die Gäste lauschten fromm, wenn „Ich bete an die Macht der Liebe" erklang oder „Es löscht das Meer die Sonne aus."

„Ach ja, die Männer", sagte Anita im Blumenladen sanft zur Frau des Amtsgerichtsdirektors. Die schaute traurig auf die großen gelben Blumen, die Anita zum großen Strauß band. „Wir Frauen finden Trost nur bei uns selbst. In unserer eigenen Welt", sagte Anita leise. „Von Männern dürfen wir nichts erwarten." Sie wusste nicht genau, was sie damit meinte, aber sie wusste, dass es in dem Moment wahr und richtig war.

Frau Washönig beobachtete Anitas Hände, die Chrysanthemen schnitten. „Ich habe keine eigene Welt", sagt sie leise. „Und ich finde nirgendwo Trost."

Ein leises Kratzen erklang an der Tür. Foxterrier Toni begehrte Einlass, denn in der Ecke neben dem Tresen lag vor dem Heizkörper seine Wolldecke, auf der er sich jeden Tag zu einer kleinen Rast bettete und ein Schläfchen hielt, bevor er sich wieder seinen weiteren Verpflichtungen in der Stadt widmete. Zudem wies er jeden eintretenden Kunden mit kurzem, leisen Knurren darauf hin, dass er entschlossen und aufmerksam über Anita und ihren kleinen Blumenladen wachte, und dass derjenige ein hohes Risiko einging, der glaubte, sich Unbotmäßigkeiten herausnehmen zu können.

Rottek war inzwischen langsam die fünfzig Schritt über das Kopfsteinpflaster zu Siebensterns Apotheke weitergegangen. Dort roch es so, wie er es aus vielen Apotheken kannte. Nach heilenden Kräutern und bitteren Tees. „Rheila Perlen“ und „Villosa Hustelinchen“ standen auf dem Tresen. Viktor Siebenstern trat aus dem hinteren Lager. Er presste die linke Hand auf die Stirn und schien geistesabwesend. Die beiden kannten sich von der Jagd schon lange. Aber der Apotheker sah ihn verwirrt und ängstlich an wie einen Fremden. „Ach, der Herr von der Polizei, nicht wahr? Sie sind doch auch Jäger, jetzt fällt es mir ein. Was kann ich für Sie tun?“

Rottek sah den Blutfleck auf dem weißen Kittel. Er blickte dem Apotheker in die Augen und es schien, als wüssten sie beide, worum es ging.

Siebenstern schluckte verkrampft und hielt sich mit der rechten Hand an dem alten Holzregal fest. „Bitte?“, fragte er noch einmal mit dünner Stimme.

„Herr Siebenstern, ich habe eine traurige Nachricht für Sie. Ihre Frau ist tot. Sie ist vorhin verstorben, bei Friseur Rimini. Mein Beileid, Herr Siebenstern. Wir sollten aber noch darüber sprechen, über die Sache, wenn es geht.“

Der Apotheker schaute mit leerem Blick an ihm vorbei, tat einen Schritt vor und stützte sich mit den Händen am Tresen ab. „Ist sie wirklich tot?“, fragte er leise. „Sind Sie ganz sicher? Meine Frau? Meine wunderbare Frau?“

Rottek nahm seine Hand. „Ja. Herr Siebenstern, es gibt keinen Zweifel. Es fällt mir schwer, Ihnen das zu sagen.“ Er suchte seinen Blick. „Sie ist getötet worden. Wir wissen nicht, wie es passiert ist. Deshalb müssen wir darüber reden, Herr Siebenstern.“

Der Apotheker schaute ihn vorwurfsvoll fragend an. „Wenn meine Frau wirklich tot ist, worüber sollen wir noch sprechen? Müssen wir uns wirklich noch darüber unterhalten? Meinen Sie, ich möchte jetzt mit Ihnen plaudern?“ Er stieß einen unendlich traurigen, klagenden Seufzer aus und schloss die Augen.

Rottek hielt seine beiden Hände fest. „Jemand hat sie getötet, Herr Siebenstern. Wir müssen jetzt ein paar Minuten sprechen. Dann lasse ich Sie allein. Was ist mit Ihrem Sohn? Können Sie den erreichen?"

Der Apotheker hatte nicht zugehört. „Dann gehe ich jetzt mal rüber zu meiner Frau", flüsterte er zerstreut. „Beim Friseur?"

Rottek nickte. Siebenstern trat hinter dem Tresen hervor, öffnete die Tür und ging langsam festen Schrittes die Wilhelmstraße hoch zum Marktplatz, an dem Brunnen vorbei zu Riminis Friseurgeschäft. Dort parkte schon der Leichenwagen von Bestatter Endlichkait mit offener Hecktür. Endlichkait und sein kleiner Lehrling standen drinnen in ihren grauen Kitteln etwas ratlos neben der Leiche.

Hauptwachtmeister Kesselring telefonierte mit dröhnender Stimme. Offensichtlich sprach er mit dem Arzt: „Rotgold, Sie sind ja so schnell verschwunden. Haben sie alles aktenkundig wegen der Leiche? Totenschein, diese ganzen Sachen, das haben Sie ja wohl in Arbeit oder sind Sie mal wieder mit anderen Dingen beschäftigt? Wir werden die Dame nämlich jetzt auf Reisen schicken zur Gerichtsmedizin an den schönen Rhein. Gut, wenn alles klar ist, dann kann es hier ja losgehen. Leiche Marsch! " Er nickte den Bestattern zu. Die beiden traten entschlossen auf die Verstorbene in der Blutpfütze zu. Mit einer schwachen Handbewegung versuchte der Apotheker, sie aufzuhalten. Entsetzen zeichnete sich auf seinem Gesicht ab, je länger er die furchtbare Szenerie betrachtete.

„Lydia?", fragte er leise und traurig. „Lydia? Soll es so enden, Lydia? Mit einem Messer im Herzen? In deinem guten Herzen?" Er schloss die Augen. Tränen rannen über sein Gesicht. Er wehrte sich nicht, als die beiden Bestatter den Transportsarg abstellten und mit einem vorsichtigen Blick auf ihn die Leiche hineinhoben. Von ihren grauen Haaren tropfte das Blut. Am Hinterkopf steckten noch die Lockenwickler. Endlichkait schaute den Apotheker unsicher an und wartete einen Moment, bis er den Sarg schloss und hinaustrug. Siebenstern sah ihnen mit leerem Blick nach. „Lydia!", rief er schwach. „Lydia!"

Hauptwachtmeister Kesselring trat auf ihn zu und legte ihm sanft die Hand auf die Schulter. „Es ist nur noch die Hülle, Herr Siebenstern. Der leere Körper. Es ist nur noch die Hülle."

Der Apotheker schaute ihn fragend mit großen Augen an. „Und der Rest? Wo ist der Rest von ihr? Oder habe ich sie ganz verloren? Auch ihre schöne Seele, Herr Wachtmeister? Wissen Sie etwas?"

Kesselring räusperte sich verlegen und zog die Hand von der Schulter des Apothekers. „Ich bin nur eine Behörde, Herr Siebenstern. Von Amts wegen stellen wir keine Nachforschungen über den Verbleib der Seele an. Klingt vielleicht nicht schön, aber wir haben hier mit anderen Dingen schon genug Arbeit. Wir fangen Mörder und Hühnerdiebe. Und wenn dann noch Zeit ist, denken wir über Seelen nach. So in etwa."

Im Friseurladen war es still. Dann hörte man draußen die Türen des Leichenwagens klappen und das sich entfernende Motorengeräusch. Rimini erhob sich aus dem schwarzen Leder des Friseurstuhls. „Meine Herren, ich habe heute noch Kundschaft", rief er mit zitternder Stimme. „Ich mache hier jetzt erst einmal klar Schiff. Sie verstehen." Er ging in einen Nebenraum und kam mit Putzeimer, Schrubber und einer Dose Ata-Scheuersand wieder.

Hauptwachtmeister Kesselring fasste ihn hart am Handgelenk und zog ihn zur Ausgangstür. „Sie verstehen", knurrte er in einer Tonart, die keinen Zweifel zuließ. „Dies ist ein Tatort, und geputzt wird hier jetzt ganz bestimmt nicht. Herr Rimini, wir fahren gleich zur Wache und sprechen noch einmal über alles. Man kommt doch leichter über solche Dinge hinweg, wenn man drüber sprechen kann. Ist es nicht so?"

Rimini schaute ihn empört an. „Ich erwarte Damen, Herr Wachtmeister, da kann ich nicht einfach bei Ihnen auf der Wache sitzen und quatschen. Es ist doch alles geregelt, denke ich? Oder was müssen wir noch besprechen? Es ist doch nichts mehr zu besprechen? Hier sieht es aus wie im Schlachthaus, da müssen Sie mich doch verstehen? Wenn die Damen kommen, kann es hier doch nicht aussehen wie im Schlachthaus?"

Kesselring fasste ihn bei den Schultern und stellte sich dicht vor ihn. „Ein Mord, Herr Rimini. Hier ist ein Mord geschehen. Und wir wissen nichts darüber, außer dass Frau Siebenstern abgestochen worden ist. Dass sie tot ist, ist ein Stück von der Wahrheit. Aber nur ein Stück. Wir wollen alles von der Wahrheit wissen. Alles. Da müssen Sie mich doch auch verstehen, lieber Herr Rimini." Bei seinen letzten Worten stieß er ihn so kräftig von sich, dass der Friseur hart gegen die Türfüllung prallte. Rimini erstarrte und schaute ihn mit offenem Mund an. Apotheker Siebenstern hatte währenddessen immer noch vor dem Blutfleck gestanden und die linke Hand gegen die Stirn gepresst. Jetzt winkte er mit beiden Händen ab, drehte sich um und ging langsam aus der Tür wie nach einem verlorenen Kampf.

„Die Wahrheit ist eine zarte Blume, Herr Wachtmeister", sagte Rimini gekränkt zu Kesselring. „Die können Sie nicht zum Blühen prügeln."

Kapitel 8

Ein rostiger blauer VW Bulli rollte langsam auf der Frankfurter Straße vor das Gasthaus „Grüner Baum“. Sieben Gesichter pressten sich an die Scheibe, als der Pritschenwagen sich an dem glänzenden, schwarzen Mercedes 220S von Popel Troost vorbeischob: die Kerschbaums. Vater Jupp und seine sechs Söhne, zwischen 24 und 12 Jahre alt. In der Gegend kannte sie jeder. Die Kerschbaums wohnten im Nachbardorf Weyersbusch. Man kannte sie als fleißig und strebsam, höflich und hilfsbereit. Nur nicht als ehrlich. Überhaupt nicht. Es hieß, sie machten dunkle Geschäfte. Mit den Amerikanern in der Pfalz. Oder mit Leuten aus Frankfurt oder dem Ruhrgebiet. So größere Sachen, von denen keiner Genaues wusste. Die Wahrheit war: Sie zogen durch das Land, überaus schlau und beutegierig wie ein Wolfsrudel. Sie sahen alles, schienen überall zu sein und lebten nach ihren eigenen Gesetzen. Eine immer vergnügte, aber gefährliche Sippe. Was die Kerschbaums als ihre Beute betrachteten, das verfolgten sie, bis sie es hatten. „Eierdiebe“, nannte Hauptwachtmeister Kesselring sie abfällig. Aber das war eine seiner wenigen Fehleinschätzungen. Die Kerschbaums klauten alles. Nur keine Eier.

Manchmal waren sie ein paar Tage verschwunden. Lediglich die rothaarige Mutter sah man dann in der Bahnhofskneipe putzen, im Garten Unkraut kratzen, die Hühner füttern oder einen Korb Wäsche ins Haus tragen. Irgendwann kamen die Männer zurück. Sie saßen dann tagelang vor der Tür auf der Bank, rauchten Orient-Zigaretten, lachten, tranken Bier aus Gläsern, brieten sich Hähnchen oder aßen dicke Schinkenbrote. Mutter Kerschbaum trug dann oft ein nagelneues Kleid und ließ sich von Friseur Rimini eine Dauerwelle machen. Der alte Jupp putzte am Sonntagmorgen auf dem Hof seine hellblaue 1955er Harley Davidson und machte damit bei schönem Wetter nach dem Gottesdienst eine kleine Ausfahrt. Das satte Knattern der Harley kannte man von weitem. „Der Jupp“, sagten die Leute, „hör mal, der Jupp ist wieder unterwegs.“

Jupp Kerschbaum war in der Fremdenlegion gewesen. In Algerien, so erzählte man, vielleicht auch in Korea. Ein bulliger kleiner Mann mit gewaltigen, zerschundenen Pranken. Er trug immer noch stolz sein grünes Barett der Legion und das Scharfschützenabzeichen. Der Alte hatte vor nichts Angst, erzählte man. Wenn ein Stier vor dem Schlachthaus zu bändigen war oder ein Trunkenbold seine Frau totzuprügeln drohte und die Möbel anspitzte, dann holte man Jupp. Es hieß, er könne mit bloßen Händen einen Breitflansch zurechtbiegen. Es waren aber auch hier und da Schüsse gefallen, die sich niemand erklären konnte. In einer alten roten Fabrikhalle in Solingen etwa, auf einem einsamen Bauernhof im Taunus oder bei einem jugoslawischen Kölner Autohändler. Jupp sollte in der Nähe gesehen worden sein. Aber niemand konnte ihm etwas beweisen, und in dunklen Gegenden sah ein Schatten aus wie der andere.

Manchmal war eine Lagerhalle für Kaffee leergeräumt oder ein Pelzgeschäft und man suchte nach verdächtigen Personen. Aber es gab keine Spuren. Schon gar nicht Spuren von den Kerschbaums, und wer von der Polizei gefragt wurde, dem fiel nicht ein, was er gesehen haben könnte. Bald stellte man keine Fragen mehr. Aber es war ja auch eine Zeit, in der sich so viel zusammensortieren musste und in der es oft Wichtigeres zu tun gab, als vergebliche Fragen zu stellen. Denn Schweigen war damals eine Art zweite Amtssprache.

Der Bulli hielt an. Die Kerschbaums quollen aus der Kabine und besichtigten mit großem Interesse den Mercedes von Popel Troost, prüften klopfend die Qualität des Blechs und schauten sich durch das Fenster die Innenausstattung an: cognacfarbenes Leder. Anerkennend nickten sie ihrem Vater zu. Da eilte aber schon der breitschultrige Männel mit grimmigem Gesicht aus der Gaststube und legte besitzanzeigend die Hand auf den Griff der Fahrertür. „Irgendwas los hier, die Herren?", fragte er unfreundlich und blickte herausfordernd unter seinem roten Schopf in die Runde.

Als keine Antwort kam, redete er wie im Selbstgespräch weiter. „Wollen die Herren vielleicht stehlen, frag ich mich. Das schöne Auto, so was hätte man ja auch gerne. Aber da wird der Herr Troost Ärger machen. Und wer will heutzutage schon Ärger bekommen mit Herrn Troost? Man hat es doch auch so schon schwer genug, sag ich mir. Und wenn man ein Auto stiehlt, bekommt man noch mehr Ärger. Jaja. Kuhschweinhuhn." Das „Kuhschweinhuhn" hatte er eigentlich vermeiden wollen, weil das Wort möglicherweise seine Autorität untergraben konnte. Aber es war ihm doch rausgerutscht. Etwas nervös nestelte er an den Trägern seiner grauen Latzhose und versuchte, grantig in die Runde zu blicken.

Der alte Jupp stellte sich neben ihn, zündete sich einen Burger Stumpen an und hustete erst einmal ausgiebig. Seine sechs Söhne lehnten sich an den Mercedes. „Stehlen ist unfein", meinte Jupp freundlich. „Außerdem ist es nicht erlaubt. Wir bewundern schöne Dinge, Herr. Schöne Dinge haben eine Seele, sag ich immer zu meinen Kindern. Es gibt so viel Hässliches auf der Welt. Freut euch an den schönen Dingen, wie etwa an diesem Auto, und freut euch daran, dass es Menschen gibt, denen der liebe Gott so etwas Herrliches geschenkt hat. Wissen Sie, Herr, wir sind arme Leute und fristen unser Leben mit unserer Hände Arbeit." Bei diesem Stichwort hoben die sechs Söhne ihre Hände. Männel schaute auf zwölf ölverschmierte, schrundige Handflächen.

Jupp legte den Kopf schief und sah Männel in die Augen. „Unsere Lieblingsbeschäftigung ist es, anderen das zu gönnen, was sie besitzen. Denn der Himmel hat es ihnen bereitet. Wen der liebe Gott segnet, dem schenkt er einen schönen Mercedes. Aber wenn es mit dem Segen vorbei ist, dann nimmt er ihm den Mercedes wieder weg. Ist es nicht so, meine Kinder?“ Die sechs jungen Kerschbaums nickten und murmelten eifrig zustimmend.

Am Fenster der Gaststube tauchte wie ein schnell aufgehender Mond das weiße Pfannkuchengesicht von Popel Troost auf. Er klopfte an die Scheibe und drohte warnend mit dem Zeigefinger.

Jupp lehnte sich zurück, steckte die Hände in die Taschen seiner schwarzen Eisenbahnerhose, legte den Kopf in den Nacken und schaute zum grauen Himmel, an dem kleine, faserige dunkelgraue Wolken flogen. „So ein schönes Gewehr haben Sie auf dem Rücksitz, Herr“, sagte er wie beiläufig. „Ich sag immer, wer mutig ist, braucht kein Gewehr. Ich hab’ schon lange kein Gewehr mehr gebraucht, Herr. Warum fahren Sie denn mit dem Gewehr durch unseren friedlichen Westerwald? Hier fürchten sich die Leute, wenn es knallt, Herr. Wollen Sie uns wirklich so erschrecken? Sie sagen ja gar nichts? Reden Sie nicht mit Leuten, die ihr Leben mit ihrer Hände Arbeit fristen?“ Die sechs jungen Kirschbaums zeigten wieder ihre ölverschmierten Handflächen.

Die Eingangstür vom „Grünen Baum“ wurde aufgerissen und Popel Troost kam im wehenden braunen Ledermantel die Treppe heruntergerudert. „Das ist mein Auto“, rief er schon von Weitem kurzatmig, „das ist mein Auto, wo Sie sich da anlehnen.“ Wie ein wütender Kugelfisch stellte er sich vor Jupp Kerschbaum. Der wandte sich ab und ging um den Mercedes herum, besah sich das Kennzeichen. „Düsseldorf“, sagte er zu seinen Söhnen. Die nickten wieder.

„Arbeiten Sie fleißig und sparen Sie schön, dann können Sie sich auch einen Mercedes kaufen“, rief Troost ihm zu, „aber so was wie euer alter Bulli ist ja auch nicht schlecht.“ Er lachte sein fettes, quäkiges Lachen und Männel versuchte ebenfalls zu kichern. Jupp Kerschbaum ging weiter um das Auto herum, schaute ins Innere. „Düsseldorf“, sagte Jupp Kerschbaum noch einmal zu seinen Söhnen, und sie wiederholten, fast im Chor: „Düsseldorf." Männel runzelte die Stirn, und wollte ins Auto steigen, aber Popel Troost trat ein paar Schritte vor die Kerschbaums und baute sich auf wie ein Zirkusdirektor. „Leute, nur damit ihr Bescheid wisst. Ich bin ein Mensch, der sich alles kaufen kann. Und ich kaufe mir alles. Was sagt ihr jetzt? Kennt ihr noch einen Menschen auf der Welt, der sich alles kaufen kann?"

Jupp Kerschbaum trat auf ihn zu. „Das ist schön. Sehr, sehr schön, Herr. Wann kaufen Sie denn wieder was?" Popel Troost schnappte vor Eifer nach Luft. „Ich kaufe immer irgendwas", kreischte er übermütig, „jetzt will ich eine Jagd kaufen. Eine schöne Jagd mit Tieren, die schönste, die man kaufen kann. Eine Jagd zu besitzen, weißt du, eine richtige Jagd, das ist mehr als ein Herr oder als adelig zu sein. Jagd, das ist so wie Gott. Du dort drüben lebst weiter und du da hinten stirbst jetzt, das sagt der Jäger zu den Tieren, und das sagt Gott auch zu uns. Und so etwas kann man kaufen. Ich sage euch: Man kann alles kaufen. Männel, was sagst du, kann man alles kaufen?"

Männel in der grauen Latzhose wurde mit dieser Frage überrascht, denn er war damit beschäftigt, die Kerschbaums im Auge zu behalten. „Kuhschweinhuhn", rief er nur zustimmend. „Kuhschweinhuhn, Popel." Er stieg ins Fahrzeug und öffnete schon mal für seinen Chef die Verriegelung der Beifahrertür.

„Ich glaube, wir passen gut zusammen", sagte der alte Kerschbaum freundlich. „Wir sind die Kerschbaums. Und wir bekommen nämlich auch alles, was wir wollen. Deshalb sollten wir Freunde werden, Herr. Gute Freunde." Popel Troost schaute ratlos. Jupp Kerschbaum öffnete die hintere Tür auf der Beifahrerseite, griff sich in aller Ruhe das Gewehr vom Rücksitz, hängte sich den Drilling um und hielt die Tür einladend auf, um Troost einsteigen zu lassen. Als der zögerte, machte er noch eine unmissverständliche Kopfbewegung. Popel Troost watschelte eilig wortlos um ihn herum und ließ sich auf den Sitz plumpsen. Männel hielt wie im Krampf das Lenkrad mit beiden Händen.

„Der Herr hat Sie gesegnet“, sagte Jupp sanft. „Ich glaube wirklich, dass Sie sich deshalb alles kaufen können. Aber wenn der Segen aufhört, ist der Einkauf beendet.“ Er nahm das Gewehr von der Schulter und richtete es auf Popel Troost.

„Vorsicht! Es ist geladen!“, kreischte Männel.

„Wir Kerschbaums bekommen auch alles, was wir wollen“, sagt Jupp noch einmal ruhig und langsam ins Autoinnere. „Deshalb müssen wir Freunde werden. Ich hoffe auf ein Wiedersehen.“ Seine sechs Söhne nickten eifrig. Jupp nahm das Gewehr, warf es wieder auf den Rücksitz des Wagens, legte salutierend die Hand an die Mütze und schloss die Tür.

Männel startete hastig den Motor und gab so viel Gas, dass die Hinterräder durchdrehten und der schwere Wagen davonschleuderte. Troost blickte starr mit weit aufgerissenen Augen schweigend vor sich hin. „Kuhschweinhuhn“, rief Männel nach ein paar Atemzügen. „Kuhschweinhuhn, Popel.“ Der Mercedes raste über die Landstraße. Troost legte nach zwei Minuten die Hand auf den Lenker. „Fahr zurück, Männel“, knurrte er. „Fahr zurück.“

Die Kerschbaums waren noch da, als der Mercedes wieder vor dem „Grünen Baum“ hielt. Der alte Jupp saß bei offener Tür hinterm Steuer, seine Söhne lehnten gelangweilt an dem rostigen VW Bulli, der Jüngste hockte auf der Pritsche. Sie schauten nicht auf, als Popel Troost ausstieg. Er hielt den Drilling in der Hand und reichte ihn dem alten Kerschbaum.

„Hier“, sagte er heiser, „bist ein Kerl nach meinem Geschmack. Nimm. Schenk ich dir. Geschenk von Popel Troost. Was sprichst du jetzt?“ Jupp winkte ab, mit einer kleinen, unmissverständlichen Handbewegung. „So ein Gewehr zieht das Unglück an. Sieht man doch bei dir. Hast nur Ärger mit dem Gewehr.“

Troost drückte die Waffe liebevoll an sich wie ein Kuscheltier. „Herr Kerschbaum, denk doch mal. Kannst schön jagen gehen mit dem Gerät. Ein Reh, einen Hasen, alles. Und wenn jemand in dein Haus will und ist unfreundlich, dann hilft es dir. Ist ein Geschenk."

Jupp lehnte den Kopf zurück und schloss die Augen. „Ach geh, Herr aus Düsseldorf, Jäger sind schwierige Menschen. Sie sind draußen im Wald zu Zeiten, wenn andere längst in der warmen Stube sitzen, und sie sehen Dinge, die eigentlich niemand sehen sollte, denn unser großer Schöpfer will, dass manches im Geheimen geschieht. Das macht Jäger so schwierig. Schauen Sie sich an: Sie sind ja auch so ein Schwieriger. Sie wollen Tiere totschießen und kommen sich groß und mächtig dabei vor. Und? Was sind Sie in Wahrheit? Ein schwieriger, kleiner, dicker Mann aus Düsseldorf, der im Mercedes durch den schönen Westerwald fährt und Unruhe stiftet. Das ist doch nicht schön. Wir Kerschbaums haben es oft nicht leicht mit schwierigen Menschen. Unser Leben ist nicht ihr Leben, und unsere Gedanken sind nicht ihre Gedanken. Aber wenn man es nicht leicht hat im Leben, dann muss man es sich leicht machen, Herr. So denken wir Kerschbaums. Unser großer Gott schaut sich seine Welt an und denkt: Die Kerschbaums, die sollen es sich doch auch mal ein wenig leichter machen."

Er sah zum Himmel und bekreuzigte sich. Seine sechs Söhne taten es ihm nach. Popel Troost stand mit gesenktem Kopf vor ihm. Jupp legte ihm freundschaftlich die Hand auf die Schulter. „Geh zur Jagd, Herr. Nimm keine Rücksicht auf uns. Jagd ist was für vornehme Leute aus Düsseldorf. Leute, die gerne guten Braten speisen. Wir essen lieber ein Spiegelei auf Schwarzbrot oder Hering mit Zwiebeln. Dazu braucht man kein Gewehr. Und wenn einer in unser Haus will und ist unfreundlich, dann versuchen wir schnell, ihn umzustimmen. Ist es nicht so, meine Söhne?" Seine sechs Kinder murmelten heiter zustimmend.

Troost machte eine hilflose Bewegung und legte die Waffe wieder ins Auto. Jupp Kerschbaum rutschte von seinem Fahrersitz, hustete ausgiebig und reckte sich. „Aber trotzdem sehr gnädig von Ihnen, Herr Troost aus Düsseldorf, dass Sie mich so reich beschenken möchten. Das ist ja fast wie bei alten Freunden. Feine Leute, Sie und der Herr Männel. Vielleicht können wir Kerschbaums uns einmal erkenntlich zeigen für so viel Güte, Herr Jägersmann Troost."

Popel Troost nickte eifrig. „Wir haben euch ins Herz geschlossen", sagte er lockend, „man trifft so selten Menschen, die man gleich ins Herz schließt."

Jupp schaute ihm fest in die Augen. „Ins Herz?", fragte er.

„Ins Herz", antworteten seine sechs Söhne statt des Schrotthändlers

Männel räusperte sich nervos und schaute auf seine Uhr. „Müssen los, Chef", murmelte er.

Jupp Kerschbaum hob die Hände und trat einen Schritt zurück. „Wir halten Sie nicht auf, Herr Troost und Herr Männel, wenn Sie so dringende Geschäfte zu erledigen haben. Wahrscheinlich ein Friseurtermin? Bei unserem Herrn Rimini vielleicht?" Männel hüstelte noch nervöser und packte das Lenkrad so fest, dass seine Fingerknochen knackten.

Popel Troost wälzte sich ins Auto. „Ja, Geschäfte, Geschäfte", meinte er leutselig, „wir sind immer auf Achse."

Jupp Kerschbaum nahm das grüne Barett der Fremdenlegion vom Kopf und verneigte sich. „Stets zu Diensten, Herr aus Düsseldorf, stets zu Diensten. Wir sollten in Kontakt bleiben. Allein schon wegen der Jagd, die Sie suchen. Wir kommen viel rum und hören so einiges. Und sehen viel. Sie glauben gar nicht, was wir alles so hören und sehen."

Der Mercedes rollte davon. „Scheiße", sagte Popel Troost.

„Große Scheiße. Kuhschweinhuhn", sagte Männel.

Kapitel 9

Rottek wollte zurück zum Tatort. Aber er fand den Schlüssel nicht, um die Apothekentür abzuschließen und hielt es für ratsam dort zu bleiben, bis Siebenstern zurückkam. Er setzte sich auf einen Stuhl in der Beratungsecke. „Hier kostenlose Blutdruckmessung", stand auf einem Schild. „Kontrollieren Sie regelmäßig Ihre Gesundheit!" An der Wand hing das „Ostpreußenlied". Gerahmt, hinter Glas: „Land der dunklen Wälder …" Siebenstern war 1945 als abgemagerter Soldat hier gestrandet. „Der Flüchtling" nannte man ihn anfangs, weil er den harten masurischen Dialekt sprach, über den alle lachten und den man am Jägerstammtisch im „Grünen Baum" nachäffte. „Brink uns noch äine Wurst, Marjellchen", riefen sie in die Küche der alten Köchin Irmela zu, und alle in der Gaststube johlten.

Die Gemeinde wies Siebenstern anfangs eine Wellblechbude neben der zerbombten Waggonfabrik als Unterkunft zu. Aber bald stellte sich heraus, dass er ein Studierter war, dass er sich mit besseren Leuten unterhalten konnte und die Jäger respektierten ihn, weil er Giftbrocken anzurühren wusste, mit denen man sehr wirksam Füchse, Bussarde und Krähen töten konnte. Deshalb bekam er ein besseres, beheiztes Zimmer in der Flaschenbierverkaufsstelle von Witwe Süsselbeck. Zum Dank verschlang er gierig alles an Essen, was sie ihm vorsetzte und lobte sogar ihre völlig missratene saure Krautsuppe als besonders schmackhaft.

Das machte Witwe Süsselbeck glücklich. Denn ihr in Frankreich gefallener Mann hatte früher meistens nach zwei Bissen den Teller weggeschoben und ihn dem Hund hingehalten mit den Worten: „Deine Pampe schmeckt wie ein toter Abdecker" oder: „Es gab mal wieder Sackrattengulasch." Das waren seine lieblosen Kommentare zu ihren Mahlzeiten. Von der Front in Frankreich schickte er ihr boshaft Postkarten aus einem Quartier in einem alten Hotel mit der Bemerkung: „Krieg ist Krieg, aber das Essen ist hier vorzüglich!" Dann kamen keine Karten mehr von ihm. Später nur ein Brief aus Russland von seinem Kompaniechef: „... fiel Ihr Ehemann, der Soldat Herbert Süsselbeck, im Kampf um die Freiheit Großdeutschlands in soldatischer Pflichterfüllung, getreu seinem Fahneneid für Führer, Volk und Vaterland. Zugleich im Namen seiner Kameraden spreche ich ..."

Witwe Süsselbeck weinte nicht um ihn. „Er ruht in Frieden und in fremder Erde", schrieb sie in der Todesanzeige. Auf jeden Fall kam er nicht mehr wieder. Das fand sie gar nicht so schlimm. Als Siebenstern bei ihr einzog, passten ihm sogar die Hosen von ihrem Mann. Nach einem halben Jahr waren sie zu eng geworden. Das gute Essen. Bei selbstgemachtem Stachelbeerwein, in den sie eine Tasse Korn kippten, hörten sie abends Tanzmusik auf UKW vom Südwestfunk. Und manchmal tastete Witwe Süsselbeck dann entschlossen nach seiner Hand und sie trösteten sich eine Nacht lang mit glühender Haut über all das Verlorene jener Tage. Aber Siebenstern lachte laut, wenn sie von Liebe sprach oder von Glück. Dann trank sie wütend den Korn aus der Flasche und schlief auf dem Fußboden nackt bis zum nächsten Mittag.

Siebenstern blieb nicht lange bei ihr. Es gab so viele Frauen in der Stadt, die mit ihm Stachelbeerwein trinken wollten, und er bemühte sich nicht einmal zu lügen, wenn er nachts wegblieb und sie ihm morgens mit verweinten Augen Bratkartoffeln machte und ein Ei drüber schlug. Bald fragte sie nicht mehr und ihre Hand tastete ins Leere, wenn sie abends auf ihrem kleinen Telefunken „Caprice" Musik hörten.

Beim Karpfenfest an den Fischteichen traf er Lydia. Zwei Monate später heirateten sie und er zog zu ihr in die Hubertus-Apotheke.

Witwe Süsselbeck weinte nicht. Sie machte abends Blaubeerpfannkuchen zum Abschied, und als sie sich beim Stachelbeerwein in die Augen schauten, da war ihnen schon völlig egal, was der andere dachte. „Das Glück hat hinten keine Haare", sagte Witwe Süsselbeck trocken. „Was heißt das?", fragte Siebenstern. „Wenn es wegrennt, kannst du es nicht festhalten", meinte Witwe Süsselbeck, und sie lachten beide.

Aber das Heimweh nach Ostpreußen fraß Siebenstern auf. Seine Eltern und beide Schwestern waren in der Heimat geblieben und er wusste nur, dass jetzt Litauer in ihrem Haus wohnten. Von seinen Angehörigen hatte er nie wieder eine Nachricht erhalten. Alle Nachforschungen blieben vergebens. Mit Wodka versuchte Siebenstern, den Schmerz zu betäuben und in der Tasche seines weißen Kittels trug er ständig eine kleine Flasche „Zar Nikolaus" mit sich. Hinter den weißgestrichenen Regalen der Rezeptur nahm er hastig einen großen Schluck, wenn die warme Flut in seinem Kopf zurückwich und ein mächtiges Schluchzen in seiner Kehle hochstieg. Einmal, als er im Laden einer Kundin einen heruntergefallenen Handschuh aufheben wollte, fiel die kleine Wodkaflasche aus seiner Kitteltasche und zerschellte auf den schwarzweißen Fliesen. Sechs Augenpaare verfolgten schweigend seine fahrigen Versuche, die Scherben aufzusammeln und mit zitternder Hand den Schnaps aufzuwischen. „Der Flüchtling trinkt", stand in ihren Blicken, und Lydia versuchte, ein paar Sekunden zu spät, die Situation zu klären mit den Worten: „Er hat es seit gestern mit dem Magen. Es sind Erreger im Umlauf."

Von dem Moment an trank Siebenstern nur noch selten. Wochenlang schämte er sich für den Vorfall. Aber er suchte etwas, das ihn ablenken konnte, wenn die düsteren Gedanken kamen. Er machte den Jagdschein. Die Jagd wurde sein Lebensinhalt und er betrieb sie mit der Gewissenhaftigkeit des Pharmazeuten. Wenn immer Erinnerungen, Trauer oder Sehnsüchte in ihm aufstiegen, fuhr er zum

Ansitz, baute gemeinsam mit dem dreistrahligen Pinkler Hochsitze oder saß am Jägerstammtisch im „Grünen Baum" und dozierte in ostpreußischem Dialekt eindringlich über seine Ansichten von waidgerechter Jagd und erfolgreicher Hege des Wildes.

Nach dem vierten Alten Lohhäuser schwärmte er mit schwimmenden Augen von den masurischen Wäldern und Seen und seiner Kindheit in dem Dorf nahe der russischen Grenze. Jetzt war die Jagd eine Aufgabe, die ihn restlos erfüllte. Es dauerte nur wenige Jahre, da gab es in seinem Revier, dem großen, malerisch gelegenen Stadtforst, das stärkste Rehwild, die meisten Hasen und Rebhühner und bald sogar Wildschweine, die damals in der Region fast schon als ausgestorben galten. Sogar ein Redakteur der Jagdzeitschrift „Wild und Hund" besuchte Siebenstern, machte Fotos und lobte ihn in einem vierseitigen Bericht. Amtsgerichtsdirektor Washönig schwoll seinerzeit violett an vor Neid, weil die Männer von der Jagdzeitschrift ihn und sein umfangreiches Wissen missachteten und stattdessen den Apotheker, den Flüchtling, umschwärmten.

Kommissar Rottek kannte Siebenstern gut. Auch er war Jäger. Wenn auch Jagd für ihn nicht so etwas wie ein zweites Leben war, wie für den Apotheker. Oft waren sie im Winter gemeinsam mit den anderen auf Hasenjagden unterwegs gewesen und Siebenstern hatte einmal mit ihm im frischen Schnee einen Keiler aufgespürt. Für Rottek bedeuteten die Stunden draußen beim Ansitz im Revier kostbare Momente der Stille und des Friedens. Schon als Kind hatte ihm der Wald das Gefühl von Schutz und Geborgenheit gegeben. Die Natur war auch jetzt noch sein Rückzugsgebiet, wenn der Polizistenberuf ihn rau angefasst hatte. Wenn es wieder eine blutige Tragödie zwischen verzweifelten Menschen gegeben hatte oder ein schmieriger Betrüger ihn bei der Vernehmung dreist belog. Wenn einer mit seinem Leben und seiner Ratlosigkeit nicht mehr fertig geworden war und der Freitod für ihn der einzige Ausweg blieb. Wie Kallo, der

Kriegsinvalide ohne Beine, der letzte Woche stundenlang vergeblich versucht hatte, sich irgendwo im Haus aufzuhängen und der dann mit einem Obstmesser so lange an seinen Pulsadern herumgeschnitten hatte, bis er dann doch verblutete. Rottek belasteten solche Geschichten nicht. Aber sie liefen ihm nach. Und manchmal holten sie ihn ein. Meistens zum falschen Zeitpunkt.

Rottek stand auf und schaute aus dem großen Apothekenschaufenster. Siebenstern hatte zwei ausgestopfte Eichelhäher dort zwischen Tannenzapfen platziert: „Der Polizist des Waldes", stand daneben auf einer Papptafel. Der Eichelhäher warnte, so die Erläuterung, demnach die anderen Tiere, wenn Gefahr drohte. Rottek lächelte. „Der Polizist des Waldes." So gesehen war ja der Eichelhäher eine Art Kollege von ihm. Er drehte sich um und schlenderte durch die Apothekenräume. In der Tür zum Büro stockte er. Auf dem Schreibtisch stand eine blutige Damenhandtasche. Er trat an den Tisch heran. Straußenleder. Das Blut war noch feucht. „Holla", murmelte Rottek. Er starrte auf das schwarze Telefon mit der „Siemens"-Aufschrift und der handgeschriebenen Nummer auf dem Papierschildchen.

„Sie wundern sich, nicht wahr?", sagte eine Stimme hinter ihm. „Ich wundere mich auch." Es war Siebenstern. Er versuchte zu lächeln, aber ihm gelang nur eine traurige Grimasse. „Sie werden verstehen, dass es ein paar Fragen gibt", meinte Rottek und beobachtete ihn aufmerksam. Siebenstern zuckte mutlos mit den Schultern. „Diese Tasche hing vorhin hinten in der Wildkammer bei meiner erlegten Sau", sagte er, „sie gehört meiner Frau. Mein Jagdhelfer Frohberger und ich, wir haben die Tasche entdeckt. Sie baumelte da an einem Fleischhaken. So, wie sie jetzt ist, mit dem Blut dran."

„Die muss ich mitnehmen", sagte Rottek. „Ist vielleicht ein Beweismittel, Sie verstehen." Siebenstern führte ihn durch den verwinkelten Anbau und öffnete die Tür zu dem Kühlraum. „Wenn Sie mal schauen wollen?" Rottek ging voran. „Heute früh erst geschossen" bemerkte Siebenstern. Aber Rottek antwortete nicht. In der Wildkammer war kein Wildschwein zu sehen. Stattdessen zappelte der dreistrahlige Pinkler mit gefesselten Händen an einem Fleischhaken, an dem er mit dem Kinn hing. Blut sprudelte blasig aus seinem Mund.

„Frohberger, Mensch, was machen Sie denn für Sachen", rief Siebenstern und hob den strampelnden Mann an den Beinen hoch. Rottek packte ihn am Kopf, befreite ihn von dem Schlachterhaken, und gemeinsam legten sie den röchelnden Jäger auf die Fliesen. Siebenstern schnitt ihm mit einem Fleischermesser die Fesseln durch.

„Was war hier los?", fuhr Rottek ihn an, „wer war das?" „Und die Sau ist weg. Wo ist mein Keiler?", rief Siebenstern klagend. Aber der dreistrahlige Pinkler gurgelte mit angstvoll weit aufgerissenen Augen nur unverständliche Worte und deutete dabei zu der Stahltür.

„Sie können heute ja einen ganzen Ärztekongress beschäftigen", meinte Doktor Rotgold, als er sein Alarmfahrrad am Hintereingang abstellte und den Arztkoffer vom Gepäckträger nahm. Frohberger war inzwischen ohnmächtig geworden. „Zahnfleischbluten?", fragte der Arzt feixend, während er seine Metzgerschürze umband und zwinkerte dem Apotheker und dem Polizisten dabei zu. „Oder Fehler beim Schwertschlucken?" Keiner antwortete ihm. „Den Krankenwagen habe ich schon gerufen", sagte er dann, ernst. „Dies hier ist nur eine Quetschung und eine kleine Fleischwunde. Darf sich nicht entzünden, dann hat er Glück gehabt. Heilt schnell."

Es gab nur einen einzigen Krankenwagen im Landkreis. Das Fahrzeug war gerade zu einer Gallenkolik unterwegs. Es würde mindestens eine Stunde dauern, bis man Frohberger abholen konnte. Doktor Rotgold gab ihm eine Schmerzspritze, desinfizierte die Wunde und legte ihm einen mächtigen Kopfverband an. „Jetzt siehst du aus wie Ritter Kunibert nach einer Kneipenschlägerei", prustete er. Aber der dreistrahlige Pinkler öffnete nur kurz die Augen, stöhnte laut und versank wieder in Ohnmacht.

„Rufen Sie doch mal bei der Bahn an", sagte Rottek zu Siebenstern. Denn Jürgen Frohberger, der dreistrahlige Pinkler, war im Ort eine wichtige Persönlichkeit. Er wirkte im Bahnhof am Fahrkartenschalter und druckte mit seiner geheimnisvollen Maschine die braunen Kärtchen aus. Er hatte sich am Vormittag nur ein paar Stunden freigenommen, um die Wildsau nachzusuchen. Jetzt wartete man im Bahnhof bestimmt schon auf ihn.

Er lebte mit der gefährlich schwarzhaarigen Lorchen Eibenschütz zusammen, die eine florierende ambulante Fußpflege betrieb und dazu gerne in engen Röcken und Blusen alleinstehende Rentner besuchte. Es hieß sogar, mit ihr zusammen nähme er an erotischen Ausschweifungen teil, bei denen die anatomische Besonderheit seines Geschlechtsteils unter den anderen toleranten Paaren als Attraktion galt. Doch dies waren nur Gerüchte, die keiner als Augenzeuge bestätigen mochte.

Seinem Ruf als tüchtiger Jagdhelfer und Hundeführer tat all dies keinen Abbruch, und Lorchen Eibenschütz nahm ihren lädierten Waidmann im Krankenhaus in liebender Fürsorge in ihre Arme, auch erleichtert darüber, dass sein wichtigster und bekanntester Körperteil bei dem rohen tätlichen Angriff völlig unbeschadet geblieben war.

Kapitel 10

Anita steckte in ihrem Blumenladen am Marktplatz weiße und gelbe Rosen mit Schleierkraut und Farnwedeln zusammen. Denn Frau Amtsgerichtsdirektor Washönig wollte außer den Chrysanthemen noch einen zweiten Strauß. Sie stand ihr immer noch im braunen Persianermantel gegenüber und schaute lächelnd auf Anitas geschickte Hände. Das kleine Blumengeschäft war für sie eine Zuflucht. Sie mochte Anita sehr, die so heiter und sanft war. Und klug. Mit ihr konnte sie über Dinge sprechen, für die sie bei niemandem sonst Worte fand. „Überhaupt, die Männer“, sagt Frau Washönig leise. „Ich denk da so oft drüber nach. Darf ich Sie das mal fragen: Verstehen Sie die Männer?“

„Ja“, lachte Anita, „soweit das nötig ist, verstehe ich sie. Man darf nur nicht über die Männer nachdenken, dann wird es schwierig. Verstehen, das klappt einigermaßen. Sonst würde ich nicht mit einem Mann zusammenleben. Ansonsten kann sich jede Frau auch aussuchen, was sie macht. Oder?“

Von Frau Washönigs Gesicht verschwand das wehmütig leise Lächeln. „Ich kann mir nichts aussuchen im Leben“, sagte sie bitter. „Ich bin angeschmiedet an den Mann. An meinen wilden Mann. So fühle ich mich. Für immer mit schwerem Eisen angeschmiedet an ihn.“

Anita hielt in ihrer Arbeit inne und blickt ihr in die Augen. „Was ist denn so wild an Ihrem Mann, Frau Amtsgerichtsdirektor?“

Die Frau im braunen Persianermantel presste die Lippen zusammen. „Nein, nur so“, sagte sie dünn, aber dabei liefen ihr die Tränen über die Wange. „Ist nur so ein Gedanke.“ Sie zog ein Taschentuch hervor und tupfte die Tränen ab. Aber es quollen immer Neue hervor.

Anita legte die Blumen ab, ging um den Tresen herum und nahm die dicke Frau in den Arm. „Nicht weinen", flüsterte sie, „nicht weinen." Es dauerte lange Minuten, bis sich Frau Amtsgerichtsdirektor Washönig wieder gefasst hatte und Anita zurück zu ihren Blumen gehen konnte. Foxterrier Toni schaute von seinem Platz vor dem Heizkörper auf, seufzte einmal tief und rollte sich auf seiner Decke zusammen.

„Ihr Mann ist doch Jäger", sagte Anita heiter zu Frau Washönig, „das sind eben wilde Gesellen. Ich habe auch so einen. Jäger, die sind schwierig. Das muss man vorher wissen. Aber ich sag immer, wenn einer gute, klare Augen hat, dann ist er ein guter, klarer Kerl. Auch wenn er im Wald Tiere totschießt. Das versteht man vielleicht nicht, wie einer so was macht, mit den Tieren, aber es kann alles nicht schlimm sein, wenn einer gute Augen hat."

Frau Amtsgerichtsdirektor Washönig schaute wieder auf Anitas Hände. „Stimmt", hauchte sie. „Aber meiner hat keine guten Augen."

Anita bastelte weiter an dem Rosenstrauß. „Aber Sie haben ihn sich doch ausgesucht. Gab es keinen anderen? Einen mit anderen Augen?"

„Wissen Sie, es gibt so Sachen, da fragt man nicht. Da überlegt man nicht. Wenn ein Mann studiert ist und so einen schönen Posten hat beim Gericht und dich heiraten will, da sagst du doch nicht ‚Nein'. Und wenn er Jäger ist, dann stellt er in so einem kleinen Ort doch auch etwas dar. Das ist ja auch nichts Schlimmes. Ich hab' mir gedacht, nimm ihn erst mal, ich verlieb' mich schon noch in ihn. Kommt alles noch, hab' ich gedacht. Es ging ja auch die erste Zeit. So ein schönes Haus, und die teuren Möbel. Dann kam ja auch der Kleine, das lief eben alles so wie man denkt, dass es sein muss. Kennen Sie das nicht? Dass es einen so mit allem wegreißt und man gar nicht nachdenken kann?"

Anita hielt den Rosenstrauß in der Linken und das Schleierkraut in der rechten Hand. Sie stockte und schaute Frau Washönig traurig in die Augen. „Ich kenne das. Ja, Frau Amtsgerichtsdirektor, ich kenne das“, sagte sie. „Mich hat es auch schon einmal so weggerissen. Da war einer, den hab ich einmal gesehen und den wollte ich dann nur noch. Es war mir egal, dass er so einen frechen, kalten Blick hatte. Weil er lustig und reich war und viel lachte. Wir fuhren sogar mit einem großen Wagen in die Berge und gingen jeden Tag ins Restaurant. Es war wie im Traum. Aber dann war der Traum plötzlich zu Ende und ich saß mit zwei Kindern und einer Scheidung allein da und der Mann war mit irgendeiner blonden Prinzessin abgerauscht. Das hat sehr wehgetan. Das ist lange nicht verheilt. Aber dann doch irgendwann.“

„Und jetzt haben Sie den Jäger? Ist er denn gut zu Ihnen?“

„Ja, es ist wunderbar. Ich kenne ihn von früher. Wir waren schon einmal verliebt in der Schulzeit. Richtig verliebt. Aber ich wollte damals den anderen und bin mit dem gegangen. Dumm. Ich war richtig dumm. Jetzt bin ich wieder mit meiner ersten Liebe zusammen. Schön. Ja, er ist Jäger, aber das ist schon besonders. Wir Frauen sind doch meist umgeben von langweiligen Männern. So Strickjackenheinis, wissen Sie, die sogar die Rabattmarken selber ins Heftchen kleben und beim Radiohören Kreuzworträtsel lösen. Solche. Es gibt nur ein paar, die anders sind. Die man anschaut und denkt: Hoffentlich guckt er zurück. Ein Schneidiger etwa, wie meiner, Frau Amtsgerichtsdirektor. So ein Jäger, der hat irgendwie ein Stück Leben mehr als die anderen, denk ich immer. Der schaut ein ganzes Ende tiefer in die Welt. Der sieht im Wald Sachen, die ich nie sehen würde. Und er hat so eine besondere Seele, so erdig, wie Waldboden. Vielleicht nicht alle. Aber meiner. Ja, und er ist gut zu mir. Warum fragen Sie, Frau Amtsgerichtsdirektor?“

„Wissen Sie, wenn mein Mann die Waffe aus dem Schrank nimmt, dann denke ich nie an eine Seele wie Waldboden. Sondern dann denke ich manchmal: Jetzt knallt er dich ab. Jetzt macht er das. So schaut er mich an, dass ich das denke. Er trinkt ja auch dabei. Dann nimmt er seinen Jagddolch in die Hand, so“, sie nahm das kleine Blumenmesser in die Faust, „so wie ein Mörder. Er schießt auch auf Katzen im Garten, und dann lacht er komisch dabei.“

„Frau Amtsgerichtsdirektor, eine Katze totzuschießen oder die eigene Frau, das ist schon ein Unterschied. Denk ich mir jedenfalls.“

„Bei meinem Mann nicht. Bei dem nicht, glaube ich. Wissen Sie, wie das war mit unserem Sohn? Wie der sich totgeschossen hat und mein Mann saß seelenruhig daneben? Haben Sie davon gehört?“

„Ja, ich glaube. Wie furchtbar muss das für die Eltern sein.“

„Für mich. Nur für mich war das furchtbar. Für ihn war es das verdiente Ende eines Idiotenkindes. Es sollte wohl so sein, hat er gesagt, der Junge wäre im Leben sowieso nicht weit gekommen. Hat zu viel nachgedacht, sagte er. Ein Junge in dem Alter, der zu viel nachdenkt, das geht nicht gut. Und dass er kein Jäger werden wollte. Sein Sohn und wollte kein Jäger werden. Das hat er nicht verwunden. Das hat ihn ganz schwer getroffen. Da haben wir es wieder: Jägergeschichten.“

„Malen Sie das nicht zu schwarz mit ihrem Mann? Und mit den Jägern? Das sind doch nicht alles Ungeheuer. Es gibt über hunderttausend Jäger im Land, und davon bringt vielleicht einer seine Frau um.“

„Ja. Und der eine, das ist mein Mann. Ich bin sicher, völlig sicher. Wissen Sie, überall sehe ich die Waffen im Haus. Er schleppt damit rum und putzt sie und schaut sie sich verliebt an. Daran kann ich mich einfach nicht gewöhnen. Und ich glaube auch, er macht Sachen im Jagdrevier, von denen keiner was weiß. Ich glaube, er macht überhaupt Sachen, von denen keiner was weiß.“

„Frau Amtsgerichtsdirektor, ich glaube es ist schon besser, dass wir Frauen nicht wissen, was unsere Männer alles so machen. Oder soll er ihnen jedes Mal einen Bericht schreiben?“

„Ich verstehe das alles nicht mehr. Ich verstehe nicht, dass ausgerechnet ich mit ihm leben muss. Ich bete, dass ich erlöst werde von diesem Mann. Dass sich alles ändert. Aber dann schlafe ich ein und sehe ihn im Traum mit dem Messer in der Hand vor mir stehen."

„Hört sich vielleicht komisch an. Fiel mir so ein. Ist nur eine Frage. Aber können Sie sich vorstellen, dass man einen Menschen mit Liebe ändern kann, Frau Washönig?"

„Ja, das kann ich mir gut vorstellen. Aber ich liebe ihn nicht. Überhaupt nicht. Ich habe ihn noch nie geliebt. Er fasst mich an wie einen Kartoffelsack. Ich verfluche ihn, wenn er sich die Hose aufmacht und so gierig schaut. Wie kann man so einen lieben? Keiner liebt ihn."

„Vielleicht ist er deswegen so? Vielleicht ist das die Ursache von allem? Ein Mensch, den keiner liebt, der wird nicht von selbst liebenswert, Frau Amtsgerichtsdirektor. Denk ich mir. Oder?"

Frau Washönig antwortete nicht. Anita war fertig mit dem Rosenstrauß, schnitt die Stiele und schlug die Blumen in Papier ein. Die Frau des Amtsgerichtsdirektors bezahlte und verabschiedete sich. An der Tür blieb sie stehen. „Ich kann's ja mal versuchen", sagte sie und schaute Anita lächelnd an. „Ab morgen. Ich versuch's. Ab morgen liebe ich ihn."

Anita winkte lachend ab. „Ab sofort, Frau Amtsgerichtsdirektor. Es klappt nur, wenn Sie sofort damit anfangen."

Frau Washönig öffnete die Ladentür und winkte lustig mit den eingepackten Blumensträußen. „War ein Scherz. War nur ein Scherz von mir. Den Mann bekommen Sie auch mit irgendeiner Liebe nicht mehr hin. Ich glaube eher, ich bringe ihn demnächst um. Das ist das einzige, was bei so einem Mann hilft. Vielleicht schaffe ich es auch, ihn zu verhexen. Hab' ich schon mal von gehört, dass es so was gibt. Er soll verrecken. Das wäre schön."

Kapitel 11

Kommissar Rottek stand am Fenster und sah von der Polizeiwache hinaus in das herbstliche Land. Am Himmel wanderte zwischen hellen, zerrissenen Spätjahrwolken ein blaues Dreieck Richtung Osten. Letzte kleine Starenschwärme kurvten um die Pappelreihe und Gablers weiße Katze schlich an Karaseks Graben entlang. Weit hinten, am Rand von Brockmanns Kartoffelacker, saßen drei Rehe vor einem Schlehenbusch. Auf dem Schotterweg zu Hebenstreits Gärtnerei fuhr der kleine Sohn mit der Gitarrentasche am Lenker zum Musikunterricht.

Wie gerne wäre Rottek jetzt da draußen. Den frischen Novemberwind im Gesicht spüren. Mit Anita durch die kahlen Felder laufen und beobachten, wie sich die Natur für ihre stille Zeit zurückzog. Oder entspannt auf der Jagdkanzel sitzen und ein paar Stunden lang mit wachen Sinnen das verklingende Jahr und seine sanften Lebenszeichen wahrnehmen. Aber da draußen gab es eine andere Wahrheit als in der Polizeiwache. Das blutige Geschehen dieses Tages fesselte ihn in die Amtsstube. Hinter ihm saß Friseur Rimini und weinte still in sich hinein. Über eine Stunde lang hatte Rottek versucht von ihm zu erfahren, wie Lydia Siebenstern in dem Friseursalon zu Tode gekommen war. Vergeblich.

Rimini behauptete, nichts zu wissen. Rottek wollte ihm glauben, dass er nichts von dem Mord mitbekommen hatte. Aber er hatte manches Mal Menschen vertraut, die dieses Vertrauen verraten hatten. Inzwischen glaubte er niemandem mehr, der dort auf dem Stuhl vor seinem Schreibtisch saß und seine Unschuld beteuerte. Einiges deutete darauf hin, dass ein Unbekannter der Frau blitzschnell die tödlichen Messerstiche zugefügt hatte, während der Friseur in seinem

Büro kurz telefonierte. Aber eben nur Einiges. Die vermeintliche Tatwaffe, ein großes Jagdmesser, lag in einer Emailleschüssel auf dem Schreibtisch von Hauptwachtmeister Kesselring und wurde von diesem grimmig bewacht. Rimini konnte sich angeblich an nichts Auffälliges während der Tatzeit erinnern. „Man bemerkt doch, wenn jemand ermordet wird“, knurrte Kesselring. „Vor allem dann, wenn man selbst der Täter ist. Das steht im ersten Kapitel vom Polizei-Lehrbuch. Können Sie mir glauben, Herr Rimini.“

Rimini war kein glücklicher Mensch. Rottek wusste, dass er eine Vorliebe für ältere und alte Damen besaß und dass seine Hände im Salon bei ihnen nicht nur mit dem Haareschneiden beschäftigt waren. Viele seiner grauhaarigen Kundinnen suchten bei ihm erotische Abenteuer und fanden dabei eine Zärtlichkeit, nach der sie ihr Leben lang gesucht hatten. Im Sportverein leitete Rimini einen Kurs für das Altersturnen von Frauen. Die bejahrten Teilnehmerinnen umschwärmten den kleinen, schwarzhaarigen Übungsleiter in der kurzen Hose gurrend und kichernd wie Backfische. Es hatte Eifersuchtsszenen von Ehemännern gegeben, die nach Rimini mit Krückstöcken schlugen oder ihm am Telefon mit Misshandlungen drohten, für die sie seit vielen Jahren zu gebrechlich waren.

Kommissar Rottek war in dieser kleinen Stadt aufgewachsen. Er wusste, dass sie nur auf den ersten Blick still und beschaulich war. Dass unter der harmonischen Oberfläche und hinter den luftigen Wolkenstores viele verbogene Seelen ihre schrägen Leidenschaften, kuriosen Begierden und sehr privaten Ekstasen auslebten. Denjenigen, die sich über das angeblich sündige und verabscheuungswürdige Verhalten anderer beklagten, misstraute Rottek besonders. Warum sollten die Menschen ihren Rausch und ihr Glück nicht da suchen, wo sie es finden wollten, solange sie dabei nicht das Leben anderer störten oder beeinträchtigten? Seine Arbeit als Polizist war nur der Versuch, etwas herbeizuführen, das man Ordnung nannte.

Oder das man dafür hielt. Nur ein Versuch. So wie er als Jäger nur scheinbar den Bestand des Wildes in seinem Revier regulierte. Das große Chaos blieb. Die Natur war unbeherrschbar.

Selten begegnete Rottek unmittelbar den Ausprägungen heißblütiger Ekstasen der Stadtbewohner. Von Riminis ungewöhnlicher erotischer Vorliebe wusste er. Aber als er an einem Juniabend von der Jagdkanzel aus beobachtete, wie Rimini in der Dämmerung mit der betagten Gattin des pensionierten Pastors Löselein anspaziert kam und sich wenig später mit der wegen ihres Hüftverschleißes ächzenden Frau nackt auf einer Wolldecke im Heidekraut wälzte, mühte er sich wochenlang vergeblich, dieses Bild aus seinem Gedächtnis zu löschen. Die sexuellen Praktiken Riminis interessierten ihn nicht. Aber der Ansitz auf den Fuchs war an jenem Abend durch die nachhaltige Störung der Liebenden vergebens. Das fand er besonders ärgerlich. Diskreterweise musste er auch noch auf der Jagdkanzel verweilen, bis das Paar sich wieder angekleidet und entfernt hatte.

Rimini hieß eigentlich Rolf Langenbach. Nach seiner Meisterprüfung hatte er zwei Jahre in der Stadt Rimini an der Adria als Damenfriseur gearbeitet. Er kehrte zurück, als seine Mutter starb und bekam den italienischen Spitznamen. Sein Vater hatte das Friseurgeschäft in den dreißiger Jahren eröffnet. Der fanatische Nationalsozialist wurde 1945 beim Einmarsch der Amerikaner getötet, als er mit dem Hammer auf einen schweren M26-Panzer einschlug. Das Gefährt überrollte ihn im weißen Friseurkittel und er röchelte noch „Heil Hitler", als das Geschütz schon über seinen Unterleib fuhr.

Riminis Mutter versuchte, das traumatische Erlebnis des Jungen durch Zuwendung und Fürsorge zu mildern. Aber er blieb ein verstörtes, zartes und weinerliches Kind. Sein Leben lang wollte die Mutter ihn umsorgen. Sie hoffte, dass er nie ein Mann werden würde und litt doch darunter, als er dann tatsächlich ein kleiner, schüchterner Junge blieb. Als sie tot war, verwandelte Rimini ihr Schlafzimmer in einen Andachtsraum für seine Mutter, in dem er oft verweilte und mit ihr Zwiesprache hielt, las, Buchführung machte oder aus einem Katalog für Friseurbedarf Artikel bestellte.

Rimini weinte immer noch leise, auf den Holzstuhl vor Rotteks Schreibtisch maushaft hingekauert. Hauptwachtmeister Kesselring erhob sich und stemmte die Hände in seine mächtigen Hüften. „Rimini, wir sind hier nicht auf einer Beerdigung! Jetzt hören Sie mal auf mit dem Geschniefe und Gequietsche! Sagen Sie uns einfach noch mal genau, was heute Morgen passiert ist. Was Sie gehört haben. Was Sie gesehen haben. Sie können uns doch nicht sagen: Ein paar Schritt von mir entfernt hat jemand eine Frau erstochen, aber ich hab' da gerade mal nicht aufgepasst. Ist die Ladentür gegangen? Ich frage Sie! Die Ladentür!" Rimini schluchzte laut auf und weinte noch jämmerlicher.

Im Vorzimmer packte Elvira Duvenbeck vernehmlich raschelnd ihre Salatgurke, die Scheibe Schwarzbrot und ein Quarkschälchen aus. Kesselring bemerkte es mit einem neidvollen Seitenblick. Im Seitenfach seines Schreibtisches duftete schon die ganze Zeit das von seiner Ehefrau Corinna jeden Morgen liebevoll zubereitete Eibrot. „Von meinen eigenen Hühnern!", pflegte Kesselring vor dem Verzehr stets mit erhobenem Zeigefinger mitzuteilen, bevor er lustvoll hineinbiss. Seine Frau gab ihm sogar in einem Steingutfässchen Schnittlauch mit. Kesselring streute sich bedächtig die Gartenkräuter auf das Brot und öffnete die Thermosflasche mit dem süßen Milchkaffee. Dann versenkte er sich in die Nahrungsaufnahme. Pünktlich um zehn Uhr fand dieses Zeremoniell statt, wenn nicht die Aufklärung bedeutender Kriminalfälle oder anderweitig wichtiges polizeiliches Eingreifen den Zeitplan durcheinanderbrachte. Aber an dem lustvollen Biss ins Eibrot hinderte ihn heute dieser Herr Rimini, der angeblich nicht wusste, wie die Frau des Apothekers in seiner Gegenwart im Friseurstuhl zu Tode gekommen war.

Kesselring stand noch immer bedrohlich blickend und empört schnaufend hinter seinem Schreibtisch. „Und das Messer? Haben Sie das Messer aus der Tür auf den Marktplatz geworfen, Rimini? Wie kommt das denn sonst dahin? Jeder ordentliche Mörder lässt das Messer im Opfer stecken und wirtschaftet nicht noch lange damit herum. Nur Ihr unbekannter Mörder soll es umständlich rausgezogen und vor der Tür weggeschmissen haben? Na, das muss ja ein Früchtchen sein, Ihr Mörder. Irgendwann werden wir ja die Fingerabdrücke haben von dem Messer, Rimini. Dann wissen wir's. Wenn Sie es uns jetzt schon sagen, können wir es uns gleich gemütlich machen. Ich lasse Ihnen ein Mandelhörnchen holen und eine warme Milch finden wir auch noch. Ist das ein Angebot?"

Der Friseur schluchzte weiter in sich hinein. Sekretärin Elvira Duvenbeck schaute ihm interessiert, aber teilnahmslos zu, während sie an ihrem Frühstück kaute. Bei ihrem letzten Friseurbesuch hatte sie Rimini noch als Schönheitsexperten gefragt, was sie gegen ihre hässlichen Waden tun könnte. Die waren ihr großer Kummer. Schon von den Knöcheln an bildeten sie flache, gerade Säulen. Rimini hatte ihr zu Wickeln mit Ziegenquark geraten. Aber das hatte auch nichts geholfen. „Frauen müssen Waden haben wie Kuhbäuche", sagte Kesselring oft und grinste gemein dabei. Wütend suchte Elvira seit Monaten nach einem passenden, bösen Spruch, den sie zur Rache auf Kesselrings Bauch anwenden konnte. Aber ihr fiel nichts Treffendes ein.

Rottek drehte sich um und setzte sich auf die Fensterbank. „Herr Rimini, mal unter uns: Hatten Sie was mit der Frau Siebenstern? Die war doch so Ihr Typ, denk ich mir. So eine Ältere, da könnte doch was gewesen sein."

Der Friseur schaute ihn mit tränenüberströmtem Gesicht an. „Die war mir doch viel zu jung", schluchzte er. „Wir haben uns mal geküsst, an der Tür, aber da war sie gleich so wild. Die war mir viel zu wild. Und ihre Hände gleich überall. Dann hat sie mir auch noch Briefchen geschrieben mit ekligen Zeichnungen. Und sie hat immer von solchen Sachen geredet. Die Frau war überhaupt nicht romantisch." Er ereiferte sich. „Wissen Sie, so eine wie die Siebenstern, die sprüht wie eine Wunderkerze. Die will erst mal alles von sich zeigen, alles von dir haben und alles im Rausch verbrennen. Aber eine Ruhige, Ältere, die saugt die Liebe langsam auf wie ein Fensterleder. Weich und leise."

Hauptwachtmeister Kesselring räusperte sich. „Wie ein Fensterleder?", fragte er mit einem kaum merklichen Zittern in der Stimme.

„Wie ein Fensterleder", antwortete Friseur Rimini ernst. „Oder war das jetzt nicht in Ordnung, dass ich das so sage?" „Doch, doch", beschwichtigte Kesselring. „Sehr interessant, bestimmt." Er und Rottek schauten sich einige Sekunden lang in die Augen. Kesselring nickte.

„Herr Rimini", sagte Rottek, „wir werden nicht ganz schlau aus Ihrer Geschichte. Einerseits sind Sie ein netter Kerl. Andererseits machen auch nette Kerle mal große Dummheiten. Deshalb wird Ihnen Elvira Duvenbeck jetzt in der Arrestzelle ein köstliches Frühstück servieren, und ich werde in der Zwischenzeit einmal mit meinem Kollegen Kesselring einen kleinen Spaziergang machen. Die frische Luft wird uns guttun."

Rimini nickte nur schwach und wehrlos. Kesselring zog ihn mit seiner behaarten Faust am Friseurkittel hoch, führte ihn grob in die Zelle und verschloss die Tür. „Fensterleder, weich und leise", zischte Kesselring noch beim Hinausgehen der Sekretärin zu, aber er schloss so schnell die Tür, dass das geworfene Gurkenstück ihn nicht mehr treffen konnte.

Der verschmierte Blutsee im Friseursalon war an den Rändern schon angetrocknet. Rottek machte mit seiner alten Voigtländer Fotos vom Tatort und Kesselring suchte nach verwertbaren Spuren.

Dann gingen sie gemeinsam weiter in die Privaträume. Die Küche. Riminis Schlafzimmer. Das Wohnzimmer. Alles aufgeräumt und unauffällig. Ein Geldbaum neben dem Radio, Fischer winkten lachend von ihrem Boot auf einer Postkarte aus Italien.

Das Schlafzimmer der Mutter war dunkel und roch muffig. Rimini hatte seit ihrem Tod vor sechs Jahren nichts verändert. Und auch nicht gelüftet. Das Doppelbett aus Birke mit der taubenblauen, gesteppten Tagesdecke. Neben dem großen Spiegel in der Ecke ein rosa Sesselchen mit abgewetztem Plüschbezug, auf dem augenscheinlich Rimini öfter saß. Der Nachtschrank der Mutter, noch mit einem Berg von Medikamenten. Staubige Schachteln. Ein grünlicher Wecker tickte. Über dem Bett auf den hellbraun verfärbten Tapeten das silbergerahmte Bild vom Guten Hirten. Die Fächer des Wäscheschranks waren vollgestopft mit speckigen Büstenhaltern, massiv gearbeiteten Korsetts, abgegriffenen Hüfthaltern und gewaltigen Schlüpfern, bei deren Anblick Kesselring den Mund angewidert verzog. „Riminis erotische Trophäensammlung", knurrte er. Aus dem Schrank strömte ein Geruch wie vom Seifenspender auf einer Bahnhofstoilette. Kesselring blickte Rottek leidend an und schloss die Schranktür.

„Eine verwelkte Rose riecht eben anders als eine aufgehende Knospe. So ganz frisch sind Sie ja auch nicht mehr", sagte Rottek. „Auch Rimini ist wie wir ein Blümchen aus Gottes wunderbarem Garten." Kesselring schnaufte laut, verdrehte die Augen und wandte sich zur Tür. „In den Keller?", fragte er. „Ob wir da noch was finden?" Rottek war unsicher. „Mal schauen", murmelte er. Die Waschküche mit einem gemauerten Kessel, der schon lange nicht mehr benutzt worden war. Vor der Hintertür zwei alte Fahrräder. An einem Heizungsrohr hing ein Paar rostige Schlittschuhe. Kleine Gartengeräte in einem Korb, für den Friedhof.

„Was ist da?", fragte Kesselring und zeigte auf eine Brettertür, unter der es aus einem Spalt rot hervorstrahlte. Rottek öffnete. Der überhitzte Raum war erfüllt vom knallroten Leuchten eines großen Lampions. Ein betäubender Duft von Moschus schlug ihnen entgegen. An den Wänden hingen alte Schrotflinten, ein Lodenhut, trockene Birkenzweige, ein Fernglas und eine Saufeder. Riminis Jagdleidenschaft. Vor einem mit grünem Samt ausgeschlagenen Sofa aus der Gründerzeit ein kleiner Marmortisch, darauf eine Sektflasche, zwei Gläser. Auf dem Sofa lag nackt die Ehefrau des pensionierten Pastors Löselein, den Unterleib knapp von einer Decke mit Leopardenmuster bedeckt. Sie hielt lächelnd die Augen geschlossen. „Komm, du Stück Fleisch“, fauchte sie theatralisch. „Komm, deine wilde Raubkatze wartet auf dich. Komm.“ Dabei öffnete sie verlangend ihre Arme.

Kesselring räusperte sich. „Jetzt nicht, später gerne“, sagte er hart. Die Frau zuckte zusammen, krächzte erschrocken und raffte die Leopardendecke über ihren knochigen Körper. Ihr fein geschnittenes, faltiges Gesicht wirkte hübsch im Rotlicht.

„Was machen Sie hier, wenn ich fragen darf?“, fragte Rottek. Die Frau schüttelte lachend den Kopf. „Oh Gott, nichts weiter. Wir sind verabredet“, sagte sie frech. „Ich warte auf Herrn Rimini. Eine kleine Liebesstunde unter Freunden. Wir spielen erotische Raubtierjagd. Herr Rimini ist so gerne ein nackter Jäger. Heute ist mein siebzigster Geburtstag, da toben wir uns hier mal wieder richtig aus.“

„Dann gratuliere ich auch ganz herzlich“, dröhnte Hauptwachtmeister Kesselring, „ist es nicht ein bisschen früh am Tag für so eine spezielle Party?“ Die Frau ließ die Hände sinken und schaute ihn lächelnd an. „Nein, nein“, sagte sie heiter. „Um drei kommen die Kinder und die Enkel zu mir zum Kaffee. Bis dahin haben wir Zeit. Abends geht es nicht, da erwarten wir zu Hause den Gebetskreis zum Essen. Ich finde, man sollte jede Gelegenheit nutzen, um mal eben miteinander ins Bett zu gehen. Oder was meinen Sie? Möchten Sie vielleicht einen Schluck Sekt? Ich habe auch Weinbrandbohnen.“

Kesselring atmete schwer. Seine Adern am Hals schwollen an. Rottek zog den Hauptwachtmeister schnell zurück. „Entschuldigen Sie die Störung", sagte er freundlich zu der Frau, die immer noch kopfschüttelnd in sich hineinkicherte, „diese Begegnung bleibt unter uns. Sie können sich darauf verlassen."

„Macht doch nichts. Macht gar nichts", lachte Frau Löselein, „im Alter schätzt man solche kleinen Abenteuer. Große Abenteuer gibt es ja nicht mehr." Rottek schloss die Tür und schaute Kesselring streng an. „Das bleibt unter uns, Herr Hauptwachtmeister!", wiederholte er. Von Innen hörten Sie noch lautes, übermütiges Auflachen: „Oh Gott, da kam auch noch die Polizei...Halali, Herr Rimini!"

Empört schnaufend stapfte Kesselring zur Waschküche. „Ist das normal, Rottek?"

„Völlig normal, Hauptwachtmeister Kesselring."

„Vormittags Sodom und Gomorrha - und am Abend kommt der Gebetskreis", murmelte Kesselring grimmig.

Rottek stellte sich neben ihn. „Kesselring, gibt es in Ihrem Keller nicht auch irgendeine verborgene Hobbyecke?"

„Ich bin ein deutscher Beamter. Ich halte deutsche Hühner. In meinem Leben gibt es keine Abgründe."

„Und in der Liebe, auch immer alles ordentlich?"

„Sie, Herr Kommissar, wenn mir meine Frau Kümmelbraten mit Kruste macht, dann hat das für mich mehr mit Liebe zu tun als wenn sie sich nackig auf dem Sofa wälzt wie diese Pastorenschnepfe. Nach so langer Ehe sitzen Corinna und ich immer noch abends vor dem Radio, und zwar Hand in Hand. Mehr kann man doch vom Leben nicht verlangen? Sie als nebenberuflicher Wüstling denken bei Liebe ja immer gleich ans Hoppeln."

„Glauben Sie nicht alles, was Sie denken, Kesselring. Jeder lebt seinen eigenen Liebesroman. Ich weiß nicht, wie Ihrer aussieht, und Sie wissen nicht, wie meiner aussieht. Und nur manchmal reicht es am Ende für zwei. Liebe, Kesselring, sprechen Sie mit Ihrer Frau vor dem Radio auch mal von der Liebe? Oder nur vom Kümmelbraten?" Kesselrings Gesicht wurde hart und in seinen Augen entdeckte Rottek einen Ausdruck, den er nie zuvor bei ihm gesehen hatte. Der alte Hauptwachtmeister drehte sich zum Fenster. Rottek glaubte einen Augenblick lang, dass er sich heimlich die Augen gewischt hätte. Er legte Kesselring den Arm um die Schulter. Mit der anderen Hand hielt er ihm die gelbe Schachtel Ernte23 hin. „Komm", sagte er. Sie standen nebeneinander in der Waschküche, schauten in den Garten und rauchten schweigend.

In Kesselrings Leben hatte es eine Sylvia gegeben. Ein Mädchen aus der Nachbarschaft. Blond, dünn und frech, in einem blauen Kattunrock und mit roten Schleifen an den Zöpfen. Die beiden kannten sich von frühester Kindheit an und es gab überhaupt keine Zweifel daran, dass sie einmal heiraten würden. „Gleich nach dem Krieg", so sagten sie. „Wenn der Krieg vorbei ist, wird geheiratet." Auf einer geliehenen BMW mit Beiwagen waren sie 1943 an einem Winternachmittag trotz Kälte in Pelz und Wollsachen verpackt übermütig zum Karneval im Kölner Gürzenich gefahren.

Nach einer guten halben Stunde Fahrt hatte Kesselring Sylvia auf der Landstraße kurz hinter Troisdorf angesprochen. Ein Schluck heißer Tee aus der Thermosflasche, das musste jetzt sein. Aber Sylvia antwortete nicht mehr. Sie war erfroren. Der eisige Fahrtwind hatte das Leben aus ihrem mageren Körper gesaugt. Wie schlafend lag sie in dem Beiwagen. Kesselring hatte sie herausgezerrt und mit Schnee eingerieben. Aber es half nicht mehr. Der Arzt in Troisdorf war nicht zu Hause. „Beim Skat", sagte seine Tochter: „Wenn Ihre Frau doch schon tot ist, was soll denn der Papi noch machen?", hatte sie vorwurfsvoll gefragt. Kesselring hatte Sylvia wieder warm angekleidet, in den Beiwagen gesetzt und war mit der Toten an seiner Seite durch den Winterabend nach Hause gefahren.

Alle hatten ihm die Schuld gegeben. Schuld, Schuld, Schuld. Das war das Wort, das ihn nie wieder verließ, und gegen das er für den Rest seines Lebens grob und laut anpoltern musste. Wenige Monate später hatte er Corinna, die Tochter vom Rübenbauern geheiratet, weil er das Leben allein nicht mehr ertragen konnte. Tief in der Nacht wachte er seitdem oft auf, wenn Corinna neben ihm tief atmete und ihre Hand auf seiner Schulter lag. Dann kroch wie eisiger Schmerz eine Einsamkeit in ihm hoch und krallte sich in seiner Brust fest. „Sylvia" hieß dieser Schmerz und „Schuld, Schuld, Schuld" schrie die Nacht ihn an. Zart und bleich lag Sylvia in vielen seiner Träume im Schnee neben dem Motorrad und er wusste: Wo immer sie jetzt war, sie würde nicht auf ihn warten. Nicht auf den, der schuld an ihrem Tod war.

Erst viele Wochen nach der Schreckensfahrt hatte er erfahren, dass es an jenem Abend im Gürzenich überhaupt keine Veranstaltung gegeben hatte. Die Regierung hatte den Karneval wegen des Kriegs ja längst verboten.

Aus dem Kellerraum drang immer noch das Kichern der Pastorenfrau. „Wir sollten ihr Bescheid sagen", meinte Rottek.

Kesselring nickte. Er klopfte an die Holztür. „Frau Löselein?"

„Ja bitte? Haben Sie es sich überlegt?"

„Nein. Nur, damit Sie hier nicht unnötig warten müssen, Frau Löselein. Das kann noch etwas dauern, bis Herr Rimini kommt. Haben Sie etwas zu lesen da?"

„Wie meinen Sie das denn?"

„Im Moment ist er eingesperrt."

„Ach. Hat er was angestellt?"

„Das ist eine lange Geschichte, Frau Löselein. Ich wollt es Ihnen nur sagen, damit sie nicht unnötig warten. Es geht um einen Mord."

„Herr Hauptwachtmeister, dieser Rimini ist aber wirklich ein aufregender Mann. Sind Sie auch so aufregend?"

Kesselring holte tief Luft, um zu antworten. Aber Rottek winkte ab. Er öffnete die Tür der Waschküche. Als sie schon draußen waren, hörten sie noch das unbändige, freche Lachen der Pastorenfrau. Aus dem Garten erklang ein merkwürdig heiseres Geräusch und gleichzeitig ein lautes Jammern. Kesselring schaute Rottek an. „Was ist da los?", rief er und öffnete schnell die Waschküchentür. Sie rannten hinaus. Aber nach wenigen Schritten blieben sie lachend stehen. Rotteks Foxterrier Toni saß wütend kläffend vor einer dicken Kastanie. Im Wipfel klammerte sich Gablers weiße Katze verzweifelt an einen dünnen Ast. Kläglich maunzend, denn unten am Boden lauerte der gefürchtete Katzenkneifer.

„Gut gemacht. Aber lass sie jetzt in Ruhe", sagte Rottek zu seinem Hund. Toni schaute seinen Herrn einen Moment lang prüfend an, wedelte ein paar Mal mit dem kurzen Schwanz und eilte dann davon, weiteren Abenteuern entgegen.

„Der Hund hat ja mehr Jagdleidenschaft als Sie", merkte Kesselring mit spöttischem Unterton an. „Der sollte sich mal meinen Hühnermörder schnappen." Für ihn war Toni allerdings kein Meisterjäger, sondern nur ein nichtsnutziger Rumtreiber, der öfter in den Einsatzberichten der Polizei auftauchte als mancher stadtbekannte Trunkenbold. Erst vor wenigen Tagen hatte Toni die Schildkröte von Bäcker Fackelmann aus dessen Garten apportiert und zwecks Vorratshaltung an einem geheimen Ort eingegraben. Fackelmanns Rölfchen weinte seitdem bitterlich um das geliebte Reptil, und Kesselring musste im polizeilichen Bericht einmal mehr die Charakterschwächen und den besonderen Eigentumsbegriff des Foxterriers beklagen.

„So ein Hund hat ja auch sonst nichts zu tun", antwortete Rottek und schob dem Hauptwachtmeister von hinten die Mütze über die Augen, so dass der beleibte Schutzmann für Sekunden orientierungslos war und deshalb frontal mit dem Wäscheständer auf dem Rasen kollidierte.

Kapitel 12

Nach dem Mord an der Apothekersfrau zeigte sich Bürgermeister Ingo Dingens so verstört und schockiert, dass seine Vorzimmerdame Rita Oberklein ihm dringend riet, den Sachverhalt im „Grünen Baum" mit Gastwirt Äffchen Fettweiß zu erörtern. „Für mich bricht heute eine Welt zusammen", hatte der Bürgermeister geklagt, „unsere kleine, fröhliche Stadt – und jetzt das. Ein Mord, Frau Oberklein, verstehen Sie: ein richtiger Mord!"

Rita Oberklein hatte nur mit den Schultern gezuckt und ein neues Blatt in die Schreibmaschine gespannt. „Jammern Sie nicht, gehen Sie schon rüber ins Wirtshaus. Die Kneipenkur hilft Ihnen ja immer." Nur wenig mehr als hundert Schritte waren es vom Rathaus quer über die Straße bis zu seinem Stammplatz im Wirtshaus am kleinen Tisch neben der großen Klivie, links vom Tresen. Dort ließ er sich stöhnend auf den Stuhl fallen und verbarg leidend sein Gesicht in den Händen. Hier, in der verräucherten alten Gaststube, in der nur das Summen und Knacken des Kachelofens und das Tropfen des Wassers in das kupferne Becken zu hören war, hier flossen ihm Kraft und Ideenreichtum zu für sein verantwortungsvolles Amt.

Wirt Äffchen Fettweiß lehnte hinter dem Tresen am großen Büfett, das Gläsertuch in der rechten Hand und schaute seinen drei Enkeln zu, die gerade dabei waren, draußen vor dem Fenster unter lärmenden Beratungen mit einem alten Leiterwagen ein Fuhrgeschäft zu eröffnen. Die Linke presste er auf seine schmerzende Hüfte, die verschlissen war von den Stunden des Stehens am Zapfhahn, all die Jahrzehnte lang, von den Zigtausenden Gängen der Besorgungen.

Äffchen Fettweiß war längst müde von all dem: Von den schwadronierenden Gästen jeden Abend, vom zeternden Streit, von dem dröhnenden Gelächter der Angetrunkenen, von ihren säuerlichen Fürzen, vom mehligen Rauch, vom herben Biergeruch, vom Geschmack der beißenden Schnäpse, die seine Traurigkeit wegbrannten, wenn er sich mitten in der voll besetzten Stube plötzlich ganz allein fühlte. Vor acht Jahren war seine Hedwig gegangen. Lange hatte sie gelegen mit dem Krebs, bis ihr die Beine schwarz geworden waren. Am Ende hatte sie vor Schmerzen so geschrien, dass nebenan auf Brockmanns Weide das Vieh unruhig geworden war. Nach drei Tagen erst hatte Gott sie erhört und sie zu sich genommen.

Die Tochter war ihm geblieben, aber die ging lieber zur Kabelmontage in die Waggonfabrik arbeiten als bis in die Nacht am Tresen zu stehen. „Ich bin ein Kneipenkind", hatte sie immer gesagt, „ich bin zwischen Bierfässern und Besoffenen großgeworden. Ich will ein anderes Leben." Sie hatte geheiratet. Ihr Mann war inzwischen mit Äffchens Geld durchgebrannt nach Deutsch Südwest, hatte sie mit den drei Kindern sitzen lassen und „mehr Schulden als Haare auf dem Kopp", wie Äffchen schimpfte. Sie sprachen nie wieder von ihm. Aber manchmal, wenn die Kinder im Bett waren, weinten Äffchen und seine Tochter gemeinsam darüber, dass sie es so schön haben könnten, wenn es der Himmel nur fügen würde.

Fast zweihundert Jahre lang hatten es die Fettweißens gut gehabt mit dem „Grünen Baum" und waren reich und zufrieden gewesen. Sollte das jetzt alles anders werden? Oben, im Wohnzimmer mit den dunkelroten Samtmöbeln, in denen sie nur am Heiligabend und am Ostertag saßen, brannte neben dem Foto von seiner Hedwig immer eine dicke weiße Kerze. Ernst und liebevoll schaute seine Frau auf dem Bild. So, wie sie gewesen war. Oft stand er davor und erzählte ihr, was es Neues gab im „Grünen Baum", wie schwierig es manchmal im Haus stand, dass es ihm immer schwerer fiel, das Schwein, die Gänse und die Stallkaninchen zu versorgen und wie sehr, wie unendlich sie ihm fehlte. „Wernerle, ich bin doch bei dir, ich bin doch immer noch bei dir", sagte seine Hedwig dann zu ihm, er küsste sie innig und Äffchen Fettweiß ging fröhlich zurück in seinen Tag und wusste, dass sie ihm die Kraft geben würde durchzuhalten, bis sie wieder vereint wären.

„Äffchen, hast du schon gehört?", flüsterte Bürgermeister Ingo Dingens halblaut mit schrägem Blick vor sich hin. Der Wirt wandte den Kopf von seinen Enkeln ab und schaute ihn fragend an. „Ein Mord, Äffchen, ein richtiger Mord. In unserer Stadt herrscht das Chaos. Diese Frau Siebenstern ist umgebracht worden, Äffchen. Ausgerechnet bei Friseur Rimini. Eine Wolke des Unheils zieht an unserem Himmel herauf."

„Weiß man, wer es war?"

„Die Polizei ist ausgeschwärmt. Es finden Verhöre statt. Ich werde stündlich unterrichtet. Ich darf nicht darüber sprechen, aber möglicherweise war es Rimini. Vielleicht so eine Eifersuchtsgeschichte. Der hatte doch immer molto Amore laufen mit alten Tanten. Äffchen, kannst du dir vorstellen, dass du im Bett was machst mit solchen alten Klappertanten? Da wundert es einen doch nicht, wenn so was passiert."

„Lass den Leuten doch ihren Spaß, Ingo. Du musst ja nicht zuschauen. Bei dem, was du im Bett machst, möchte auch keiner zuschauen."

„Bist du sicher, Äffchen? Was mach ich denn im Bett? Auf jeden Fall wälze ich mich nicht mit einer Oma herum. Die jungen Dinger begehren mich, Äffchen. Lauter junge Dinger. Das nenn ich reellen Geschlechtsverkehr. Ich habe Frauen, Äffchen, Frauen, Frauen, Frauen. Manchmal kann ich es selber kaum glauben, was bei mir im Bett alles los ist."

Er lehnte sich stolz zurück und erwartete Äffchens bewundernde Zustimmung zu seinen Worten. Aber der schaute ihn nur voll heiterer Ironie an. Dingens konnte diesen Blick nicht deuten.

„Ingo, als Bürgermeister musst du auch unser Hauptrammler sein. Alles andere wäre für uns eine Enttäuschung. Wir erwarten von dir, dass du sie dir alle nimmst, Ingo. Die Jungen, die Hübschen, die Lustigen. Eine nach der anderen, und manchmal bestimmt auch fünf auf einmal. Dafür haben wir dich gewählt."

Ingo Dingens strich sich durchs Haar und badete in Äffchens Worten. Dann faltete er die Hände, legte sie an die Lippen und schaute glückselig lächelnd vor sich auf die zerfurchte Tischplatte. Es waren solche großen Momente, in denen er die kleine Stadt und ihre Bewohner liebte. Mächtige wie er einer war wurden nicht nur geachtet, sie wurden wirklich auch geliebt. Das klang aus den Worten von Äffchen Fettweiß. Wahrscheinlich dachten alle so über ihn. Aber nur Äffchen, sein Freund und Berater, sprach diese großen Wahrheiten aus.

Ingo Dingens winkte ernst ab. „Äffchen, ich denke, du übertreibst etwas. Ich bemühe mich lediglich, der Bürde meines schweren Amtes gerecht zu werden. Aber ein guter Bürgermeister ist man nicht nur am Schreibtisch, sondern auch im Bett. Und jetzt hätte ich gerne eine Wildschweinfrikadelle im Brötchen und eine schöne Coca Cola."

„Ein Wildschweinwecken für den Bürgermeister", rief Äffchen Fettweiß der alten Köchin Irmela durch die Küchenluke zu und öffnete eine Cola. In der Küche begann es zu klappern. Der Wirt drehte sich zum Buffet um und lachte heimlich in sich hinein, so leise wie möglich, aber es schüttelte ihn derart, dass er zu platzen glaubte. Denn er wusste, was sich im Schlafzimmer von Ingo Dingens abspielte: Der legte sich jeden Abend mit einem Mickymausheftchen ins Bett und schlief keine zwei Minuten später tief, bis früh um halb acht der Wecker klingelte.

„Du bist unser Hauptrammler, Ingo", versicherte er ihm noch einmal ernst und leise beim Einschenken, aber der Bürgermeister legte nur verschwörerisch den Zeigefinger an die Lippen. „Ich habe jetzt mit dem Mord genug zu tun. Da müssen die Frauen einmal in den Hintergrund treten. Was meinst du, Äffchen, wie soll ich die Straftat aufklären? Die Polizei hat mich schon um Rat gefragt."

„Ingo, es darf keine Unruhe in der Bevölkerung aufkommen. Tu einfach so, als ob nichts gewesen sei. Zeig allen, dass du die Situation spielend beherrschst. Arbeite lautlos im Hintergrund, und dann zerrst du den Täter triumphierend ans Licht."

„Genau so werd ich's machen, Äffchen. Genau so. Hatte ich mir auch schon so gedacht. Schön, es auch von dir zu hören. In dieser schweren Stunde brauchen die Bürger einen Mann wie mich."

Die alte Köchin Irmela reichte die Wildschweinfrikadelle durch die Luke. Der Bürgermeister strich sich dick Senf auf das Brötchen und biss mit geschlossenen Augen gierig hinein. Sie schwiegen. Äffchen Fettweiß schaute wieder aus dem Fenster. Seine Enkel trugen inzwischen die Details der Unternehmensgründung ihres Fuhrbetriebs draußen auf dem Hof mit einer heftigen Rauferei aus und wälzten sich auf den Pflastersteinen. Der Wirt wandte sich dem Bürgermeister zu.

„Weißt du, Ingo, ich denk da grade dran. Wie es so war. Hier in der Gaststube haben schon viele gesessen, denen vor Wichtigkeit das Hemd geplatzt ist und die immer nur groß sein wollten und hineinregiert haben in andere Menschenleben. Das ist oft nicht gut ausgegangen. Das ist manchmal überhaupt nicht gut ausgegangen. Denk dran, Ingo, denk dran. Da sind auch schon Männer wie du aus dem Rathaus getragen worden, die lieber zu Fuß rausgegangen wären. Das geht mir durch den Kopf, wenn du manchmal so rumtrompetest. Hier haben auch schon viele am Tisch gesessen und gesagt: Da ist einer tot und der ist nicht mehr da, und dem andern ist dieses und jenes zugestoßen. Man erzählt sich so viel im Wirtshaus. Aber wenn solche Sachen erst mal anfangen, dann geht was kaputt in unserer Stadt und das hört so schnell nicht auf. Das darfst du nie vergessen, Ingo. Regiere nicht ins andere Leben rein. Setz dich an deinen Bürgermeisterschreibtisch und schau aus dem Fenster. Dann kann keinem was passieren."

Der Bürgermeister kaute angestrengt und schaute ihn neugierig an. „Was sind das für Sprüche, Äffchen? Was meinst du damit? Warum soll ich aus dem Fenster gucken?", nuschelte er mit vollem Mund.

„Es gab mal einen im Rathaus, Ingo, der wollte tausend Jahre lang Bürgermeister sein. Der hat sich damals im Ort die Leute mit dem gelben Stern geschnappt und andere, die ihm nicht passten. Von denen hat er manche im Forellenweiher eigenhändig ertränkt. Dabei hat er gebrüllt vor Lachen, wenn sie im Wasser zappelten und der war hier der Held am Stammtisch. Ich habe ihm das Bier gebracht und ich habe die Klappe gehalten. Alle haben die Klappe gehalten. Wie es so war damals. Aber der ist dann eines Tages kopfüber in seiner Scheiße erstickt im Plumpsklo, Ingo. Keiner weiß bis heute, wer es getan hat. Von da an war hier Ruhe. Aber die Stadt ist eine andere geworden seitdem. Wenn der am Schreibtisch gesessen und aus dem Fenster geschaut hätte, dann hätte er die tausend Jahre ohne Probleme geschafft. Je lauter einer als Bürgermeister ist, umso mehr muss man aufpassen, dass im Ort nichts schiefläuft. Kannst du das verstehen?

„Nein, Äffchen, das sind so Pastorensprüche. Da komm ich mit meinem Kopf nicht hinterher. Du machst doch sonst nicht so ein Pfaffengesäusel? Und die Geschichten mit dem gelben Stern, die sind längst nicht mehr aktuell. Die sind aus einem zugeschlagenen Buch, Äffchen. Wir leben in einer fröhlichen Zeit. Ich möchte keine dunklen Wolken im Kopf haben. Die Rechnung mit den gelben Sternen, diese Rechnung ist bezahlt, denke ich. Da musst du jetzt nicht den strengen Buchhalter machen. Lass doch alles laufen, Äffchen. Irgendwann ist es sowieso vorbei. Meinst du wirklich, man könnte was ändern an dem, wie es am Ende ist?"

„Hundert Jahre und noch länger werden uns die alten Geschichten noch in den Knochen stecken, Ingo. Was gelebt worden ist, das löscht man nicht mehr aus. Wenn du so lange hier hinterm Tresen stehst wie ich, dann siehst du unsere kleine Welt und ihre Geschichten vorbeiziehen wie kein anderer. Da denkt man schon mal was. Und das wühlt in dir. Das wühlt und wühlt."

„Da ist dein Tresen, Äffchen, aber da drüben ist das Rathaus. Im ersten Stock hinter dem großen Fenster, da sitze ich. Und ich sehe auch so einige Geschichten vorbeiziehen. Aber ich mache da nicht gleich Pastorensprüche von. Keiner will erklärt bekommen, was mal war. Alle wollen wissen, was mal wird. Eine schöne Zeit mit so einem netten Kerl wie ich bin, Äffchen, das verspreche ich den Leuten, und dann wühlt da nichts mehr. Wir leben in einer glücklichen Stadt."

Äffchen Fettweiß wischte die Kupferplatte des Tresens und lächelte. Er wollte noch etwas antworten, aber draußen wuchsen die Stimmen der spielenden Kinder an zu einem lauten Gekreisch. Ein Kreischen, das nicht mehr aufhören wollte. Sekunden später stürzte sein Enkel Hansi in die Wirtsstube. „Opa, hinter Brockmanns Scheune liegt das Lenchen vom Schmied und blutet. Du musst uns helfen!"

„Eine Schramme", lachte Bürgermeister Ingo Dingens, „Äffchen, Kinder haben doch immer eine Schramme." Aber der Wirt stürzte aus der Gaststube, seinem Enkel nach. Hinter der Scheune, auf einem Stapel alter Bretter zwischen den Johannisbeersträuchern, lag Lenchen, die kleine Tochter vom Dorfschmied Strübecke. Ein handtellergroßer Blutfleck vorne auf dem hellgrünen Pullover. Die braune, gestrickte Strumpfhose und das geblümte Baumwollhöschen bis in die Kniekehlen heruntergezogen. Der Täter hatte ihr mit einem scharfen Messer kreuz und quer durch das Gesicht geschnitten, die Wunden klafften blutig unter den blonden Locken. Nur die Lippen waren unverletzt, und ein feines, heiteres Lächeln war auf ihnen geblieben.

„Opa, spielt sie gleich wieder mit uns?“, fragte Hansi.

„Erst mal nicht“, sagte Äffchen Fettweiß, „erst mal nicht.“

„Alarm, Alarm“, rief Doktor Rotgold schon von weitem und seine Klingel schepperte durch die Straßen. „War hier mal wieder Schlachtfest?“, rief er grinsend, stellte sein Einsatzfahrrad ab und wollte die alte Metzgerschürze aus weißem Gummi vorbinden. Als er das Mädchen sah, erstarb das freche Grinsen in seinem Gesicht. Er kniete nieder und nestelte umständlich das Stethoskop aus der Arzttasche.

Plötzlich schrien die Umstehenden auf. Denn Lenchen öffnete wieder die Augen in dem blutüberströmten Gesicht und schaute mit zuckenden Lidern nach oben in die Bäume, blinzelte sogar Äffchen Fettweiß an. Dann blieben die Lider halb offenstehen und der Blick wurde starr. Doktor Rotgold wurde bleich. Er versuchte linkisch Wiederbelebungsversuche, setzte an zu einer Herzmassage, aber alles was er erreichte war, dass ein Schwall Blut aus der Stichwunde schoss.

Sein Kopf sank hilflos auf die Brust. Er setzte noch einmal das Stethoskop auf Lenchens Brustkorb, nahm es dann ab und verstaute es mit langsamen, zögernden Bewegungen wieder in seiner Tasche.

„Sie hat noch gelebt“, murmelte er. „Bis gerade eben hat sie noch gelebt.“

„Vor unseren Augen ist sie gestorben?“, fragte Äffchen Fettweiß leise. „Jetzt, im Moment?“

Doktor Rotgold antwortete nicht. Er schloss mit bebenden Lippen seinen Arztkoffer, stand auf, band sich die Metzgerschürze ab, griff das Fahrrad an der Lenkstange und ging schleppenden Schrittes davon.

Kapitel 13

Hauptwachtmeister Kesselring fischte mit der rechten Hand in den dunklen Tiefen seines Schreibtisches. Denn dort bewahrte er die Flasche mit dem von ihm selbst gebrauten Kräutertrunk auf. Wegen dessen Farbe und Wirkung war das in Polizeikreisen gefürchtete Getränk unter dem Namen „Der Schwarze Tod" bekannt. In schweren Stunden des dienstlichen Alltags, in denen besondere Aufgaben bewältigt und kluges Vorgehen ersonnen werden mussten, holte Kesselring die Flasche hervor, um dessen heilsam belebende Kräfte zur Anwendung zu bringen. Denn an diesem Tag, an dem wie ein plötzliches Unwetter blutige Taten über die kleine Stadt hereingebrochen waren, schien das Getränk in der Polizeiwache dringend erforderlich.

„Ich glaube, wir nehmen erst mal einen“, brummte der Hauptwachtmeister. Kommissar Rottek nickte nur schwach, während Kesselring zwei kleine Gläser mit dem „Schwarzen Tod“ füllte. Die beiden schauten sich in die Augen, stießen an und stürzten den scharfen Stoff hinunter. Kesselring grunzte vor Wohlbehagen, Rottek röchelte mit roten Augen, bis das Brennen in der Kehle nachließ und sich Wärme im Magen ausbreitete. „Eine Höllendroge!“, rief er kurzatmig. Hauptwachtmeister Kesselring lächelte stolz und schenkte nach. Rottek griff die Schachtel Ernte23 aus der Tasche seiner speckigen alten Lederjacke. Sie rauchten schweigend.

Im Nebenraum erstarb das Schreibmaschinengeklapper von Sekretärin Elvira Duvenbeck. Denn sie arbeitete zwischendurch eifrig ihre fünf Minuten Zehengymnastik ab, die den Umfang ihrer dicken Waden reduzieren sollten. Diese Waden, die schon unmittelbar an den Knöcheln zu unförmigen Fleischsäulen anschwollen, waren ihr Lebenskummer. Vieles hatte sie schon versucht, um grazile Fesseln zu erhalten. Monatelang hatte sie sich nur von trockenen Brötchen mit Apfelsaft oder von Kohlgemüse und Fleischbrühe ernährt, ohne dass ihre Unterschenkel auch nur einen Millimeter an Umfang verloren hätten. Lediglich ihre ohnehin nicht sehr üppige Oberweite schmolz dahin. Das vergrößerte ihr Leid noch.

Wenn sie abends im Wohnzimmer am Radio saß und bunte Blütenmuster auf Leinentischdecken stickte, wischte sie sich manche Träne ab, weil es in den Schlagern vom Südwestfunk immer um brennende Liebe und um Herzensglück in heißen Nächten am Mittelmeer ging, und nur sie saß in der Mühlengasse allein unter der Stehlampe neben dem Ofen und musste Briketts nachlegen. Unglücklich zu sein wurde ihr zur Gewohnheit. Kaum warf ein Mann ihr einmal einen freundlichen oder interessierten Blick zu, erstarb bereits ihr Ansatz von Verliebtheit bei dem Gedanken, dass dieser Mann sie schon bald wegen ihrer Säulenbeine geringschätzen und verlassen würde.

Aber da war mal einer gewesen beim Königstanz im Schützenhaus, ein Älterer. Helmut hieß er und hatte mit Pferden zu tun. Der hatte sie ohne Worte lange in den Arm genommen, sanft ihre Lippen berührt und ihr zärtlich übers Haar gestrichen. Da fiel sie in einen heftigen Weinkrampf vor lauter Glück. Helmut ließ die Arme sinken, schaute sie an mit einem enttäuschten Blick und verschwand im Halbdunkel des Biergartens. Später stand er zwischen den anderen Männern am Tresen und hatte sie nur noch einmal aus den Augenwinkeln forschend und fremd angesehen. Elvira nahm ihren Anorak und ging spät am Abend allein nach Hause an den sommerlichen Hecken entlang über Wege, auf denen der Duft des wuchernden Waldgeißblatts wogte wie ein Rausch. Sie war erfüllt von der Erinnerung daran, dass ihr zumindest ein paar Sekunden lang Hingabe und Leidenschaft zuteil geworden waren trotz ihrer dicken Waden, und dass dies ein Zeichen dafür war, dass das Glück vielleicht doch irgendwo auf sie wartete und bereit schien für sie. Dieser Gedanke war ihr einziger Trost in Augenblicken, in denen die Einsamkeit ihr die Kiefer aufeinanderpresste und der Früchtetee nicht süß genug sein konnte, um ihre Seelenbitterkeit zu mildern.

„Schöne Scheiße“, knurrte Hauptwachtmeister Kesselring.

Kommissar Rottek schaute ihn ein paar Sekunden lang mit zusammengekniffenen Lippen an. „Hilft nix“, stöhnte er, „wir müssen ran. Die Arbeit nimmt uns keiner ab.“ Rottek ging zum Fenster. Es gab kein Entkommen aus diesem Tag der Katastrophen. Die Apothekersgattin und Lenchen, die Tochter des Schmieds, erstochen. Der dreistrahlige Pinkler schwer verletzt. So viel Unheil gab es sonst in einem ganzen Jahr nicht. Drei blutige Taten. Und nicht ein Verdächtiger. Nicht einmal ein Ermittlungsansatz. Kesselring spülte die Schnapsgläser am Wasserbecken aus und ließ die Flasche mit dem gefürchteten „Schwarzen Tod“ wieder in den unergründlichen Tiefen seines Schreibtischs verschwinden.

Dann nahm er wohlig seufzend auf seinem hölzernen Stuhl Platz, zog die Aktentasche herbei, stellte die Thermosflasche bedächtig vor sich hin und legte die Aluminiumdose mit dem Eibrot daneben. Es war fast Mittag, aber Hauptwachtmeister Kesselring sah sich ohne Frühstück zur Wahrnehmung weiterer dienstlicher Pflichten nicht in der Lage. Er schenkte sich gelblichen Milchkaffee in den Plastikbecher, öffnete andächtig die Aluminiumdose, griff feierlich sein Eibrot heraus und wickelte es sorgfältig aus dem Pergamentpapier. Jeden Morgen bereitete seine Corinna das Eibrot liebevoll für ihn zu und legte sogar ein Fäßchen Schnittlauch dazu. Stolz und erwartungsvoll hob Kesselring das duftende Eibrot in die Höhe. „Von meinen eigenen Hühnern!“, riefen er, Kommissar Rottek und Sekretärin Elvira Duvenbeck wie aus einem Munde, denn dieser Spruch war in der Wachstube schon zur täglichen Zeremonie geworden.

Kesselring streute sich Schnittlauch auf sein Eibrot, biss mit geschlossenen Augen zu und kaute behaglich. Elvira Duvenbeck klapperte wieder auf ihrer Schreibmaschine. Rottek zündete sich noch eine Zigarette an und schaute aus dem Fenster. Bauchige Herbstwolken rollten über das Land. Der Spitzmischling vom Schraubenmüller kläffte an der Friedhofsmauer einem Kaninchen hinterher und Krähen flatterten wütend krächzend um eine Eibe, vor der das Habichtsweib eine der ihren so genüsslich verspeiste wie Kesselring sein Eibrot. Ein Eichhörnchen setzte in Brockmanns Obstgarten in langen Sprüngen von einem Apfelbaum zum nächsten, in der Hoffnung auf eine späte Frucht. Weit hinten, vor dem Pappelwäldchen, schob der alte Rübenpaul mit dem Frontlader Baumschnitt zusammen.

Es könnte so ein stiller, schöner Novembertag sein, dachte Rottek. Es könnte. Er wusste, wie jetzt der Herbst roch im Widdersteiner Eichenwald. Er wusste, dass jetzt die Rehe am hellen Tag in der Deckung durch den Ilex zogen und das braune Laub aufschlugen bei der Suche nach fetten Bucheckern. Dass die Rebhühner sich unter die Brombeerranken duckten am windgeschützten Ufer der kleinen Wied, wo ein paar Handbreit Roggenhalme stehen geblieben waren. Und dass die Wildschweine sich tief im Schilf warme Kessel bauten in den verfilzten Weidenbüschen. Nachts zogen die Schweine in die Wiesen und wühlten die Grasnarbe auf. Es gab schon Ärger mit Landwirt Brockmann. Beim nächsten Mondlicht wollte Rottek nachts dort ansitzen und versuchen eins zu schießen. Anita freute sich schon auf den Braten: Wildschweinschulter in Malzbier mit Backpflaumen. Wunderbar.

Ganz hinten vor dem Steinbruch sah er vier junge Rinder auf Brockmanns Weide, die sich gegen den scharfen Novemberwind gedreht hatten und sicher jetzt lieber im warmen Stall wären. Da vorne, neben der Bleichwiese, hatte Witwe Süsselbeck ihren kleinen Garten. Die Wicken am Zaun schimmerten schon welk.

Auf dem Trümmergrundstück hinter Fackelmanns Backstube entdeckte Rottek seinen Foxterrier Toni, der dort gerade ein halbes

Brötchen vergrub. Bei Bäcker Fackelmann gab es für Toni jeden Morgen ein halbes Leberwurstbrötchen. Aber weil die Brötchen ihm zu alt waren, leckte Toni oft nur die Wurst und die Butter ab und verscharrte den Rest. Deshalb war das Trümmergrundstück hinter der Bäckerei zum Massengrab für Brötchenhälften geworden.

Eine Handvoll junger Blaumeisen turnte lärmend im Birnbaum und suchte in der Rinde nach Insekten. Vor der Tannenschonung an den Weihern stand sekundenlang ein junges Reh und äste am Rain. Dann hob es das Haupt und schlüpfte wieder in den Einstand.

Rottek spürte eine Sehnsucht, die schmerzte. Überall da draußen schlug jetzt sein Herz. Dorthin flogen seine Gedanken. In sein anderes Leben. Das Jägerleben. Da würde er Frieden finden. Draußen eins sein mit der Natur. Wo jetzt die Rotkehlchen ihr zauberhaftes Herbstlied sangen. Wo die Wildgänse über das müde gewordene Land zogen. Der Rauch der Kartoffelfeuer über die Felder zog. Wo es nach trockenem Stroh duftete, nach dem kurzen, weichen Gras des Krummets und nach altem, vergehenden Laub.

Er würde vielleicht auf einem Hochsitz hocken mit der Büchse auf den Knien. Aber die Jagdwaffe war in solchen Momenten unwichtig. Er würde die Schönheit seines Westerwaldes im Novemberdämmer gierig in sich hineinsaugen. Am liebsten für immer. Seinen Seelenfrieden, den würde er dort finden. Wenn der erste dünne Schnee im Frühdunst fein auf den Äckern lag und die Stille über dem Land den ganzen Tag blieb.

Aber er hatte sich einen Beruf ausgesucht, in dem es keinen richtigen Frieden gab. Sein Platz war heute dort, wo Menschen in ihrem Blut lagen. Er musste ihre Mörder fangen, damit sie ihre Schuld sühnten. Menschen der kleinen Stadt, deren Seelen entgleist waren und unwiderruflich ins Verhängnis rollten. Irgendwann würden sie zusammengesunken vor ihm sitzen und sagen: „Ich konnte nicht anders. Es musste sein. Ich weiß, für euch ist es furchtbar, aber es musste so sein." Oder sie würden von ihrem Leid berichten. Von ihren dunklen Stunden. Von dem Mitgefühl, das sie bei den anderen nicht fanden. Und von vielen anderen Gründen, wegen denen sie hassen mussten, töten und verletzen. Eine grausame Logik. Aber eben ihre Logik.

Gewalt. Das war sein Arbeitsfeld. Gewalt, die Menschen gegeneinander ausübten. Mit Worten, mit Fäusten, mit Messern, mit Pistolen. Rottek hatte gedacht, der Krieg sei ja noch nicht so lange her, da hätten die Menschen in dieser kleinen Stadt erst einmal genug von Gewalt. Aber sie prügelten und mordeten, bestahlen und betrogen einander wie vorher. Was sie wohl aus dem Krieg gelernt hatten? Konnte man überhaupt aus dem Krieg etwas lernen?

Das Telefon klingelte. Rottek nahm den schwarzen Hörer ab. Es war Staatsanwalt Baumdienst aus Koblenz. Ein zerstreuter Jurist, der nur ungern seine gut geheizte Amtsstube verließ und sich nur selten dem mühsamen Alltag der Strafverfolgung stellte. „Rottek, was ist denn bei Ihnen schon wieder los? Ich glaub's ja nicht!"

„Herr Staatsanwalt, in der Tat, ist etwas unruhig derzeit. Zwei Leichen und ein Schwerverletzter. Bisher jedenfalls."

„Bisher jedenfalls? Kommt da noch mehr, Rottek? Dreht da einer durch bei Ihnen oder was?"

„Nein, ganz normal, Herr Staatsanwalt, wir sind schon dran. Erst mal haben wir alles im Griff."

„Rottek, ich verlass mich auf Sie. Ich würde Ihnen ja helfen, aber ich komme im Moment hier nicht weg. Nicht weg. Dienstlich, Sie verstehen. Man weiß ja manchmal nicht, was man zuerst erledigen soll. Erledigen soll. Und die gesellschaftlichen Verpflichtungen fordern einen ja auch. Sie kennen das ja nicht in Ihrem Kaff. Gesellschaftliches Leben. Rotary, da bin ich heute Abend. So ein Club für bessere Leute. Oder kennen Sie das, Rotary?"

„Leider nein, Herr Staatsanwalt. Hier ist es eher ländlich. Es gibt aber eine Gaststätte."

„Rottek, bitte achten Sie darauf, dass es nicht noch mehr Leichen gibt. Leichen gibt. Ich muss darauf bestehen. Ist denn Hauptwachtmeister Kesselring an Ihrer Seite, Rottek?"

„Jawohl, Herr Staatsanwalt, Hauptwachtmeister Kesselring ist ein tragendes Element der Ermittlungen. Allerdings wurde ihm letzte Nacht ein Huhn gestohlen. Wir tappen auch da noch im Dunkeln."

„Bin sehr beunruhigt, Rottek. Bin beunruhigt. Abgründe tun sich auf bei Ihnen. Abgründe. Aber ist ein altes Schlachtross, dieser Kesselring. Altes Schlachtross. Sie schaffen das schon. All right, sprach die Maid."

„All right, Herr Staatsanwalt", sagte Rottek. Aber Baumdienst hatte schon aufgelegt. Kesselring rollte die Augen. Er hatte den Mund voller Eibrot und nahm einen Schluck Milchkaffee. Er setzte an und wollte etwas sagen. Aber dann winkte er resignierend ab.

Rottek schaute wieder aus dem Fenster. Aber nur kurz. Die Zigarette, die er schon aus der Packung gezogen hatte, zündete er nicht an. Er drehte sich schnell um.

„Kesselring, mir fällt etwas auf."

Der Hauptwachtmeister kaute schon wieder mit vollen Backen, bemühte sich aber, dabei eine interessierte Miene aufzusetzen. Es gelang ihm fast.

„Kesselring. Unsere Opfer haben alle etwas mit der Jagd zu tun."

Der Hauptwachtmeister hielt beim Kauen inne, legte die Fingerspitzen der linken Hand an die Schläfe und täuschte intensives Nachdenken vor.

„Kesselring. Hören Sie. Klingt vielleicht blöd. Aber die ermordete Frau des Apothekers ist die Frau eines Jägers. Die ermordete Tochter des Schmieds ist die Tochter eines Jägers. Und der verletzte dreistrahlige Pinkler ist Jäger. Das fällt doch auf. Oder ist das Zufall?"

Hauptwachtmeister Kesselring kaute noch, als er das Butterbrotpapier gewissenhaft zusammenfaltete und in die Brotdose legte. „Das ist in der Tat ein interessanter Gedanke", brummte er. „Vorausgesetzt, dass es sich stets um den gleichen Täter handelt, ist es ein interessanter Gedanke. Aber Jäger sind in diesem Ort natürlich nicht selten. Man könnte eher sagen, sie sind eine recht umfangreiche Problemgruppe, von charakterlichen Schwächen gekennzeichnet. Da wundert mich nichts. Sie kennen meine Meinung: Jäger sind Strolche. Mit denen habe ich seit meinem ersten Tag als Polizist Ärger gehabt. Und dieser Ärger ist mit den Jahren nicht weniger geworden. Wenn ich das mal so ausdrücken darf. Sie sind ja auch so ein lodengrüner Heini. Sie waren ja als Säugling schon aufsässig. Als ich Sie im Kinderwagen gesehen hab, da hab' ich schon gedacht: Dieses freche Gesicht. Das wird bestimmt ein Jäger."

Rottek kannte Kesselrings Einstellung. Der Hauptwachtmeister mochte keine Jäger. Zu oft hatten sie ihn nach dem Krieg ausgetrickst, als Jagd und Waffenbesitz verboten waren und es trotzdem ständig im Wald knallte. Für die französischen Besatzer musste Kesselring dicke Akten über die Wilderer anlegen und schwitzend sinnlose Streifengänge durch den Forst machen, wenn die Nachbarn schon bei Maibowle in den Gärten saßen und das Akkordeon erklang. Kesselring wusste genau, wer nachts ein Reh oder ein Wildschwein unter einer alten Armeedecke oder unter einer Schubkarre voller Kartoffeln versteckt nach Hause schleppte. Aber er quälte sich lieber mit einer Fantasiegeschichte für das Protokoll ab als einen Mitbürger bei den Besatzern anzuschwärzen. Doch der Ärger blieb letztlich bei ihm und er musste sogar zum Schein Verdächtige einbestellen und verhören, damit ihn die Franzosen nicht als total unfähigen Polizisten davonjagten.

Erst als er mit viel Glück und Mut einen Besatzungssoldaten aus Marokko als Wilderer überführen konnte, hatte die Obrigkeit plötzlich kein Interesse mehr an derartigen Ermittlungen. Kesselring konnte abends ungestört mit seiner Corinna bei Stachelbeerkuchen und Himmlischem Moseltröpfchen unter dem Apfelbaum sitzen, und wenn es fern im Johannisgrund knallte, sandte er ein kräftiges Schimpfwort in diese Richtung und hielt Corinna einen leidenschaftlichen Vortrag über das gesetzlose Gesindel der grünen Zunft.

„Kesselring, mal ganz im Ernst. Kennen Sie jemanden, der etwas gegen Jäger hat? Außer Ihnen natürlich."

Der Hauptwachtmeister schüttelte den Kopf. „Ich kenne niemanden. Ich finde Ihre Idee eigentlich auch ziemlich abwegig. Wenn einer hier in unserer Gegend einen Mord begeht, dann ist es Eifersucht oder Geldgier. Wenn einer mehrere Morde begeht, dann hat er nicht mehr alle Latten am Zaun. Irgendwas ist in seinem Kopf durcheinandergeraten. Bei dem hat der liebe Gott auf den falschen Knopf gedrückt. Rottek, ich glaube, mit Ihrem Jägerhasser, da liegen Sie im falschen Bett. Nur, weil Sie selbst Jäger sind. Die Taten sind Zufall, glaube ich. Ein verdammt blöder Zufall vielleicht. Der Fuchs, der mein Huhn ermordet hat, der hasst ja keine Hühner, sondern er liebt sie. Auf seine Art natürlich. Das ist vielleicht ein nützlicher Gedanke für Ihre Ermittlungen."

Rotteks Kopf war einige Sekunden lang in eine Wolke von Zigarettenrauch gehüllt. „Kesselring, nur mal ganz kurz angenommen, ich hätte recht mit meiner Idee. Wem würden Sie es zutrauen?"

Kesselring schüttelte ablehnend den Kopf und winkte ab. „Mooooment." Er hielt inne und richtete beide Zeigefinger auf Rottek. „Diese Kerschbaums aus Weyersbusch vielleicht. Das ist so ein Höllengesindel, denen trau ich das zu. Die rächen sich gerne mal für irgendwas. Oder wenn die etwas unbedingt haben wollen. Dann biegen die alles hin, so wie sie es für richtig halten. Die Kerschbaums haben vielleicht mehr als einen Menschen um die Ecke gebracht, auch wenn man ihnen nichts beweisen kann. Aber ich bin mir ziemlich sicher, dass das eine ausgekochte Räuberbande ist. Bei denen fangen wir mal an mit unserem Verdacht, würde ich sagen."

Rottek setzte sich an seinen Schreibtisch und knetete das Radiergummi. Die Kerschbaums verachteten Jäger. Das wusste er. „Jagd ist etwas für Bauern“, sagte der alte Jupp. Ihm und seinen sechs Söhnen war wirklich jede Straftat zuzutrauen. Aber wenn sie hier im Ort Bluttaten begingen, dann musste es einen ungewöhnlichen Grund dafür geben. Rottek hielt sie eigentlich für zu schlau, um vor der eigenen Haustür Verbrechen zu begehen. Für die Kerschbaums war ihr Anwesen im Nachbardorf Weyersbusch der Rückzugsort. Sie mochten es nicht, wenn es dort Unruhe gab. Und sie mochten es deshalb schon gar nicht, wenn dort Polizeibeamte vor der Tür standen und Fragen stellten.

„Was könnten die für einen Grund haben, solche Taten zu begehen?“, fragte Rottek halblaut. Sein Kollege Kesselring hasste die Kerschbaums. Für ihn waren es Gesetzlose, die sich jeglicher bürgerlichen Ordnung widersetzten, und er hätte viel dafür gegeben, wenn er die ganze Familie eigenhändig verhaften und in Handschellen legen könnte.

„Was für einen Grund hat ein faules Ei, dass es stinkt?“, fragte Kesselring.

„Weil es ein faules Ei ist“, meinte Rottek.

„Und welchen Grund hat ein Mordgesindel zu morden?“

„Sie machen es sich zu einfach mit Ihren Theorien, Kesselring. Die Kerschbaums leben in einer anderen Welt. Nur deshalb sind sie noch keine Mörder.“

„Genau. Aber ich würde sie für mein Leben gern aus jener anderen Welt in eine vergitterte Welt befördern. Und zwar am liebsten für immer.“

„Und dann wären unsere Fälle gelöst?“

„Vielleicht, Rottek. Aber auf jeden Fall würde ich erst mal besser schlafen. Und überhaupt.“

Kapitel 14

„Hab ich das gut gemacht, Popel?“ Stolz stand Männel vor der offenen Heckklappe des schwarzen Mercedes 220S. Im Kofferraum lag auf alten Kartoffelsäcken das Wildschwein, das Apotheker Siebenstern am Morgen geschossen hatte. Und das jetzt nicht mehr in dessen Kühlraum am Fleischerhaken hing. Mit glänzenden Augen beugte sich Popel Troost zu ihm hinunter und fuhr der Leiche mit seinen kurzen, dicken Fingern andächtig durch die schwarzen Borsten. „Kuhschweinhuhn, Männel“, sagte er spitzbübisch, „Kuhschweinhuhn“, und sie prusteten beide los. Denn das war ja eigentlich Männels Spruch. Auf einem Waldweg hinter der Birnbacher Höhe hatten sie vorhin angehalten und ihre Beute besichtigt.

„Hat er es freiwillig rausgerückt?“, fragte Popel und fasste die Wildsau besitzergreifend am Vorderlauf.

„Nein“, sagte Männel halblaut und nestelte am Träger seiner grauen Latzhose. „Nicht ganz. Da stand so ein Wichtigtuer daneben. Ich musste ihn überreden.“ Popel Troost grinste fettig über sein ganzes aufgedunsenes Gesicht. Er wusste, was das bedeutete, wenn Männel jemanden überredete. Er war stolz darauf, einen Menschen an seiner Seite zu haben, der solche Dinge für ihn erledigte. Er wollte keine Einzelheiten erfahren. Er wollte nur wissen, dass die Sache erledigt war. Apotheker Siebenstern weigerte sich nämlich, Popel Troost in seine schöne Jagd aufzunehmen. Zum dritten Mal waren sie deswegen heute bei ihm gewesen. Aber er hatte seinen Wunsch nicht nur harsch abgelehnt, sondern die beiden sogar aus der Apotheke geworfen. Ihn, Popel Troost, hatte er aus dem Laden geworfen. Das konnte er nicht auf sich sitzen lassen. Aber er musste nicht darüber sprechen, was jetzt zu tun war. Männel machte das schon.

„Diese Westerwälder Basaltaffen", nannte Popel Troost die Menschen aus der Gegend. Er war wütend auf diese Leute, die in geduckten Fachwerkhäusern zwischen dampfenden Misthaufen wohnten und ihn ablehnten. Warum wollten sie ihn nicht bei der Jagd haben? Popel Troost wurde gallig bei dem Gedanken, dass diese Kartoffelbauern ihn und sein Geld verachteten. Dass jemand seine Freundschaft ablehnte, daran war er gewohnt. Aber sein Geld, das hatten doch bisher alle genommen. Damit konnte er alle verzaubern. Nur diese Westerwälder Stoffel nicht. „Sind die blöd, Männel?", fragte er ratlos. „Sie sind blöd, Popel, Kuhschweinhuhn", antwortete ihm ohne Nachzudenken sein treuer Gefährte. Und damit stand für Popel Troost fest, dass die Westerwälder wirklich blöd waren. „Die Westerwälder fressen nur Steckrüben und Pellkartoffeln, sagt man bei uns in der Eifel", ergänzte Männel. „Und angebranntes Pflaumenmus. Davon bekommt man Löcher im Verstand." Damit war alles erklärt.

Vor einem Jahr waren sie in Berzhausen bei einer Familie auf dem Hof gewesen, die abends mit fünf Personen um einen groben Tisch saß, schweigend Schwarzbrot in Quark mit Leinöl stippte und Zwiebeln dazu aß. „Sind das Sträflinge oder haben die ein Gelübde getan?", hatte Popel Troost ahnungslos seinen Männel gefragt. „Nee, das machen die hier alle so", meinte Männel. „Hinterher furzen sie wie die Waldesel und freuen sich, dass sie so gesund sind." Popel Troost war entsetzt. „Sie knattern? Die ganze Familie? Auch die Kinder? Das ist doch sehr unschön." Männel hatte ihn nur vielsagend von der Seite angesehen. „Wundert dich bei denen noch was, Popel? Wundert dich bei den Westerwäldern überhaupt noch irgendwas?" Troost hatte nur mit dem Kopf geschüttelt. Einerseits war vieles merkwürdig, was sie in dieser kargen Landschaft erlebten. Andererseits war ihm das nicht unsympathisch. „Wie früher", sagte er oft leise zu sich selbst und lächelte wehmütig dabei. „Wie früher."

Seine Familie hatte ja auch ein paar Jahre in dieser Stadt gelebt, bevor die Troosts nach Düsseldorf gingen. Deshalb zog ihn ein rätselhaftes Heimweh auch wieder hierher. Popel erinnerte sich in wenigen Bildern an diese ferne, schöne Kinderzeit. Sie hatten zu Hause nur alte Lkw-Sitze als Möbel gehabt und ein Türblatt vom Trümmergrundstück als Tisch. Da saßen sie unter der nackten Glühbirne und löffelten Nudeln mit Apfelmus aus einer großen Schüssel. Alle Nachbarskinder quetschten sich neidisch dazwischen und wollten auch am großen Nudelschmaus teilhaben. Aber ihre Mütter holten sie zeternd ab und sie mussten zu Hause Blutwurst essen und Pfefferminztee trinken. Popels Vater gönnte sich am Samstagabend eine Flasche Germania Pils nach dem Essen und rülpste davon so laut und vernehmlich, dass es aus dem offenen Fenster bis auf die Höfe schallte. „Alter Bolschewik", rief ihm dann von gegenüber Bubi Schulze aus seiner Werkstatthalle herüber, wo er den kleinen Bus für den Sonntagsausflug vom Vogelschutzverein fertigmachte. Der alte Troost lachte jedes Mal dröhnend und herzlich über diese Szene, und der kleine Popel wünschte sich damals nichts dringlicher, als auch so laut rülpsen zu können, dass Bubi Schulze „Alter Bolschewik" oder „Mahlzeit, Herr Troost" herüberrief. Aber mehr als ein kläglich lautloses Aufstoßen war ihm nie gelungen, und er fand sich schweren Herzens mit diesem Defizit ab.

Viel mehr schmerzte ihn, dass der Vater nie seinen schönen schwarzen Mercedes 220S gesehen hatte und sie nicht mit offenen Fenstern gemeinsam durch Holthausen fahren konnten, wo er aufgewachsen war. Sie hätten den Nachbarn zuwinken und großspurig vor dem Café Trepper parken können. Das hätte Popel sich so sehr gewünscht. Aber irgendwann hatte der alte Troost immer lauter gewimmert und die Schmerztabletten wirkten nicht mehr. Er stöhnte nur noch und hielt stets die Bibel umklammert. Drei Wochen lag er im Krankenhaus, bis der Pastor kam und leise mit der Mutter sprach.

„Krebs", hatten die Erwachsenen gesagt, „scheiß Krebs." Und: Der Vater hätte es schon lange gewusst, aber wie Männer so sind, die gehen nicht zum Arzt. Vaters letzte angebrochene Packung Overstolz-Zigaretten bewahrte Popel Troost auf, und wenn er manchmal abends ganz allein in seiner leer hallenden Villa in den braunen Ledermantel gehüllt im riesigen Clubsessel versunken war und alles um ihn kalt und fremd schien, dann nahm er die rote Zigarettenpackung in die Hand und spürte Kraft und Zuversicht in sich aufsteigen. Der Vater, der machtvolle Rülpser, dann war er ihm nahe.

Männel kutschierte den Mercedes durch den Westerwald. Popel Troost rümpfte die Nase. Irgendetwas roch merkwürdig im Auto. „Was müffelt hier so?", fragte er.

„Das Schwein. Es riecht nach Wildschwein, das ist in Ordnung", meinte Männel, und Popel fragte nicht nach. Wenn Männel das in Ordnung fand, dann wollte er sich an dem Müffeln nicht weiter stören. Männel drehte die Lüftung etwas stärker. Aber es müffelte weiter. Popel Troost grinste in sich hinein. Am Abend würden sie in seiner Düsseldorfer Stammkneipe, der Itterquelle, vorfahren und sie würden die Wildsau packen und auf den Tresen werfen. Es würde ein gewaltiges Hallo geben und die ganze Itterstraße würde zusammenlaufen, denn das hatte noch keiner gebracht: eine Wildsau auf dem Tresen der Itterquelle. Popel Troost grinste zufrieden in sich hinein. Er würde mal wieder der Größte sein in ganz Holthausen. Der Popel, der für jede Verrücktheit gut war. Und alle würden auf ihn Doornkaat trinken, bis keiner mehr stehen konnte. Tagelang würde man davon sprechen. Popel Troost, der König von Holthausen: Jetzt hat er sogar eine dicke Wildsau geschossen und sie in der Itterquelle auf den Tresen geschmissen. Der verrückte Hund.

„Komm, wir fahren noch ein paar Runden", sagte Popel, nahm seinen neuen Sauer Drilling zwischen die Beine, und sie fuhren langsam über kleine Kreisstraßen und Wirtschaftswege. Sie behielten die

Waldränder im Auge, denn dort traten jetzt am Nachmittag schon mal Rehe aus. Popel Troost schoss auf alles, was er mit dem 4 x 36 Zielfernrohr von Hertel und Reuss erfassen konnte. Vielleicht saß auch am Feldrain ein Hase. Den nahm er ebenso unter Feuer und zerfetzte ihn mit seiner dicken Patrone 8 x 57. Dann platzten sie beide vor Lachen.

Gleich hinter Weyersbusch stand noch rotbuntes Milchvieh auf einer Weide. Eine dicke Weißdornhecke gab den Kühen etwas Schutz vor dem flegelhaften Novemberwind. „Was ist das?", fragte Männel und zeigte auf einen grauen Fleck am Ende der Buschreihe. „Hase? Fuchs?"

„Katze", murmelte Popel und setzte sein Fernglas ab. „Halt an."

Männel schaute sich um. Niemand weit und breit zu sehen. „Feuer frei", sagte er leise. „Sind aber bestimmt hundertzwanzig Meter." Popel Troost faltete die Wolldecke auf den Fensterschacht, legte den Drilling darauf, zielte lange und schoss. Die Katze fiel um, rappelte sich wieder auf und stürzte mit merkwürdig unrundem Laufrhythmus davon. „Die hat ein Bein ab", brummte Männel, der die Aktion mit dem Fernglas verfolgt hatte. „Die läuft nach Hause. Schieß noch mal." Popel versuchte, die Katze anzuvisieren. Aber sie lief immer schneller und verschwand schon hinter einer Ginsterreihe. „Gib Gas", brummte Troost, versteckte die Waffe unter der Wolldecke im Fußraum des Fond und Männel raste den Feldweg entlang, dass die Steine gegen das Bodenblech prasselten.

Es dauerte keine halbe Minute, und sie rollten wieder entspannt auf der Kreisstraße. „Halt an. Ich muss mal", befahl Popel Troost. Wegen seiner vergrößerten Prostata dauerte das Pinkeln bei ihm mindestens zwei Minuten. Dann griff er den Drilling, entlud ihn, wickelte ihn in die Wolldecke und versteckte ihn im Kofferraum. Fröhlich ließ er sich wieder in den Sitz fallen. Popel hielt die Patronenhülse hoch. „Lustig ist die Jägerei", rief er, und sie lachten laut in die beginnende Dämmerung. Vor ihnen zog sich am westlichen Himmel ein schmaler, blutroter Streifen hin. Popel Troost versuchte, auf der Patronenhülse eine Melodie zu blasen. „Kuhschweinhuhn", johlte Männel, „Kuhschweinhuhn, Popel."

Das Ortsschild von Weyersbusch hatten sie gerade passiert, als links aus einem Feldweg langsam ein blauer, rostiger VW Bulli auf die Kreisstraße rollte und quer zur Fahrbahn stehen blieb. Männel bremste hart und brachte den Mercedes kurz vor dem VW-Bus zu stehen. Aus den Fenstern blickten sie die feixenden Gesichter der Kerschbaums an. Sie stiegen aus.

„Mutter Kerschbaum hat ein Kätzchen, Herr Troost", sagte der alte Jupp sanft und zog sein Barett der Fremdenlegion etwas tiefer ins Gesicht. „Dem Kätzchen hat man ein Bein abgeschossen. Jetzt sind wir alle ganz traurig. Wir haben da vorhin jemanden gesehen mit einem Gewehr. Da wurde aus dem Auto geschossen, Herr. Aus einem schwarzen Auto. Können Sie sich das erklären?"

Popel Troost schaute hilfesuchend Männel an und stammelte. „Eehm, eehm. Ein Fuchs, dachte ich. Ein Fuchs." Der alte Jupp kam näher. „Du hast auf einen grauen Fuchs geschossen? Das muss ja ein Naturwunder sein. Füchse sind doch feuerrot, Herr. Oder wolltest du vielleicht auf uns schießen? Wir wohnen dort nämlich ganz in der Nähe. Wolltest du undankbar sein für die Freundschaft, die wir dir angeboten haben? Das war dann wohl ein Mordversuch", sagte Jupp leise. „Habt ihr das verstanden? Das war sehr gefährlich." In dem Moment gingen vier Kerschbaum-Jungens langsam auf das Auto zu und ahmten mit Zeigefinger und Daumen eine Pistole nach, die auf die beiden im Auto zielte. Popel Troost und Männel erkannten den Spaß nicht. Sie stiegen mit aufgerissenen Augen vorsichtig aus und hoben die Arme. „Nicht", keuchte Popel Troost. „Nicht schießen."
„Lauft, sonst machen wir euch Beine", rief der alte Jupp und stieß Popel Troost in den Straßengraben. Männel sprang herüber, zog sei-

nen Gebieter aus dem Schlamm und beide liefen unter dem dröhnenden Gelächter der Kerschbaums schnaufend achtzig Meter, bis Popel atemlos zu Boden sank. Die Kerschbaums stiegen wieder in ihr Auto und die VW-Pritsche rollte los. Joschka, der älteste der Kerschbaum-Jungen, setzte sich in den schwarzen Mercedes und fuhr hinter dem Bulli davon. Männel schaute ihm verzweifelt hinterher. Oben am Horizont, auf der Höhe, die im Volksmund Vierwinden hieß, ließ er das Auto stehen und stieg wieder zu seiner Familie um.

Es war fast ein Kilometer, den Männel laufen musste, um den Wagen zurückzuholen. Mit ihrer Kleidung voller Lehm und Morast setzten sie sich wieder in das Auto. Schweigend fuhren sie Richtung Westen. Nach gut zehn Minuten schaute Popel Troost seinen Chauffeur grimmig von der Seite an. „Wir werden sie töten, Männel", sagte er. „Wir werden sie töten, diese Kerschbaums. Alle. Kriegst du das hin?" Männel winkte beschwichtigend mit der rechten Hand. „Kuhschweinhuhn, Popel, Kuhschweinhuhn."

Als sie nach zwei Stunden in Düsseldorf vor der Itterquelle standen, hatte sich Popels Groll schon wieder abgeschwächt. Viel wichtiger war für ihn, dass er jetzt die Wildsau auf den Tresen wuchten und für eine Sensation in Holthausen sorgen würde. Die Itterquelle war voller Gäste, und alle kannten ihn.

Popel Troost blieb mit dem Drilling auf der Schulter in der Tür stehen und schrie ins Lokal: „Doornkaat für das ganze Lokal – ich habe eine Riesensau geschossen! Wer kommt raus und hilft mir tragen?" Johlend strömten die Gäste nach draußen und umringten den schwarzen Mercedes. Stolz und immer noch nass und schmutzig von seinem Schlammbad im Straßengraben öffnete Popel die Heckklappe. Neugierig beugten sich die Umstehenden über den Kofferraum. Aber dort lag kein Wildschwein. Auf der Decke lag eine kleine, graue, blutige Leiche. Die Katze der Kerschbaums. Popel Troost hatte ihr den Vorderlauf an der Schulter abgeschossen.

Kapitel 15

Der Teller mit den Tomatenbroten leuchtete rot und weiß auf der blauen Tischdecke. Kiefernscheite prasselten im grünen Kachelofen des Alten Forsthauses. Kommissar Rottek schenkte sich am Küchentisch mit durstigem Blick ein Bier in das große Glas, in das eine ganze Flasche passte und trank sofort gierig die Hälfte davon leer. Er seufzte tief und zufrieden und lehnte sich auf seinem Stuhl entspannt zurück. Anita war draußen und schaute nach ihren beiden Jungen, die noch beim Tischtennis in der Stadt waren.

Sie kam herein, setzte sich an den Tisch und schaute Rottek liebevoll an. „Was war los heute bei dir?", fragte sie leise. Polizeisachen interessierten sie eigentlich nur am Rande. Meistens ging es dabei ja nur um hässliche Dinge, die Menschen einander angetan hatten. Ihr Blumenladen am Marktplatz war dagegen eine stille Welt, in die nur wenig vom Betrieb der kleinen Stadt hineindrang. Dort wurde von bevorstehenden Hochzeiten gesprochen, von fröhlichen Kindstaufen, von Jubelgeburtstagen oder von Kranzgestecken für Verstorbene, deren Tod oft nur einen flüchtigen Schatten auf das Leben der anderen warf. Weil man ja nichts ändern konnte daran, dass einer gegangen war.

Und es gab so viele Liebesgeschichten. Da war dieser junge Mann, Dreher in der Waggonfabrik, der bei ihr jeden Tag eine rote Rose für seine Nachbarin kaufte, in die er sich verliebt hatte. Sie war Krankenschwester, und er legte ihr früh am Morgen heimlich die Rose auf ihren Fahrradsattel. Sie wohnten im gleichen Haus. Aber er traute sich nicht, sie anzusprechen. „Wie soll ich es machen?", hatte er Anita gefragt. „Schreiben Sie ihr einen Brief und erzählen Sie alles von sich", hatte Anita ihm geraten. Den Brief hatte er geschrieben. Aber er wollte lieber noch eine Zeit lang heimlich Rosen schenken. Das fand er romantischer. Zwei Wochen später, am Morgen nach dem Kartoffelmarkt, da hatte die Krankenschwester vor der Haustür zum Abschied den Gesellen von Bäcker Heidepeter geküsst. Und der legte ihr jetzt jeden Morgen eine Tüte Brötchen und Nussecken vor die Tür. Der junge Rosenmann hatte seine Chance verpasst. Er verabschiedete sich bei Anita. „Ich komme nicht mehr", hatte er traurig gesagt, „wir haben Schluss gemacht."

„Zwei Morde, eine schwere Körperverletzung", antwortete Rottek auf ihre Frage, zu müde, um dem noch einen ironischen Unterton zu geben. „Wir haben noch keinen Täter. Und bei dir?"

„Du und deine Morde. Das ist ja echt kriminell. Wie du damit nur leben kannst, mit deinen blutigen Geschichten. Mir hat der Großhändler heute Freesien gebracht", schwärmte Anita, „sie duften schon so wunderbar nach Frühling."

„Frühling - ist das nicht ein bisschen übertrieben? Wir haben erst November. Mir würde genügen, wenn sie nach Weihnachten duften."

Anita schaute ihm ernst in die Augen. „Heute habe ich gelesen, Polizistenküsse würden nach Gurkensalat schmecken", sagte sie. „Es stand im Verbandsblatt der Einbrecherinnung. Sehr interessant."

„Ich habe noch keinen Einbrecher geküsst", knurrte Rottek. „Das mit dem Gurkensalat trifft wahrscheinlich nur für die Gemüsepolizei zu. "

Rottek nahm sich ein Tomatenbrot. Anita schob ihm eine kleine Schale zu. „Es gab draußen noch Schnittlauch, Herr Schutzmann." Im Radio sangen Rex Gildo und Gitte: „Gehn sie aus, vom Stadtpark die Laternen." Anita sang mit und schaute Rottek dabei in die Augen: „…bleibt uns zwei der Sternenschein. Und ich seh auch ohne die Laternen dir ganz tief ins Herz hinein." Rottek streute sich lächelnd Schnittlauchröllchen auf sein Tomatenbrot und kaute andächtig.

Anita nahm seine Hand. „Wie ist heute ihr Herz, Herr Gesetzeshüter?“ Rottek biss kräftig in sein Brot und sprach mit vollem Mund. „Mein Herz ist blau und schwer. Eine kleine Freesienverkäuferin hat es verhext. Hauptwachtmeister Kesselring hat schon die Ermittlungen aufgenommen.“

Lärm und Poltern näherte sich. Anitas Kinder kamen vom Sport zurück und waren völlig aufgeregt. „Ein Mörder schleicht durch die Stadt“, riefen sie und umringten Rottek, „zwei Leichen hat man schon gefunden. Und Pipi Spezial hat einen Fleischerhaken in der Nase! Wann wird man den Täter verhaften?“

Rottek winkte ab. „Bleibt mal ganz ruhig.“ Dann nahm er zwei Äpfel aus der großen Schale und legte jedem der beiden einen auf den Kopf. „Wenn die bei euch zehn Minuten oben bleiben, dann verrate ich, wer der Mörder ist.“

Die beiden erstarrten und schielten nach den Äpfeln auf ihren Köpfen. Rottek stand auf. „Ich schaue noch mal nach dem Hund. Bin gleich wieder da.“

Der Foxterrier Toni hatte seinen Platz draußen im Hof. Ein warmes Lager unter dem Dachvorsprung vom Holzschuppen. Neben dem alten Holunderbusch. Abends kam er ins Haus, schlief im Flur auf einer alten Decke unter der Treppe. Rottek stand vor der Haustür und rief ihn. Er lief vor Freude ganz leise fiepend herbei, setzte sich neben ihn und lauschten mit ihm hinaus ins Dunkel. Rottek zündete sich eine Zigarette an. Am Himmel zogen kleine Wolken vor dem fahlen Halbmond mit seinem kühlen Novemberleuchten. Tief im Forst rief der Waldkauz. Da waren sicher schon die Wildschweine unterwegs. Der Kauz verriet sie. Wenn das Mondlicht etwas heller würde, wollte Rottek nachts auf Sauen ansitzen.

Rottek machte nachdenklich noch ein paar Schritte hinaus ins Dunkel unter den Sternenhimmel. Der kleine Hund folgte ihm lautlos. Wie sollte das weitergehen mit diesen Mordgeschichten? Wie ein schwarzes, schroffes Gebirge lagen die Ermittlungen vor ihm. Rottek fühlte sich hilflos. Als er heute Mittag das tote Mädchen sah, verlor er für einen Augenblick die Fassung. Rottek kannte den Vater des Kindes gut, Dorfschmied Strübecke. Er war ein weithin geachteter Jäger.

Strübecke richtete seit vielen Jahren erfolgreich Jagdhunde ab, ohne Schläge und ohne Quälerei. „Struppi" war deshalb sein Spitzname. Fast alle Deutsch Drahthaar in der Region stammten aus seinem Zwinger. Sie fanden bei der Treibjagd jeden geschossenen Hasen, jeden Fasan und jeden Fuchs, suchten verletztes Wild und stellten sogar eine angeschossene Sau. Struppi Strübecke brachte den jungen Jägern Respekt vor dem Wild bei und wagte es als einziger, den übermächtigen Amtsgerichtsdirektor Washönig zur Ordnung zu rufen, wenn der großmäulig mit schrägen Aktionen aus seinem Jagdrevier prahlte. Wer in dieser kleinen Stadt brachte nur die Tochter dieses Dorfschmieds so kaltblütig mit dem Messer um? Es öffnete sich seinen Gedanken keine Tür, die einen Weg zur Lösung aufzeigte.

Nur Hauptwachtmeister Kesselring schien zuversichtlich. „Die Wahrheit findet uns, Rottek", brummte er, fast freundschaftlich. „Bisher hat sie uns immer gefunden." Rottek hob zweifelnd die Augenbrauen. Für ihn war Kesselrings Spruch nur ein schwacher Trost. Die Wahrheit zu finden war nicht sein größter Ehrgeiz. Denn das allein würde ihnen möglicherweise nicht weiterhelfen. Den Täter zu finden, das war seine Aufgabe. Und wie es jetzt aussah, könnte das sehr schwer werden. Er kannte fast jeden Menschen in dieser kleinen Stadt. Wer von ihnen sollte ein Mörder sein? Er kannte von vielen Bewohnern die Leidenschaften, die Ängste, die Geheimnisse, die Lügen. Deshalb war er sicher: Trotz allem hatte die Stadt ein dunkles, gutes Herz.

Rottek ging langsam zurück und stand noch eine Zeit auf den alten, ausgetretenen Sandsteinstufen des Forsthauses. Seit zwei Jahren wohnte er hier mit Anita und ihren Kindern. Die Behörde hatte es ihnen zum Kauf angeboten, nachdem die letzten Bewohner ein Unglück getroffen hatte. Das störte die beiden nicht. Anita und Rottek waren gerne hierhergezogen. Sie waren glücklich miteinander, und die Seelen der vielen Förster, die vor ihnen hier gelebt hatten, schienen alle erlöst zu sein. So jedenfalls deutete er deren vergilbte Porträts, die im Eingangsflur hingen.

Anita und Rottek kannten sich seit der Schulzeit und waren damals einige Jahre sehr glücklich zusammen gewesen. Aber Anita hatte sich dann doch in einen anderen verliebt. Der fuhr eine Borgward Isabella Cabriolet und nahm Anita mit in ein Hotel am Gardasee. Aber nach ein paar Jahren ließ er sie mit den Kindern sitzen. Er hatte teure Anwälte. Deshalb wurde ihr vom Gericht die Schuld an der Scheidung gegeben. Sie zog ins kleine Gartenhaus am Stadtrand und hatte schwere Jahre. Durch Zufall sahen sie und Rottek sich wieder. Fast war es wie früher. Fast. Sie mussten ein neues, ein anderes Leben miteinander beginnen. Eine neue, tiefe Liebe trug sie in eine gute Zeit.

Als Rottek aus der Tür war, nahmen die beiden Jungs die Äpfel vom Kopf und plünderten den Teller mit den Tomatenbroten. Sie kauten noch heftig, als sie Rottek hereinkommen hörten, legten sich schnell die Äpfel wieder auf den Kopf und saßen starr. Rottek schaute streng und untersuchte ernst die Lage der Äpfel auf dem struppigen Schopf der beiden. Anita verdrehte die Augen und platzte fast vor Lachen. „Die Haare liegen anders. Ihr habt gemogelt!“, schimpfte er, „jetzt kann ich das Geheimnis des Mörders leider nicht verraten. Tut mir leid.“ Die Jungen nahmen mit enttäuschtem Gesichtsausdruck die Äpfel vom Kopf und bissen trotzig hinein.

Später lag Rottek noch lange wach. Anita dicht neben ihm atmete in tiefem Schlaf. Er spürte ihre Wärme. Das Fenster stand einen Spalt offen und ab und zu kühlte ein Luftzug sein Gesicht. Die leisen

Stimmen der Nacht flüsterten aus dem Wald. Was war an diesem Tag nur in dem stillen Ort geschehen? Ein rohes, unbarmherziges Sterben hatte seinen Schatten über die kleine Stadt gelegt. Rottek war müde, todmüde. Der Traum von einem anderen Leben durchzog seine Gedanken für ein paar Sekunden. Aber das war nur ein Moment. Im Halbschlaf ballte er die Faust. Es würde ein neuer Tag kommen, und aus den dunklen Tiefen des Waldes und des steinigen Bodens seiner Heimat würde ihm jetzt die Kraft zuwachsen, diesen Fall zu einem guten Ende zu bringen.

Kapitel 16

Es fehlte wieder ein Huhn. Hauptwachtmeister Kesselring rannte im Unterhemd schnaubend mit der Dienstpistole in der Hand durch den Garten. Es waren nur noch fünf kleine Niederrheiner, die gackernd im Stall saßen. Die Spurenlage war eindeutig: In der Nacht hatte der Fuchs sich sein Opfer gegriffen und offensichtlich noch im Hühnerauslauf in aller Ruhe verspeist. Hellbraune Daunen schwebten im kalten Novemberwind davon. Anklagend lag der abgebissene Kopf des Huhns neben dem Haufen von Federn, die einmal das treue Tier gewärmt und beschützt hatten.

Kesselring hatte sicherheitshalber bei offenem Fenster geschlafen, bereit, beim ersten Notschrei seinen Hühnern zu Hilfe zu eilen. Noch um zwei Uhr in der Nacht lief er im Schlafanzug Streife um das Haus. Entschlossen, den überraschten Hühnerdieb auf der Stelle zu füsilieren. Aber der Fuchs hatte offenbar gewartet, bis wieder das gleichmäßige Schnarchen eines schlafenden deutschen Beamten aus dem Fenster der Kesselrings drang, und sich dann mit der kühlen Routine eines Serienmörders ein Opfer gegriffen. Lautlos und unbarmherzig.

Der Hauptwachtmeister stürzte zum Telefon. Rottek saß in der Polizeiwache schon bei der ersten Zigarette grübelnd an seinem Schreibtisch. „Herr Kommissar, das Morden nimmt kein Ende“, brüllte Kesselring in den Hörer.

Rottek zuckte zusammen. „Wer…?“, fragte er zögernd und leise.

„Mein Huhn!“, dröhnte Kesselring, „mein gutes Huhn!“ Seine Stimme brach, und er legte schnell den Hörer auf, denn ein tiefes Schluchzen drängte aus seiner grau behaarten Brust. Seine Corinna legte ihm den Arm um die Schultern. „Du kannst doch nichts mehr ändern, Lothar“, flüsterte sie liebevoll. „Es sind doch nur die Hühner.“

Kesselring schüttelte ihren Arm ab und eilte trotzig ins Schlafzimmer, um sich für den Dienst fertig anzukleiden. Er stand schon zum Abschied in der Tür und seine Frau reichte ihm liebevoll die Aktentasche mit dem Eibrot und der Thermosflasche, als es aus ihm herausbrach: „Es sind nicht nur die Hühner", rief er vorwurfsvoll, „es sind unschuldige, friedliche Lebewesen. Diese blöden Jäger lassen den Fuchs laufen, aber ich, ich werde Vergeltung an ihm üben!"

In der Polizeiwache wartete Rottek schon auf ihn. „Irgendwelche neue Erkenntnisse in der Hühnersache?", fragte er sachlich. „Ich werde den Fall zur Akte nehmen."

Kesselring schwieg. „Was liegt an?", fragte er nach einer Weile brummig.

Rottek zog seine speckige alte Lederjacke an. „Ins Krankenhaus, zum dreistrahligen Pinkler."

Im Städtischen Krankenhaus lag der verletzte Jagdhelfer Frohberger in einem Dreibettzimmer. Ein unbekannter Täter hatte ihn in der Wildkammer des Apothekers, seines Jagdherrn, mit dem Unterkiefer an einem Fleischerhaken aufgehängt, aber er war offensichtlich schon wieder auf dem Weg der Genesung. Denn dröhnendes Gelächter schallte aus dem Raum über den Gang. Als die Beamten den Krankensaal betraten, führte der dreistrahlige Pinkler über seiner Bettpfanne den Leidensgenossen soeben jenes kunstvolle Wasserlassen vor, das seinen Spitznamen erklärte. Frohberger kassierte geschäftig von seinen Zuschauern jeweils zwei Mark Honorar für die Vorführung und bettete sein turbanartig verbundenes Haupt wieder zufrieden in die Kissen.

Mit einem schwer verständlichen Lallen begrüßte er die Beamten. „Erzähl uns doch mal, was gestern passiert ist", fragte ihn Rottek. Der dreistrahlige Pinkler gestikulierte heftig, um den Inhalt seines Stammelns zu verdeutlichen. „Ein großer Rothaariger mit einer grauen Latzhose", verstanden die Polizisten. „Ich kam dazu, als er sich gerade das Wildschwein auf die Schulter lud. Ich hielt ihn fest, aber er warf mich zu Boden und fesselte mich mit Heuband. Dann hängte er mich mit dem Kinn an den Haken." Den Täter kannte er nicht. Die ganze Aktion hatte nach seiner mühsamen Darstellung nicht einmal eine Minute gedauert. Frohberger hielt sich mit vor Schmerz zusammengekniffenen Augen seinen Unterkiefer und zeigte an, dass er sich nun erst einmal wieder erholen müsse.

„Kennen Sie einen großen Rothaarigen mit einer grauen Latzhose?", fragte Rottek den Hauptwachtmeister, als sie im dunkelgrünen Polizeikäfer davonfuhren. Beide dachten nach, aber der einzige Rothaarige weit und breit war der Automechaniker Müllering. Und der lag von morgens früh bis in die Dunkelheit in einem ölverschmierten Overall unter dem Motor einer Renault Dauphine oder einem R8 und dürfte für den Diebstahl eines Wildschweins und die blutige Misshandlung des dreistrahligen Pinklers sicher nicht infrage kommen. Denn seine Leidenschaften waren Schrauben und Schweißen. Sein einziges Gesprächsthema waren französische Autos und deren Gebrechen, und von diesen reichhaltigen Inhalten war er so erfüllt, dass er möglicherweise gar nicht wusste, dass es etwas wie Wildschweine überhaupt gab. Er verzehrte mit schwarzöligen Fingern in der Werkstatt hastig sein Käsebrot und wäre verständnislos wieder unter einem Motorblock verschwunden, wenn jemand ihn einmal auf die Reize eines Wildbratens hingewiesen hätte.

Rottek und Kesselring hielten vor Friseur Riminis Haus. Gestern Nachmittag hatten sie ihn wieder laufen lassen. Beide hielten ihn für unschuldig am rätselhaften Mord der Apothekersgattin. „Wer seine verstorbene Mutter so verehrt wie er, der bringt keine nette, betagte Dame um", stellte Rottek fest. „Dass er seine alte Kundin tötet und die Tatwaffe dann auch noch auf den Marktplatz wirft – das ist für mich unvorstellbar. Und an eine spontane Hirnstörung mit solchen Auswirkungen kann ich bei unserem harmlosen Rimini nicht glauben."

„Aber irgendeine schwere Hirnstörung muss er haben“, brummte Kesselring. „Er zeigt nämlich diese merkwürdige Neigung zur Jagd.“

„Den von Ihnen bei mir bestellten Rehrücken für das Weihnachtsessen müssen Sie dann wohl wegen einer schweren Hirnstörung des Jägers von der Speisekarte streichen“, meinte Rottek trocken. „Aber von den Beilagen wird man möglicherweise auch satt. Oder gibt es Eibrote zum Fest?“

In Kesselring arbeitete es. Seine Kiefer mahlten. „Wenn Sie zu blöd sind, den kriminellen Fuchs zu schießen, dann gibt es bald überhaupt keine Eibrote mehr“, brummte er. „Meine Hühner sind Ihnen wohl völlig gleichgültig. Es ist eine Tragödie.“

„Ich glaube, wir kümmern uns erst einmal um die anderen Tragödien“, antwortete Rottek. „Der Fuchs läuft uns nicht weg.“

„Das befürchte ich leider auch“, knurrte Kesselring.

Drinnen saß der Friseur im dunkelblauen Nylonkittel an seinem Schreibtisch, das Gesicht in die Hände vergraben. Witwe Süsselbeck vom Pilsbüdchen wischte und kratzte schnaufend an dem großen, mittlerweile festgetrockneten Blutfleck der ermordeten Apothekersgattin Siebenstern im Salon und wrang einen Putzlappen über einem Eimer aus, in dem schon eine rötliche Brühe schwappte.

„Der Mann ist ja zu nichts in der Lage“, knurrte sie wie entschuldigend und zeigte auf Rimini. „Irgendjemand muss das hier ja wegmachen.“ Sie streute Ata-Scheuerpulver auf den Fleck und schrubbte mit unverständlich geflüstertem Schimpfen weiter.

„Wie geht's heute, Herr Rimini?“, fragte Kesselring. Der Friseur winkte wortlos ab. Dann stand er auf und wandte sich den beiden Polizisten zu. Sein schwarzes Haar stand wirr nach allen Seiten.

„Ich habe die Angelegenheit mit meiner Mutter besprochen“, erklärte er ernst. „Sie findet es ungeheuerlich von der Frau Siebenstern, sich hier so schamlos aufzuführen. Nur weil sie die Frau des Apothekers ist, hat sie noch lange nicht das Recht, hier in unserem Friseursalon ein solches Aufsehen zu erregen und den gesamten Geschäftsbetrieb zu stören. Wir werden die Apotheke der Familie Siebenstern künftig meiden. Außer wenn Frau Siebenstern sich bei mir und meiner Mutter in angemessener Form entschuldigt. Ich nehme an, Sie haben diese Person schon in Arrest genommen? Sie sind doch bei der Polizei? Oder kommen Sie zum Stromablesen?"

Hauptwachtmeister Kesselring trat auf den Friseur zu. „Hallo, Herr Rimini! Haben Sie aus Versehen zum Frühstück Haarwasser getrunken?" Kommissar Rottek griff seinen Kollegen am Arm und hielt ihn zurück

„Herr Rimini, ich hoffe, Sie haben gut geschlafen nach den ganzen Aufregungen?", fragte er freundlich. „Das war ja für Sie sicher nicht leicht zu verkraften."

Rimini strahlte ihn an. „Wissen Sie, mit Freundlichkeit und ein paar netten Worten kommt alles wieder in die Reihe. Das lernt man als Friseur. Man muss freundlich sein und auf den Kunden eingehen. Dann herrscht Harmonie und Frohsinn im Salon. Wenn man jeden Tag kunstvolle Frisuren zustande bringen will, dann muss im Herzen immer die Sonne scheinen. Wir sind ja Künstler mit Schere und Kamm. Meine Mutter und ich, wir sind ja bekannt für unsere kunstvollen Frisuren. Schauen Sie, jetzt pflegt Mutter noch kurz den Boden, und gleich kommen schon die ersten Kunden." Dabei guckte er flüchtig auf seine Armbanduhr und zeigte dann fröhlich auf Witwe Süsselbeck, die grimmig an dem angetrockneten Blutfleck schrubbte.

Riminis Mutter war schon lange tot. Hauptwachtmeister Kesselring schaute dem Friseur fest in die Augen. „Was war gestern los, Herr Rimini?", fragte er ihn streng.

Rimini winkte ab. „Gestern, Herr, gestern, das war ein Tag. Der Laden war voll, und nur Sonderwünsche. Der eine will dies, der andre will das. Da können Sie sich ja vorstellen, dass man am Abend erst mal zur Besinnung kommen muss. Meine Mutter hat am Feierabend zu mir gesagt: Junge, ich schlage uns erst mal ein paar Eier über die Nudeln. Dass wir wieder zu Kräften kommen."

Kesselring und Rottek schauten sich an. Der Kommissar legte dem kleinen Friseur die Hand auf die Schulter. „Herr Rimini, wir sind eigentlich nur gekommen, um sie für die übernächste Woche zur Jagd einzuladen. Wir wollen das Honnerother Feld und Scharfensteins Kump durchtreiben. Sie sind doch wieder dabei?"

Riminis Augen glänzten. „Mein Herz gehört der Jagd!", flüsterte er ergriffen, „Das edle Waidwerk, das ist mein Leben! Ich habe mir im Keller ein Jagdzimmer eingerichtet, dort erklingt so manches fröhliche Horrido!" Kesselring zog eine säuerliche Grimasse. Rottek schob ihm von hinten die Mütze ins Gesicht.

„Ist Ihnen nicht gut?", fragte Rimini den Hauptwachtmeister. „Möglicherweise haben Sie etwas mit dem Blutdruck. Ich sage meinen Kundinnen immer: Wenn der Blutdruck nicht stimmt, dann wirkt sich das auf den gesamten Kreislauf aus. Sie, ich sag Ihnen, als Friseur schaut man tief in den Menschen hinein. Mit Ihnen stimmt auch etwas nicht. Ich sehe das genau. Ihr Organismus ist voller Differenzen. So nennen das die Ärzte. Ich habe umfangreiche medizinische Studien betrieben. Sie merken das wahrscheinlich."

Rottek nickte ernst. „Selbstverständlich, Herr Rimini, ich bin sehr erstaunt, dass sie über meinen Kollegen so treffende Diagnosen erstellen. Wir wollen hoffen, dass ihm noch geholfen werden kann."

Der Friseur wiegte zweifelnd den Kopf. „Nicht jedem kann geholfen werden", erklärte er, „der liebe Gott hat für uns alle schon das Kreuz im Kalender gemacht. Und das können wir nicht verschieben. Wir müssen es annehmen." Dabei legte er dem Hauptwachtmeister tröstend die Hand auf die Schulter.

Rottek nickte Kesselring heiter lächelnd zu. „Haben Sie gehört, Herr Hauptwachtmeister? Wir müssen es annehmen."

Friseur Rimini trat vergnügt schmunzelnd ein paar Schritte zurück. Er nahm ein Rasiermesser aus seiner Kitteltasche, klappte es auf und schnitt sich mit meckerndem Gelächter blitzschnell beide Halsschlagadern auf. Sofort schoss das Blut pulsend aus den Wunden. Rottek sprang auf ihn zu, setzte ihn in den nächsten Frisiersessel und versuchte verzweifelt, die Adern in den klaffenden Wunden abzudrücken. Kesselring stand wie gelähmt. Erst ein paar Atemzüge später sprang er dazu und zog das Rasiermesser aus Riminis Hand, als könnte er so noch eine weitere Tat abwenden. Aber der Friseur hielt das Messer so fest zwischen den Fingern geklammert, dass sich auch Kesselring noch heftig in die Hand schnitt.

Rotteks Rettungsbemühungen waren vergeblich. Rimini verdrehte nach wenigen Minuten die Augen, sein Kopf sank vornüber, und der kleine, blutüberströmte Körper im blauen Friseurkittel sackte in sich zusammen. Kesselring hielt seine verletzte Hand hoch und wählte mit der gesunden auf dem Telefon im Büro die Nummer von Doktor Rotgold, aber dessen Apparat war besetzt. Rottek trat einen Schritt zurück. Der Friseur rutschte halb von dem Sessel hinunter. Die beiden Polizisten legten ihn vorsichtig auf den Boden. Das Blut strömte in einem dünnen Rinnsal weiter.

„Das darf ja wohl nicht wahr sein", schimpfte Witwe Süsselbeck mit laut krächzender Stimme. Sie stand neben ihnen, Schrubber und Lappen in der Hand. „Den ganzen Morgen putze ich hier wie blödsinnig. Und jetzt schon wieder so eine Sauerei." Sie pfefferte Schrubber und Lappen wütend auf den Boden, ging hinaus und knallte zeternd die Eingangstür so heftig hinter sich zu, dass die Türglocke fast eine halbe Minute lang nachhallte.

Kapitel 17

„Da sind zwei Herren für Sie“, rief Sekretärin Rita Oberklein ins Telefon, „haben Sie Zeit?“ Bürgermeister Ingo Dingens klappte gelangweilt den Haushaltsentwurf zu und schob ihn erleichtert von sich. Er verstand sowieso nicht, was auf den 94 Seiten stand. „Sollen reinkommen.“ Das Amtszimmer betraten Popel Troost im braunen Ledermantel und Männel im grauen Overall unter einem sauberen Hausmeisterkittel. Sie setzten sich vor den Bürgermeisterschreibtisch auf die hellblauen Kordsamtstühle. Popel räusperte sich ausgiebig, Männel sah auf seine roten Hände

„Was führt sie zu mir?“, fragte Ingo Dingens mit sachlicher Freundlichkeit.

„Es geht um die Jagd“, erklärte Troost und schaute den Bürgermeister dabei mit weit geöffneten Augen an, als wüsste der nach diesen Worten bereits die Einzelheiten und Hintergründe des Anliegens. Aber Ingo Dingens blickte ratlos.

„Ja?“, fragte er ungeduldig.

„Es geht darum, dass die Stadt ihr Jagdrevier verpachtet hat. An einen gewissen Siebenkreuz. Apotheker Siebenkreuz.“

„Das kann sein“, antwortete Dingens. „Das kann durchaus sein. Siebenstern heißt der übrigens. Ich bin über Details nicht informiert. Vielleicht meine Mitarbeiterin.“ Er rief nach Rita Oberklein. Sie reagierte nicht. Die Sekretärin hatte sich eben in ihrem Schreibtischstuhl etwas zurückgelehnt und die Augen geschlossen. Ihr Mann war in Speyer auf einer dreitägigen Schulung der Ortskrankenkasse zum Thema Lochkartenspeicherung. Deshalb hatte sie die letzte Nacht ungestört mit Joschka, dem ältesten der Kerschbaum-Söhne verbringen können.

Ein muskulöser junger Mann mit schwarzen Augen und kastanienbraunen Locken. Dreiundzwanzig Jahre alt. Und alles so heiß und fest. Keine Sekunde Ruhe gönnte er ihr in diesen Nächten. Es waren Feste, wenn sie sich trafen. Manchmal in den Weidenbüschen an der Wied, manchmal im reifen Roggen zwischen Margeriten und Kornblumen und manchmal im Ehebett aus Birke massiv in Ritas schieferverkleidetem Haus oben in der Bergstraße. Joschka sagte nicht viel und packte sie wild an den Schultern. Rita wollte nur seine Locken in den Händen halten und seine harten Lippen spüren. Alles, was dann geschah, ging wie ein wüster Zauber vorüber, ohne Gedanken und ohne ein Wort.

Rita fuhr tagsüber ein paar Mal mit ihrem weißen Opel Kadett Caravan am Haus der Kerschbaums vorbei, wenn sie Joschka ein Zeichen geben wollte. Wenn die Kinder ein paar Tage bei den Großeltern waren oder wenn sie einfach nicht mehr anders konnte als nachts seine Umarmungen zu suchen, und wenn es nur für eine halbe Stunde war. Joschka war süchtig nach dieser Frau. Seine Augen suchten jeden Tag auf den Straßen ihr Auto, ihre blonden Haare und ihr verschwörerisches Lächeln.

Für Sekunden war die Sekretärin der Versuchung erlegen, in einem kleinen Traum zurück zu den leidenschaftlichen Stunden der Liebesnacht zu fliehen. „Frau Oberklein!“, rief Ingo Dingens noch einmal energisch. Sie schreckte auf.

„Haben wir eine Jagdverpachtung oder so etwas?“, fragte der Bürgermeister.

„Ja, der Stadtforst, der ist an Herrn Siebenstern verpachtet. Für neun Jahre insgesamt, also der Vertrag läuft noch etliche Jahre. Ein Stadtratsbeschluss.“ Mit müdem Gesicht schloss sie wieder die Tür.

„Das wollten Sie wissen?“, fragte der Bürgermeister seine Gäste.

„Im Grunde schon“, sprach Popel Troost leise. „Im Grunde schon. Die Sache ist die: Ich hätte dieses Revier gerne.“

Ingo Dingens schaute ihn ratlos an. „Was soll ich da machen? Sie haben ja gehört, das ist alles vertraglich geregelt. Was soll ich da machen?"

„Schmeißen Sie ihn raus", sagte Popel Troost leise und freundlich. „Man kann doch als Bürgermeister immer etwas machen. Sie sind doch ein kluger Mann?" Bei diesen Worten zog Männel einen gelben, prall gefüllten Briefumschlag aus der Kitteltasche, öffnete ihn und schaute interessiert auf das dicke Bündel Geldscheine.

Auf der Stirn des Bürgermeisters bildeten sich Falten des Unwillens. Was Ingo Dingens in seinem Leben nicht vermisste, war Geld. Es bedeutete ihm nichts. Es bedeutete ihm so viel wie einem dreijährigen Kind. Im Grunde fehlte ihm überhaupt nichts in seinem Leben. Er war das Oberhaupt einer Stadt, deren Bürger ihn liebten und verehrten. Und jetzt saßen diese beiden Männer vor ihm und wollten ihn mit Geld in eine unbehagliche Sache verwickeln. Wut stieg in ihm auf, und er suchte nach groben Worten, um die Fremden hinauszuwerfen. Ingo schüttelte als Einleitung seiner Ablehnung unmissverständlich und lange den Kopf.

Da stand Männel auf, trat hinter den ledernen Bürgermeistersessel, hob ihn ruckartig an und zog ihn weg. Ingo kippte vornüber und rutschte auf den Boden. Als er sich hastig wieder erheben wollte, griff Männel ihm in die Haare und zog ihn daran wieder hinunter. Schockiert lag Ingo unter dem Schreibtisch, mit dem Kinn auf den Teppich gepresst, zu verstört, um zu reden.

„Ein kluger Bürgermeister findet immer einen Weg", erklärte Popel Troost sanft, den Kopf auf die gefalteten Hände gestützt. „Schmeißen Sie den Apotheker raus. Finden Sie irgendetwas. Fristlose Kündigung, das geht doch immer. Wir sind auch gerne behilflich. Gemeinsam hat man es leichter, Herr Bürgermeister. Viel leichter. Ich will dieses Jagdrevier. Und Sie werden es mir beschaffen. Daran habe ich keinen Zweifel."

Männel ließ ihn los. Ingo Dingens krabbelte unter dem Schreibtisch hervor, setzte sich wieder auf seinen Bürgermeistersessel und verschränkte trotzig die Arme vor der Brust. Fast eine halbe Minute lang herrschte Schweigen im Raum. Ingo fixierte die beiden mit finsterem Blick. „Ich hasse euch. Ich hasse Jäger", keuchte er dann mit schäumender Wut in der Stimme. „Ich hasse Jäger. Sie sind widerlich, respektlos und gewalttätig. Und ich hasse sie, wenn sie über Leben und Tod entscheiden. Nicht ich, der Bürgermeister, sondern sie, meine stumpfsinnigen Untertanen mit dem grünen Hut, entscheiden über Leben und Tod. Das kann ich nicht dulden."

Popel Troost schaute gelangweilt. „Das ist so, mein Freund", sagte er leise. „Der liebe Gott hat seine Gaben eben nicht gleichmäßig verteilt. Wir entscheiden im Wald über Leben und Tod. Und du hast einen Schreibtisch voller staubiger Akten. Das ist doch auch schon was für einen armseligen Bürolümmel wie dich."

Ingo Dingens schäumte. „Jeder in diesem Ort hat Achtung vor mir und meinem hohen Amt. Alle schauen zu mir auf. Nur diese ekelhaften Jäger nicht. Wie Sie, grüner Fettsack. Jäger sind zu mir arrogant, sie grüßen mich nicht und behandeln mich wie einen, der nicht zu ihnen gehört. Sie schauen nicht einmal von ihrem Stammtisch auf, wenn ich ins Wirtshaus komme. Stattdessen lachen sie. Missachtung ist das. Missachtung einer Amtsperson. Sie grüner Fettsack sind Jäger und wollen mich jetzt in Ihre dreckigen Angelegenheiten hereinziehen? Sie wollen mich zu einem Komplizen machen mit irgendwelchen Ganovenmethoden? Verschwinden Sie aus diesem Rathaus, oder ich lasse Sie von der Polizei abholen. Raus hier!" Er griff den Haushaltsentwurf und warf ihn in Richtung Popel Troost. Aber das Wurfgeschoß landete im Pflanzkübel des riesigen Ficus Benjamini.

Troost und Männel blickten sich an und erhoben sich. Männel trat noch einmal hinter den Sessel von Ingo Dingens. Der blickte unbeeindruckt und furchtlos an die gegenüberliegende Wand. Männel packte ihn wieder am Hinterkopf und stieß ihn mit aller Kraft auf die Schreibtischplatte. Ingo richtete sich wieder auf. Seine Nase und Mund bluteten. Er hielt trotzig die Arme vor der Brust verschränkt.

Troost und Männel schauten ihn von der Tür aus noch ein paar Sekunden wortlos und drohend an. Als sie sich umdrehten, öffnete Ingo Dingens schnell seine rechte Schreibtischschublade, griff ein braunes Ei und warf es in Richtung Popel Troost. Mit der Präzision eines Zufallstreffers zerschellte das Ei an dessen Hinterkopf. Er erstarrte. Die Eierschmiere lief aus den Haaren in seinen Kragen und über den braunen Ledermantel. Popel Troost öffnete die Tür und ging hinaus, ohne sich umzudrehen. Männel wandte sich mit unbewegtem Gesicht zu dem Bürgermeister. „Kuhschweinhuhn", flüsterte er heiser. „Kuhschweinhuhn."

„Leben oder Tod, Leben oder Tod", brüllte Ingo Dingens ihn mit blutverschmiertem Gesicht an, „ich mache bei dem Spiel jetzt auch mit. Leben oder Tod! Mein ganz eigenes Jägerspiel!" Männel verstand nicht. Er blickte ihn noch ein paar Sekunden gleichgültig an und folgte seinem Herrn.

„War irgendwas?", rief Rita Oberklein von ihrem Schreibtisch durch die offene Tür Ingo Dingens zu. „Was ist das für ein Jägerspiel? Was haben Sie denn jetzt schon wieder ausgeheckt?" Sie blickte um die Ecke und stand wie gelähmt. „Bürgermeister, was ist mit Ihnen?", fragte sie streng. Ingo Dingens reagierte nicht. Er erhob sich aus seinem Ledersessel. Mit dem Ärmel wollte er sich das Blut vom Mund wischen, verschmierte es aber im ganzen Gesicht. Er öffnete die linke Schreibtischschublade, nahm ein großes Messer heraus und steckte es geistesabwesend in seine Kordjackentasche. Er schloss die Schublade und stapfte langsam mit trübem Blick an Rita Oberklein vorbei aus der Tür. Kleine Blutstropfen markierten seinen Weg.

„Bürgermeister?" Die Sekretärin fragte unsicher. Er beachtete sie nicht. Ihre Stimme klang besorgt. „Bürgermeister?"

Ingo Dingens marschierte weiter, stand schon auf dem Flur. „Zehn tote Jägerlein …", kreischte er mit hässlichem Singsang so laut, dass es hell aus dem Treppenhaus vom Solnhofener Marmor zurückschallte.

Rita Oberklein sah ihm ratlos nach. Dann verengten sich ihre Augenlider. In einer plötzlichen Idee griff sie sich mit beiden Händen an die Stirn. Sie eilte zu ihrem Schreibtisch und wählte 215, die Nummer der Polizeiwache. Dabei hörte sie, wie Ingo Dingens die Treppen im Rathausflur hinunterstapfte. Seine Schritte verhallten.

Elvira Duvenbeck nahm auf der Wache ihren Anruf entgegen. „Die Männer sind nicht da, Rita", sagte sie trocken. „Was ist los?"

Rita Oberklein schloss die Augen. „Elvira, ich glaube, etwas ganz Entsetzliches ist geschehen", murmelte sie. „Ich bin sicher, etwas Furchtbares ist geschehen."

Kapitel 18

Auf der Kanzel am Rand von Jagenbergs Fichten hatte lange schon kein Jäger mehr gesessen. Rottek stieg die hohe Leiter hinauf. Es war dämmrig. Von hier oben konnte er die Lichter der Stadt sehen, die Scheinwerfer der wenigen Autos, die die Kölner Straße Richtung Westen fuhren, und er hörte den Stundenschlag der Christuskirche, der ihm von Kind an vertraut war. Rottek hatte hier auf dem Kartoffelacker mehrfach in den vergangenen Tagen die starke Fährte eines einzelnen Wildschweins gefunden. Heute könnte er Glück haben: Der Novembermond war drei Viertel voll und sein Licht reichte für einen sicheren Schuss, wenn die Sau wieder auf den Acker kam. Dann wäre der Weihnachtsbraten gesichert.

Vor allem brauchte Rottek ein paar Stunden Ruhe nach diesen zwei Tagen. So viel Blut, Leid und Grauen. Er konnte nicht fliehen vor den Bildern seines rauen Alltags. Es gab niemanden, der ihn vor diesen Bildern bewahren konnte. Er war Kriminalbeamter, und das Verhängnis anderer war sein Beruf. Aber, hier in der großen nächtlichen Stille der herbstlichen Natur seiner Heimat, fand er wieder zu sich. „Seelenfrieden", sagte Rottek leise zu sich selbst in das Dunkel. „Hier spüre ich meinen Seelenfrieden."

Ein paar dünne Wolken flatterten vor dem Mond entlang. Hinter Rottek in den Fichten entstand Unruhe in den Schlafbäumen der Krähen. Vielleicht war der Marder dort in den Wipfeln unterwegs. Aber das Flattern und Krächzen beruhigte sich schnell wieder.

Ein Licht nach dem andern erlosch in den Fenstern der Häuser. Winzig in der Ferne die Straßenlaternen von Weyersbusch auf der Saynhöhe, von der Kumpsiedlung, wo die Kreisstraße ins Siegtal abzweigte. Rottek schaute durchs Glas. An den Waldrändern gleißten

Birkenstämme im Mondsilber. Er konnte sogar zweihundert Meter entfernt am Bismarckturm den weißen Renault Floride von Rösners Josi erkennen, der dort wieder mal mit dieser Anneli von der Bergstraße ein paar heimliche Stunden der Lust verbrachte. Beide waren verheiratet. Aber für solche heimlichen Liebespaare gab es in der kleinen Stadt keine andere Zuflucht, als irgendwo hier draußen im Auto, unter Wolldecken, mit einer Flasche Söhnlein Brillant und ein paar schweigend gerauchten Zigaretten.

Irgendwo in diesem Dunkel hielt sich Ingo Dingens versteckt. Ingo, der Mörder: Für Rottek passte jetzt alles zusammen. „Zehn tote Jägerlein", hatte Ingo bei seiner Flucht aus dem Rathaus krakeelt, und für Rottek war es klar, dass der Bürgermeister sich mit seinen Taten für irgendetwas an Jägern rächen wollte. Aber was könnte es sein? Kein Jäger hatte ihn schlecht behandelt. Ingo Dingens hatte von sich aus vor einiger Zeit den Jägerlehrgang abgebrochen, weil ihm der Lehrstoff zu schwierig war. Daran hatte kein anderer Schuld.

Die Jäger akzeptierten ihn als Bürgermeister. Mehr auch nicht. Eine förmliche Verehrung, wie etwa die Leute vom Schützenverein oder die Sänger, brachten sie ihm nicht entgegen. Vielleicht erwartete Ingo das von den Jägern? Wie auch immer: Rottek war sicher, dass niemand aus dem Kreis der Waidmänner den Bürgermeister ernsthaft gekränkt oder verletzt hatte. Trotzdem schien es, als ob seine Taten Rache an ihnen waren. Aber konnte ihn das wirklich veranlasst haben zu töten?

Rottek erinnerte sich: „Verachtet mich nicht", hatte Ingo Dingens einmal traurig zu dem Jagdpächter Siebenstern gesagt, als man ihn nicht zu einem winterlichen Jagdessen eingeladen und draußen vor dem Saal vom Grünen Baum stehengelassen hatte, „ich gehöre doch als euer Bürgermeister auch zu euch."

„Verachtet mich nicht, ich gehöre doch auch zu euch." War dies der Schlüssel? War ein Hass auf Jäger in Ingo gewachsen, weil er nicht dazugehören durfte? Rottek wusste, dass er ein ganz einzelner Mensch war und ein bisschen schräg im Kopf. Aber würde er solche Morde begehen? Niemand im Ort traute ihm dies zu.

Jäger werden nicht selten zu einem ernsthaften Feindbild für Menschen, die sich schwach und wehrlos fühlen und sich bedroht sehen von jenen Männern, die mit der Waffe in der Hand auf Tiere lauern und die den Tod brachten. Das hatte Rottek neulich abends seiner Anita erklärt. „Ihr seid aber auch eine raue Truppe", hatte sie zu ihm gesagt. „Eine raue Truppe, die in der Bevölkerung immer gern etwas isoliert bleibt und sich nicht sonderlich darum bemüht, das zu ändern." Das stimmte vielleicht. Aber es brachte ihn der Lösung jetzt nicht näher.

Was ging im Kopf von Ingo Dingens vor? „Vielleicht wird er es mir demnächst selbst erklären", hoffte Rottek. Aber er wusste: Wenn es dazu kommen sollte, dann war es bis dahin noch ein langer Weg.

Aber jetzt wollte er hier draußen den Kopf freibekommen von den verdrehten Mordgeschichten. Deshalb saß er in der stillen Novembernacht auf dem Hochsitz. Der Mond stand jetzt hoch. Sein Licht lag weich über der Landschaft. Rottek erkannte die Höhenzüge, die Lichter der Dörfer, von denen er jedes seit der Kindheit kannte. Sein Westerwald. Land der Steine. Basalt hatten die Vulkane der Urzeit hier ausgespuckt, und längst vergangene Meere hatten kilometerdicke Ablagerungen hinterlassen, die zu Schiefer und Grauwacke wurden und schroff aus dem Boden brachen. Land der Steine. Rotteks Heimat. Sein Herz hing an dieser steinigen Landschaft, die immer arm gewesen und in der das Leben so mühsam und karg gewesen war. Sein Herz hing an der müden kleinen Stadt, die sich einst mächtige Fürsten gedankenlos als Eigentum zuschoben, wie Kinder ihre Spielsachen tauschen, und die jahrhundertelang von den Heerzügen und Kriegen Europas geplündert und zerstört worden war.

Auch die Menschen wurden in diesen harten Jahrhunderten schwer und hart wie die Steine. Ihre Schritte flossen zäh und langsam. Die Menschen des Westerwaldes rollten langsam und kantig durch ihr Leben, und nur wenige konnten sich aus diesem Gefängnis der Schwerkraft befreien und eigene Wege beschreiten. So wie Ingo Dingens strauchelten viele machtlos und unaufhaltsam in ein Verhängnis hinein und nahmen es am Ende regungslos hin, wie sie die ziehenden Wolken am Himmel hinnahmen, die eisigen Nächte oder die treibenden Herbstblätter.

Was würde Ingo Dingens jetzt tun? Er hatte ein Messer dabei, das hatte seine Sekretärin Rita Oberklein berichtet. Würde er in seinem Wahn jetzt weitere Rache an Jägern nehmen? Sollte die Polizei die Jäger beschützen? Verstärkt Streife laufen? Wo sollte man nach Ingo suchen?

Rottek ärgerte sich, dass er in dieser wunderbaren Mondnacht auf dem Hochsitz schon wieder von den Gedanken an seinen Polizeialltag eingeholt wurde. Aber wie machte man das: An nichts denken? Nur eins sein mit der Natur? Er konnte es nicht. Rottek spürte die Gefahr, die von Ingo Dingens ausging. Er war unberechenbar und konnte überall im Schatten auf ein Opfer lauern. Auch auf ihn. Denn was sollte ihn davon abhalten, einen Jäger zu töten, wenn er sogar vor dem Mord an einem kleinen Mädchen nicht zurückschreckte? Ingo hatte sich wohl in seinen rätselhaften Hass auf Jäger verrannt und fand den Weg zurück nicht mehr.

Rottek schaute zur Uhr. Fast elf. Anita hatte in der Küche ein Käsebrot und ein Bier für ihn bereitgestellt. Das lockte. Außerdem kroch die Kälte durch die Wolldecke und langsam die Beine hoch. Fünf Minuten noch sitzenbleiben oder gleich abbaumen? Manches Mal hatte er im Winter hier bis früh um drei Uhr auf Sauen angesessen. Doch heute wäre es besser, zeitig ins Bett zu steigen und morgen ausgeschlafen mit Hauptwachtmeister Kesselring die weiteren Ermittlungen zu überdenken. Auch wenn sie nicht ansatzweise wussten, was sie tun sollten. Aber sich gegenseitig die eigene Ratlosigkeit einzugestehen, war vielleicht auch schon ein Fortschritt.

Rottek packte die Wolldecke zusammen. Sicher fand er in den nächsten Tagen noch einmal Zeit für einen weiteren Ansitz auf das Wildschwein. Er hielt inne. Was war das? Er vernahm ein Geräusch von hinten, aus Isenhardts Kiefern. Ein dumpfes Rascheln. Schritte. Schritte, die aussetzten. Dann waren sie wieder leise zu hören. Sie kamen näher. Schwere, vorsichtige Schritte. Das konnte nur ein Mensch sein. Rottek kontrollierte seine Waffe. Noch geladen. Vorsichtig beugte er sich vor und schaute aus der rechten Öffnung der Kanzel. Ein dunkler, gebückter Schatten schlich unten von Busch zu Busch auf den Hochsitz zu.

Sollte er den Fremden ansprechen? Ihm mit der Waffe drohen? Wenn es Ingo Dingens war, könnte er ihn unten festnehmen? Er allein? Ihn mit der Jagdwaffe in Schach halten? Würde Rottek auf Ingo schießen, wenn der sich mit dem Messer auf ihn stürzte? Dann hätte er noch eine Leiche am Hals. Noch mehr Ärger. „Oh Gott, hilf mir", flüsterte Rottek unhörbar. Sein Herzklopfen übertönte alle anderen Geräusche. Er starrte wieder aus der Kanzelöffnung nach unten. Er sah die Gestalt nicht mehr. Kletterte Ingo Dingens schon die Leiter hoch? Er hatte sicher Rotteks DKW Munga gesehen, der auf dem Feld neben dem Hochbehälter abgestellt war.

Rottek beugte sich noch mehr vor. Da sah er die gebückte Gestalt deutlich im Mondlicht auf dem Acker. Es war ein großer Keiler, der auf dem Feld gierig wühlte. Rottek atmete erleichtert auf, griff die Büchse fester. Er bekam die Wildsau gut ins Zielfernrohr. Das 30.06 Teilmantelgeschoß traf sie hinter dem Blatt, sie knickte nach dem Schuss vorne ein und flüchtete schwerfällig zehn Meter zurück in Richtung der Fichten. Rottek hörte, wie sie dort zusammenbrach und noch ein paar Sekunden schlegelte. Dann war Stille.

Er zündete sich mit zitternden Händen eine Ernte23 an. Erst nach zehn Minuten stieg er von der Kanzel herunter und ging zu der Beute. Im Dunkeln stand er neben dem Keiler. Rottek musste eine zweite Zigarette rauchen. Er zitterte immer noch. So eine große Sau hatte er noch nie erlegt. Die Aufregung überfiel ihn jetzt erst richtig.

Er brach einen Fichtenzweig ab, gab nach Jägerart den Bruch dem Keiler als letzten Bissen und steckte sich einen zweiten Bruch an den Hut. Dann kniete er sich neben das Wildschwein und hielt ihm kurz die bebende Hand auf die Flanke. „Tut mir leid, aber es musste sein, mein Freund", flüsterte er halblaut. „Du versteht es zwar nicht, aber jetzt ist es auch egal. Ich nehme an, du hattest ein schönes Leben hier bei uns." Er verweilte eine Minute still an dem toten Tier.

Plötzlich tauchte aus der Nachtschwärze ein helles Knäuel auf: Foxterrier Toni. Er begrüßte stürmisch seinen Herrn, wandte sich aber umgehend der toten Sau zu, beutelte sie knurrend, zwickte sie in die Keulen und zerrte wütend am Pürzel. Wie so oft, hatte Toni zu Hause den Schuss gehört und sich quer durch das Revier auf den Weg zu Rottek gemacht, denn der Hund wusste genau, dass sein Chef bei der Jagd und den Gefahren des Waldes schutzlos ausgeliefert war. Inzwischen war Toni jedoch sicher, dass durch seinen mutigen Kampfeinsatz von dem durch ihn endgültig totgebissenen Keiler keine Bedrohung mehr ausging und Rottek in Sicherheit war. Als Wachtposten setzte er sich jedoch für alle Fälle selbstbewusst neben den dunklen Fleischberg. Dann erhob sich Rottek, um das Auto zu holen.

Er fuhr rückwärts an die Wildsau heran, öffnete die Klappe der Ladefläche des Munga 6. Toni sprang in den Wagen und kringelte sich auf dem Beifahrersitz seufzend in seine alte Wolldecke, denn seinen Teil der Jagd hatte er erledigt. Sekunden später war er eingeschlafen.

Rottek versuchte im Schein der Rücklichter, die Beute mit dem Haupt zuerst hochzuwuchten. Das ging nicht. Dann packte er den

Keiler an den Keulen und wollte ihn so hochziehen. Aber er war zu schwer. Er griff oben in die Borsten, stemmte das Knie unter das Schwein und wollte es auf die Pritsche rollen. Aber es purzelte wieder herunter. Mehrfach versuchte er es sogar mit Hebeltricks. Aber den unhandlichen Klumpen Wild bekam er nicht gepackt. Mindestens 120 Kilo, so schätzte er, würde die Sau wiegen. Vielleicht noch mehr. Er könnte sie hier im Scheinwerferlicht aufbrechen, um sie leichter zu machen. Aber das machte er nachts nur ungern. Denn zu Hause in der Wildkammer ging das sauberer von statten. Ratlos stand er vor seiner Beute. Das Licht seiner Daimon-Taschenlampe wurde schon schwächer.

Plötzlich hörte er Toni im Auto knurren. Das Knurren wurde lauter und bedrohlicher. „Ruhig, meine kleine Bestie", rief Rottek. „Der Keiler ist ja tot." Aber Toni knurrte weiter böse auf seiner Wolldecke und kratzte sogar am Fenster, denn er wollte hinaus. Rottek beruhigte ihn mit Mühe.

Noch einmal packte er das Wildschwein und wollte es hochstemmen, aber inzwischen ließen seine Kräfte nach. „Komm, ich pack eben mit an", brummte plötzlich eine Stimme neben ihm. Rottek zuckte heftig zusammen. Es war die Stimme von dem flüchtigen Ingo Dingens.

„Ich muss dich festnehmen, Bürgermeister", sagte Rottek.

„Erst mal das Tier ins Auto", meinte Ingo ernst. „Zwei Mann, zwei Ecken." Er packte vorne an, Rottek griff die Hinterläufe. „Eins, zwei, und hopp." Nach zwei Versuchen lag der Keiler auf der Ladefläche.

„Danke für die Hilfe, Ingo. Aber ich nehm dich trotzdem fest wegen Mordverdacht. ‚Zehn tote Jägerlein'. Ich muss es dir ja nicht erklären. Alle wissen, dass du es warst."

Sein Gegenüber schwieg.

„Was war los?", fragte Rottek, „Warum das alles? Hast du was gegen die Jäger? Oder was ist los?"

Rottek hielt ihm die Schachtel Ernte23 hin. Der Bürgermeister winkte ab. Rottek wurde bewusst, dass er wehrlos war. Seine Waffe lag entladen im Auto.

„Doch, gib mir eine." Ingo nahm sich eine Zigarette. Rottek gab ihm Feuer und achtete auf Ingos Hand. Bei der geringsten verdächtigen Bewegung hätte er ihn mit voller Wucht von sich gestoßen und versucht, ihn irgendwie mit dem Polizeigriff zu überwältigen.

Ingo Dingens blies den Rauch langsam in die Nachtluft. „Jäger. Sind mir egal, die Jäger. Das sind so Leute, da gehörst du dazu oder du gehörst nicht dazu. Die sind für sich, denk ich mir. Lass sie jagen und schießen. Was sonst?"

Sie schwiegen. Im roten Schein der Rücklichter sah Rottek sein Gesicht. Es war entspannt und friedlich.

„Ich war's nicht", sagte Ingo dann und schaute ihm in die Augen. „Ich war's nicht. Ich kann so was auch nicht. Mord, was so erzählt wird. Aber ich muss immer eine Rolle spielen. Manchmal weiß ich selbst nicht mehr, wer ich wirklich bin. Ich hab' nur Theater gemacht. Ich muss immer Theater machen. Wegen der Rita. Die ist einfach heiß, die Frau. Ich will ihr damit sagen: Rita, ich bin ein total verrückter Kerl, aber ich bin großartig, und du musst dich in mich verknallen. Deswegen mach' ich so Sachen. Jeden Tag mach' ich irgendwas."

„Deine Sekretärin? Aber die ist verheiratet, hat Kinder. Was willst du von der? Eine Familie zerstören?"

„Macht und Liebe, Rottek, die gehören doch zusammen, oder? Ich und Rita, wir sind füreinander bestimmt. Das weiß ich einfach. Macht und Liebe, das sind wir zwei. Wenn du unbedingt willst, dass eine Frau dich toll findet, dann ist dir doch egal, ob sie verheiratet ist. Wenn sie dich bewundert, wenn sie dich haben will, dafür zahlst du jeden Preis. Du machst sogar ihre Familie kaputt, wenn du nur diese Frau bekommst."

„Ingo, ist alles möglich. Aber das ist nicht mein Fachgebiet. Zwei Menschen sind tot. Du sagst jetzt, du warst es nicht, oder? Was soll ich davon halten?“

„Ich war es nicht, Rottek. Ich bin ein Schauspieler, Rottek, mir kann man nichts glauben. Ich spiele jede Rolle. Verrückt, ich weiß.“

„Ich kann es dir glauben oder nicht. Aber ich kann dich nicht laufen lassen. Jetzt spielst du mal die Rolle des Bürgermeisters, der festgenommen wird. Kommst du freiwillig mit?“

Ingo Dingens trat die Zigarette aus. „Rottek, ich bin fertig. Mit allem. So oder so, ich bin fertig. Ob ich's war oder nicht, ich komme hier nie wieder klar. Mit Bürgermeister ist es vorbei. So oder so. Was würdest du denn jetzt tun an meiner Stelle?“

Rottek drehte sich schweigend zur Ladefläche um und schaute auf sein totes Wildschwein. Es dampfte im schwachen Schein des Rücklichts aus dem Einschuss hinter dem Blatt. „Ich kann dir keine Tipps geben, Ingo. Aber ich habe gelernt, dass man zu Ende bringen muss, was man angefangen hat. Auch dann, wenn es Mist war. Hat dir das keiner beigebracht?“

Es kam keine Antwort. Ingo war im Wald verschwunden. Rottek hörte noch ein Rascheln und einen Ast leise knacken. Dann war Stille.

Kapitel 19

Gastwirt Äffchen Fettweiß schloss beim Bierzapfen die Augen. Je später es wurde, umso mehr bebte die Gaststube vom „Grünen Baum“ im Lärm. Es gab in dem verräucherten Raum nur ein Thema: der Bürgermeister. Er war auf der Flucht, und die Polizei war sicher, dass er der Mörder der Apothekersfrau und der Tochter von Dorfschmied Strübecke war. Man hätte sogar einen blutigen Handschuh in seiner Schreibtischschublade gefunden, erzählte das gefährlich schwarzhaarige Lorchen Eibenschütz bei ihren Kunden von der Fußpflege. Und ihren Jürgen Frohberger – dessen Spitzname „der dreistrahlige Pinkler“ sie niemals aussprach – habe er auch misshandelt und mit dem Kinn an einen Eisenhaken gehängt.

Es hieß, der Bürgermeister habe einen wahnhaften Hass auf Jäger. An ihnen wollte er sich für irgendwas rächen. Möglicherweise. Vielleicht war er immer noch gekränkt, weil er den Jägerlehrgang abbrechen musste. Er war seinerzeit mit dem Lernen nicht zurechtgekommen und hatte geglaubt, man mache es ihm mit dem schwierigen Stoff absichtlich schwer. Weil die Jäger ihn nicht dabeihaben wollten. Wie auch immer: Richtig verstehen konnte das im Ort keiner. Warum sollte man die Ehefrau oder das Kind eines Jägers töten, weil man Jäger hasst? So etwas wie Hass auf einen anderen gab es in der kleinen Stadt eigentlich nicht. Dass man jemanden als Idioten oder Trottel beschimpfte und ihm vielleicht sogar eins aufs Maul gab, das kam vor. Aber Hass?

Apotheker Siebenstern und Dorfschmied Strübecke waren verträgliche Menschen und hatten dem Bürgermeister nie etwas angetan. Warum nur sollte er ihre Angehörigen töten? Doch solche Fragen spielten jetzt keine Rolle. Er war auf der Flucht und das galt als Schuldeingeständnis. Eine Frage stand im Raum: Würde sich Ingo Dingens jetzt ein weiteres Opfer suchen? Die Männer vom Skattisch vermochten sich vor erregtem Debattieren kaum auf ihre Spiele zu konzentrieren, und Dünners Paul von der Runde der Kriegsinvaliden keifte mit seiner hohen Stimme dazwischen: „Der Ingo war schon immer so komisch. Der hat bei der Hitlerjugend schon als einziger das Fahrtenmesser am Gürtel gehabt. Damals schon, Leute. Der ist als Messerstecher geboren. Nehmt euch in Acht vor dem."

Äffchen Fettweiß polierte ruhig seine Gläser. Er hatte keine Angst vor Ingo. Der Gastwirt kannte ihn von klein auf und wusste, dass er schräg in die Welt gebaut war. „Ich werde die Erde beherrschen oder in einer Pfütze ertrinken", hatte Ingo Dingens mit Pathos in der Stimme manchmal zu ihm gesagt. Das mit der Beherrschung der Erde war jetzt unwahrscheinlich geworden, und deshalb befürchtete Äffchen Fettweiß, dass ihn bald eine andere, weniger rühmliche Nachricht von ihm erreichen würde.

Schon Ingos Vater Erwin hatte sich zeitig von der Wirklichkeit verabschiedet. Er saß bei fast jedem Wetter auf einer Bank am Marktplatz, eine alte Zeitung auf den Knien und schnitt sich mit einem kleinen Messer Schwarzbrot, Speck und Zwiebeln auf. „Gesundheit! Sonne, Mond und Sterne!" rief er jedem Vorübergehenden fröhlich zu und bot jungen Frauen auf dem Messer ein Stück Speck an. Später setzte er sein Gebiss nicht mehr ein, schleppte Aktenordner mit sich herum und schien auf seiner Holzbank stundenlang in Behördenschreiben vertieft. „Ich kann Ihnen das bescheinigen", rief er unvermittelt Passanten zu. „Aus meinen Unterlagen geht das ganz eindeutig hervor."

Er war viele Jahre Schrankenwärter am Bahnübergang an der Wilhelmstraße gewesen. Dort saß er jeden Tag in einer Wellblechbude, löste Kreuzworträtsel, las in der Anglerzeitung oder stand vor seinem Bahnwärterhäuschen und nickte den Vorübergehenden freundlich zu. Dann fehlte er ein paar Wochen, und es hieß, er sitze schwermütig zu Hause und sei sogar beim Nervenarzt in Bonn gewesen. Wenn die Leute über ihn sprachen, machten sie öfter eine wischende Bewegung mit der flachen Hand vor den Augen.

Als er wieder im Dienst war, warfen die die Schuljungen aus Bosheit faustgroße Schottersteine vom Gleisbett gegen die Blechwände. Der arglose Schrankenwärter zuckte bei dem donnernden Lärm jedes Mal zusammen. Für die Kinder war das ein Mordsspaß. Aber Erwins Nerven hielten diesen Spaß nicht lange aus. Bald zuckte er auch zusammen, wenn keine Steine geworfen wurden. Mit unsichtbaren Besuchern führte er plötzlich angeregte Erörterungen, maß während seiner Schicht mit einem Zollstock sämtliche räumlichen Gegebenheiten seines Bahnwärterhäuschens auf den Millimeter genau aus und notierte Tag für Tag die sinnlosen Zahlen gewissenhaft im Dienstbuch. Nur die Kästchen seines Rätselheftchens blieben von da an leer. Vor verständnislos blickenden Passanten zeigte er eines Tages warnend auf den Gehweg und rief: „Achtung! Siehst du nicht die Würmchen?"

Irgendwann kam der Moment, an dem er die Bahnschranken nicht mehr herunterkurbelte. Erwin beobachtete stattdessen gelangweilt, wie die Wilhelmstraße ungesichert vom mächtigen Basaltzug Richtung Köln überquert wurde und die Menschen schreiend zur Seite sprangen. Nur durch Zufall kam niemand zu Schaden. Erwin wurde ins Bahnbetriebswerk versetzt, zur Werkzeugausgabe im Lokschuppen. Doch schon bald nahm er lieber seinen Platz auf der Bank am Marktplatz unter den alten Kastanien ein. „Gesundheit! Sonne, Mond und Sterne!", rief er den Passanten vergnügt zu, und sie nickten heiter und freundschaftlich. Die Schuljungen spielten ihm keine hässlichen Streiche mehr, denn sie hatten ja erreicht, was sie erreichen wollten. Ein lächelnder Spinner war für sie keine Herausforderung.

Bürgermeister Ingo Dingens weigerte sich, über seinen Vater zu sprechen. „Ein Mann wie ich kann nicht der Sohn vom Dorftrottel sein", knurrte er Äffchen Fettweiß an, als der einmal vorsichtig das Thema streifte. Und als sein Vater tot in einem alten Stollen der Silbergrube im Dornberg gefunden wurde, da weigerte sich Ingo, ihn zu identifizieren. „Schädelbruch", schrieb Doktor Rotgold als Todesursache auf den Totenschein. „Unfall. Eventuell Fremdverschulden." Aber die Zeit war so voll mit eventuellem Fremdverschulden, dass man von Seiten der Staatsanwaltschaft lieber ein beruhigendes Schließen der Akte verfügte, als lange mühsam im Nebel fader Möglichkeiten herumzustochern. Und deshalb fragte niemand danach, was im Stollen der Silbergrube wirklich geschehen war.

Die Mutter hatte die Familie schon verlassen, als Ingo acht Jahre alt war. Ausgerechnet bei einem öligen Parteibonzen, so hieß es, sei sie von einem Moment zum anderen in den Opel Kapitän gestiegen und auf der Kölner Straße weggefahren. Keiner erfuhr jemals, warum. Sie ließ sogar ihr Einkaufsnetz mit Blumenkohl, Schichtkäse und einem Pfund gemischtem Hackfleisch auf dem Gehweg liegen. Jürgen Brockesfeld von der Waggonfabrik wollte die beiden Wochen später in Aachen gesehen haben. Ingos Mutter habe eine Leopardenbluse getragen und bei einem Bäcker Puddingteilchen gekauft, erzählte er.

Ingo wuchs bei seiner Tante Gerda auf. Sie hörte ihn nachts in seiner Kammer weinen, doch Gerda wusste nicht, wie man Kindertränen trocknet. Sie fand ja selber keinen Trost in ihrem Leben, das nur aus ungestillten Sehnsüchten bestand. Sie war sicher: Irgendwann trocknen alle Tränen. Aber Tante Gerda wusste nicht, dass es Wunden in Kinderseelen gibt, die niemals heilen.

Äffchen Fettweiß konnte mit geschlossenen Augen Bier zapfen. Genau zwei Sekunden: So lange dauerte das Vorzapfen eines kleines Glases Germania Pils. Wenn der Tumult in der Gaststube über ihm zusammenbrach oder wenn ihm die Trauer um seine Hedwig wieder einmal unvermittelt die Kehle zuschnürte, dann zog er sich für kurze Zeit in das Dunkel hinter seinen geschlossenen Lidern zurück, atmete ein paar Mal kräftig durch und spürte plötzlich wieder Kraft, den dröhnenden Kneipenlärm zu ertragen, die tosenden Lachsalven, das rechthaberische Gebrüll, die bleischweren Weisheiten aus dem Schützengraben, die klebrigen Sprüche über Frauen und das Bett.

Am Jägerstammtisch dozierte Amtsgerichtsdirektor Washönig heute besonders lautstark. Dem flüchtigen Bürgermeister schrie er heiser seine Verachtung nach. „Dieser Amtsstubenkomiker wird sich verkriechen wie eine Kanalratte", tönte Washönig. „Der verreckt irgendwo in seinem Winkel, und wir finden ihn, wenn er schon stinkt." Diesen Worten schickte er ein derart brüllendes Gelächter hinterher, dass es an den anderen Tischen still wurde.

„Er soll Hass auf Jäger haben", warf Gemüsebauer Nauroth leise ein. „Deswegen soll er das alles gemacht haben. Wegen Hass auf Jäger."

Washönig winkte mit einer gewaltigen Armbewegung ab. „So ein Quatsch. Wer hasst denn Jäger?", röhrte er. „Ich kenne keinen, der Jäger hasst. Der Bürgermeister hat Menschen getötet, weil er Keime im Gehirn hat. Solche Menschen haben Keime im Gehirn. Das ist wissenschaftlich erwiesen. Dann verlieren sie die Kontrolle über alles. Wie wenn man was am Darm hat und es einem dünn abgeht, so geht es dann dünn im Gehirn ab, wenn man da Keime hat."

„Aber der Kommissar sagt es", entgegnete Nauroth schüchtern. „Der kennt sich doch aus mit solchen Leuten."

Washönig hatte aus seinem Seidel getrunken und wischte sich heftig den Schaum vom Mund. Er blähte seinen Oberkörper, bevor er losbrüllte. Eine riesige Fontäne aus Bier und Speichel sprühte dabei aus seinem hängenden Mundwinkel über den Tisch. „Der Kommissar sitzt am Schreibtisch und grübelt sich irgendeinen Quatsch zusammen. Oder er liest Illustrierte und plappert alles nach. Das macht ein Kommissar. Ich –", dabei klopfte er sich erst auf die Brust und riss dann die gespreizte Hand in die rauchige Kneipenluft, – „ich stehe jeden Tag dem Leben gegenüber und habe grenzenlose Erfahrungen mit Verbrechern. Mord ist reine Chemie. Der Mörder mordet, weil die Keime sein Tabu zersetzt haben. Das ist das Endstadium dieser Infektion. Und er mordet nicht, weil er Jäger hasst. Warum soll jemand Jäger hassen? Weil sie grüne Sachen anhaben und in den Wald gehen? Schaut mich an: Mich hasst auch keiner. Ich bin Jäger, und ich bin beliebt, alle grüßen mich. Weil ich einfach ein netter Kerl bin. He, Bauer Nauroth, warum soll einer Jäger hassen?"

Gemüsebauer Nauroth wurde noch leiser. Er senkte die Augen, als er sprach. „Und im Krieg? Welche Keime haben denn die Leute im Krieg? Da morden doch alle. Geht es da allen dünn ab im Gehirn?"

Amtsgerichtsdirektor Washönig prügelte mit beiden Fäusten auf die zernarbte alte Eichenplatte des Jägerstammtischs, dass das Salzfässchen hüpfte. „Jetzt kommst du auch noch mit dem Krieg, du neunmalkluger Furchenkratzer. Wenn den Leuten heutzutage nichts mehr einfällt, dann kommen sie mit dem Krieg. Wir jagen hier einen durchgedrehten Aktenhengst, und du kommst mir mit deinem Krieg. Das hat doch überhaupt nichts miteinander zu tun, oder was. Und wenn ihr euch alle nicht traut, dann werde ich persönlich diesen messerschwingenden Bürgermeister zur Strecke bringen. Ich jage diese Ratte, bis sie zerquetscht ist." Washönig schnaufte heftig, leckte die letzten Tropfen aus seinem Schnapsglas und nahm dann einen tiefen Schluck aus dem Bierseidel.

„Der Bürgermeister ist nicht blöd", bemerkte Äffchen Fettweiß hinter seinem Tresen nachdenklich. „Der lässt sich nicht so einfach von dir zerquetschen, Washönig."

Der Amtsgerichtsdirektor ereiferte sich noch mehr. Speichel tropfte aus seinem rechten Mundwinkel und er blickte wie irre im Raum umher: „Ich werde ihn jagen, ich werde ihn jagen", geiferte er keuchend und glotzte auf seine Hände, mit denen er Ingo Dingens schon zu erwürgen schien. Die Männer vom Skattisch und die Kriegsinvaliden vom Tisch neben der Garderobe verstummten.

„Jage nicht, was du nicht töten kannst“, murmelte Äffchen Fettweiß leise, aber ganz deutlich in die Stille. Aber Washönig schaute ihn leer an, als ob er gerade aus einem tiefen Schlaf aufgewacht wäre. Er senkte den Kopf und seine fleischige Unterlippe hing noch schwerer herab als sonst. Dann schaute er plötzlich die Waidgesellen vom Jägerstammtisch einen nach dem anderen vergnügt an. „Und jetzt will ich euch was von meiner letzten Sau erzählen“, sagte er leutselig. „Ich hab' einen Keiler aufgebrochen, der hatte es an der Prostata. War deutlich zu erkennen. Ich kannte den. Der pinkelte in den letzten Wochen immer nur tropfenweise. Habt ihr so was schon gesehen? Ein Keiler mit Prostata. Was sagt ihr jetzt?“

Reifenhändler Orawski schüttelte seinen blonden Schopf, beugte sich leutselig vor, stützte beide Ellenbogen auf und blickte den Amtsgerichtsdirektor listig an. „Bei uns in Schlesien hatten wir Keiler, die hatten so dicke Schinken, dass sie nicht scheißen konnten. Die dicken Schinken haben ihnen das Waidloch zugequetscht. Die hätten es sicher lieber an der Prostata gehabt, als nicht mehr scheißen zu können. Die armen Tiere. “

Washönig lachte höhnisch auf. „In Schlesien habt ihr halbverhungerte Ziegen gehabt und Katzen gebraten. Aber keine Keiler. Und schon gar keine, die vor Fett nicht scheißen konnten.“

„Ist wahr, ist wahr“, nickte Orawski eifrig, „kannst du glauben, ist alles wahr.“

Washönig erstarrte wieder wie in einem bösen Krampf. Mit roten Augen starrte er vor sich auf die uralte Eichenplatte. „Wahr ist, wenn ich euren Bürgermeister zerquetsche“, dröhnte er hasserfüllt. „Bis er sich sein Messer in den eigenen Arsch steckt.“

„Hast recht, Amtsrichter, würg' ihn und hau' ihn blutig, den Hund“, nickte ihm Eugen Orawski zu.

Gastwirt Äffchen Fettweiß blickte vom Gläserpolieren auf. Nur er hatte dieses leise Klopfen am Fenster neben dem Ecktisch gehört. Unten in der rechten kleinen Scheibe bewegte sich eine Hand. Fettweiß lächelte. Aus dem Lächeln wurde ein Grinsen. Er sah zu Washönig, der die Brille abgenommen hatte und sich die Augen rieb.

Langsam ging der Wirt vor die Tür. Oben auf dem Treppenpodest blieb er stehen. Die Autos auf dem Parkplatz glänzten im Mondlicht. Aus dem Schatten der Eibenbüsche kam langsam eine Gestalt auf ihn zu. Er erkannte Ingo Dingens. Ingo stieg die fünf Steinstufen hoch, stellte sich vor Äffchen Fettweiß und umarmte ihn lange und schweigend. Dann drehte er sich um und verschwand wieder in der Dunkelheit. „Wirf das Messer weg, Ingo“, rief Äffchen ihm nach. „Wirf das verfluchte Messer weg.“

Kapitel 20

Hauptwachtmeister Kesselring erwachte fröstelnd und schaute sich etwas erstaunt um. Es wurde schon hell. Er ruhte in einem Liegestuhl mitten im Hühnerverschlag. Im Schlafanzug, dick unter einer Wolldecke vergraben, den Ledergürtel mit der Dienstpistole umgeschnallt. Langsam erinnerte er sich: Er hatte diese Nacht Hühnerwache geschoben. Falls der Fuchs wieder auf Diebestour zu seinen Kleinen Niederrheinern gekommen wäre, hätte er ihn erschossen. Gefahrenabwehr. Er war sicher, das wäre wirklich Notwehr gewesen. Um das geliebte Hühnervolk zu schützen. Aber allein seine Gegenwart hatte wohl schon ausgereicht, um die fünf verbliebenem Eierlieferanten vor dem Mörder zu bewahren. Jedenfalls hatten wie er auch seine Hühner in dieser Nacht ungestört durchschlafen können. Zufrieden reckte er sich. Jetzt freute er sich auf das Frühstück.

„Ein deutscher Polizeibeamter. Da traut sich natürlich kein Fuchs in die Nähe", knurrte er böse lächelnd und erhob sich. Aber sein Lächeln erstarb. Ein kurzer Blick auf die gefiederte Schar sagt ihm: Es waren nur noch vier. Von einer bösen Ahnung erfüllt, schaute er unter dem Holunderbusch nach und auf dem Strohboden. Aber das neue Loch im Zaun sagte ihm unmissverständlich: Der Fuchs war wieder da gewesen. Und er hatte sich wieder eins genommen. Trotz der wuchtigen Anwesenheit des Hauptwachtmeisters. Und Kesselring hatte den Mord nicht bemerkt. Er schämte sich vor seinen Hühnern und er war wütend auf sich.

Ein Berg Federn draußen hinter dem Komposthaufen zeigte an, wo der Hühnerdieb seine Beute verspeist hatte. Ein paar Schritte vom schlafenden Polizisten entfernt. Zwischen den Federn lugte ein Auge des abgebissenen Hühnerkopfes hervor und klagte ihn an. „Schuldig", sagte das Auge. Kesselring senkte den Kopf. Ja, er war schuldig. Aber ein Gedanke tröstete ihn: Der Fuchs war doch der wahre Täter. Nicht er, Kesselring. Der rote Räuber hatte getötet und er, Kesselring, war nur unaufmerksam gewesen, von der Mühsal des Polizeialltags wehrlos in die Ohnmacht eines Tiefschlafs gezogen.

Am Frühstückstisch schob Kesselring mürrisch das knusprige Honigbrötchen von sich fort, das seine Corinna liebevoll für ihn geschmiert hatte. Mit besorgtem Seitenblick auf den stummen Gemahl bereitete sie den Milchkaffee und das Eibrot für seine Vesper auf der Wache zu, verstaute Thermosflasche und Aluminiumdose in der Aktentasche. Der Hauptwachtmeister trank schweigend und unrasiert seinen Tee. Sogar ohne Zucker. Corinna wusste: Eine kleine Erschütterung, und der Vulkan namens Kesselring würde ausbrechen, mit Urgewalt glühende Lava des Zorns ausstoßend.

Seine Kiefer mahlten. Minutenlang starrte er grimmig in die Teetasse. Dann zog er seine Dienstjacke an, rückte die Krawatte gerade, küsste Corinna schmatzend, schaute ihr kurz wie um Verzeihung bittend in die Augen und zog die neue Haustür aus gebürstetem Aluminium und gelbem Glas hinter sich zu.

In der Polizeiwache stand Kommissar Rottek nachdenklich rauchend am Fenster und sah dem roten Schienenbus zu, der gerade auf der Bahnstrecke hinter der Ingelbacher Höhe verschwand. Der Keiler, den er am Abend geschossen hatte, hing im Kühlraum der Alten Försterei, in der er mit Anita wohnte. In aller Frühe war Rottek noch mal zu ihm gegangen und hatte eine kurze Zwiesprache mit ihm gehalten. Er war immer noch erfüllt von dem jagdlichen Erlebnis. Und dann die Geschichte mit Ingo Dingens, der plötzlich neben ihm stand: Hätte er ihn packen sollen? Irgendwie niederwerfen und fesseln? Und wenn der sein Messer gezogen hätte?

Es war still in der Wache. Nur ein merkwürdiges Geräusch drang aus dem Vorraum. Sekretärin Elvira Duvenbeck versuchte nämlich unter ihrem Schreibtisch, mit nackten Zehen Kastanien zu greifen. Das sollte als gymnastisches Wundermittel gegen ihre dicken Waden helfen. Hatte sie in der „Film und Frau“ gelesen.

Hauptwachtmeister Kesselring kam von draußen und blieb interessiert stehen. „Das habe ich schon mal im Zoo gesehen“, brummte er. „Die Paviane machen das mit Erdnüssen. Wenn man’s kann, sieht es niedlich aus.“ Ohne sich um die wütenden Blicke der Sekretärin zu kümmern, ging er zu seinem Schreibtisch, warf die Aktentasche hinter sich ins Regal, und ließ sich mit einem großen Seufzer in seinen Stuhl plumpsen.

„Der Hühnermörder war wieder da, Herr Oberstaatskriminalist“, rief Kesselring laut in den Raum. „Irgendwann müssen Sie dagegen entweder mit feinnervigen detektivischen Ermittlungen oder mit jagdlichem Eifer vorgehen. Was wäre in Ihrem Sinne?“

Rottek war so in Gedanken versunken, dass er nicht zugehört hatte. Er drehte sich langsam um. „Kesselring, was ist das für ein Mensch, dieser Bürgermeister? Sie kennen den doch von früher? Trauen Sie dem wirklich einen Mord zu?“

Der Hauptwachtmeister schaute angestrengt in seine Handflächen und dann auf seine Fingernägel. „Ja, ich kenn den natürlich. Aber das war früher eine taube Nuss und ist heute wahrscheinlich immer noch eine taube Nuss. Der hat als Junge höchstens mal einen Apfel geklaut. Der war entweder für alles andere zu blöd oder hat sich in die Hosen gemacht vor Angst. Wenn irgendwo eine Gartenpforte ausgehängt war, jemand Stinkbomben ins Lehrerzimmer geworfen hatte oder ein Mülleimer mitten auf der Straße stand, dann wusste ich: Das waren wieder meine Halbstarken. Nur der Ingo war ganz bestimmt nicht dabei. Der war nie dabei. Der ist mit seiner Tante spazieren gegangen oder musste dem Pastor im Garten helfen. Solche Sachen. Nur bei der Hitlerjugend, da war er ein Musterknabe. Der hatte immer die sauberste Uniform, war aber kein Schreihals und kein Rüpel. Eher ein stiller, netter Hitlerjunge. So in der Richtung. Dann hab' ich ihn länger nicht mehr gesehen. Und irgendwann war er plötzlich Bürgermeister. Naja, die Leute haben ihn nun mal gewählt."

„Ich kenn den auch so, vom Sehen. Der ist in die katholische Schule gegangen. Zu den Katholischen hatten wir nicht so den Kontakt. Aber irgendwie komisch war der Ingo auf seine Art schon. Oder?"

„Rottek, in dieser Stadt ist jeder irgendwie komisch. Sie übrigens auch. Aber wenn Sie meinen, dass der Ingo sich früher schon wie ein Mörder benommen hat, dann muss ich Ihnen sagen: Das bestimmt nicht. Der war vielleicht schon immer ein Spinner. Aber wenn ich mich dunkel entsinne, was Sie für ein Flegel waren, dann hätte ich schon eher mal denken können: Der Rottek, der hat das Zeug zu einem ganz großen Verbrecher."

Der Kommissar zog die gelbe Schachtel Ernte23 aus seiner speckigen Lederjacke, zündete sich eine Zigarette an und schaute dem Hauptwachtmeister frech ins Gesicht. „Kesselring, mit Verbrechern, da kannten Sie sich ja wirklich gut aus. Davon gab es ja eine ganze Menge in jener Zeit. Nur: Gejagt haben Sie die wohl damals nicht so ganz intensiv. Jedenfalls nach dem, was ich so gehört habe."

Der Hauptwachtmeister war 1940 Polizist geworden. Und manchmal war es Rotteks letztes Argument, ihn an jene Zeit zu erinnern. Aber Kesselring nahm ihm das nicht übel. Er bekannte sich dazu, kein Widerstandkämpfer gewesen zu sein.

Kesselring lehnte sich zurück und verschränkte die Arme vor der Brust. „Sie sind immer noch ein frecher Rotzlümmel", zischte er leise. „Ich denke, in dieser angespannten dienstlichen Situation müssen wir zu versöhnenden Maßnahmen greifen."

Er fischte in den Tiefen seines rechten Schreibtischfachs und holte die Flasche des selbstgebrannten Kräutertrunks hervor, der in Polizeikreisen wegen seiner geschmacklichen Besonderheiten „Der schwarze Tod“ genannt wurde. Aus dem linken Fach nahm er klingelnd zwei Gläschen und schenkte ein.

Rottek schüttelte sich beim Anblick des gefürchteten Getränks. „So hatte ich das nicht gemeint, Herr Hauptwachtmeister. Ich will auch nie wieder an die Anfänge Ihrer Dienstzeit unter dem Mann mit dem Bärtchen erinnern. Ehrenwort.“

„Zu spät.“ Kesselring goss randvoll ein. „Ein belebender Trunk am Morgen gibt Kraft für den ganzen Tag!“ Sie stürzten entschlossen den Schnaps hinunter. Für etwa fünf Sekunden herrschte Stille.

„Ganz hervorragend“, röchelte Rottek dann mit Tränen in den Augen.

„Nur beste Zutaten“, keuchte Kesselring und stellte schnell die Flasche wieder an ihren Platz. Rottek wischte sich die Tränen ab. „Nehmen Sie dazu reine Salzsäure oder verdünnen Sie sie etwas?“, fragte er. „Das sind die edlen Kräfte der Natur!“, antwortete der Hauptwachtmeister, „aber solche verweichlichten Büromenschen wie Sie wissen das nicht mehr zu schätzen.“

Das Telefon auf Rotteks Schreibtisch klingelte. „Bitte keinen neuen Ärger“, seufzte er und legte die Hände beschwörend auf den Apparat. „Dies ist doch so eine friedliche kleine Stadt.“

Es war Staatsanwalt Baumdienst aus Koblenz.

„Rottek, was machen Ihre Bluttaten? Schon aufgeklärt, nehme ich an. Sie schreiben mir ja einen Bericht. Einen Bericht. Oder wie ist der Stand?“

„Wir sind in einer heißen Phase, Herr Staatsanwalt, der Täter ist quasi schon eingekreist. Wir müssen ihn allerdings noch eine Zeit lang in Sicherheit wiegen, um zugreifen zu können.“

„Das hört sich sehr gut an. Ich muss dann ja wohl nicht mehr zu Ihrer Unterstützung kommen. Unterstützung kommen. Das passt ganz gut. Meine Enkelin hat heute Nachmittag Schwimmunterricht. Und da muss ich als Opa natürlich dabei sein. Dabei sein. Sie verstehen. Man ist ja nur einmal Großvater. Ich muss auch mal raus aus der Mühle, Rottek, die Arbeit frisst mich auf. Frisst mich auf. Steht Ihnen denn Hauptwachtmeister Kesselring zur Seite, Rottek?"

„Er tätigt derzeit verdeckte Ermittlungen, Herr Staatsanwalt. Ohne ihn käme ich nicht weiter."

„Kesselring, das alte Schlachtross. Kenne ihn schon lange, Rottek. Der beißt sich in so einer Sache fest wie ein Terrier. Wie ein Terrier. Wir hatten da im Jahr 1944 mal so eine Sache. Bleibt ja unter uns. Da hat er auch richtig zugepackt… Aber lassen wir das. Oder möchten Sie es hören?"

„Ein andermal, Herr Staatsanwalt, Sie verstehen. Ein andermal können wir gerne über damals plaudern. Wir sind gerade in einem ganz entscheidenden Stadium der Ermittlungen. Ich halte Sie auf dem Laufenden."

„Ganz hervorragende Einstellung, Rottek, ganz hervorragend. Ich bin mit vollem Einsatz an Ihrer Seite. All right, sprach die Maid."

„All right", meinte Rottek. Aber der Staatsanwalt hatte schon aufgelegt.

„Was wollte er denn?", fragte Kesselring interessiert.

„Er wollte mir eine spannende Geschichte von Ihnen beiden erzählen. Aus dem Jahr 1944."

Kesselring schaute ein paar Sekunden nachdenklich aus dem Fenster. „1944. Eine andere Zeit, Rottek. Mit anderen Gesetzen. Verstehen Sie das?"

„Und mit einer anderen Moral?"

„Moral? So würde ich es nicht nennen. Es gab keine Moral, es gab ein paar Menschen mit Anstand. Aber ich gehörte nicht dazu."

„Es gibt in jeder Zeit zu wenig Helden und zu wenig Anstand, Kesselring. Aber man merkt es immer erst, wenn es zu spät ist."

Schnelle Schritte waren draußen auf dem Gehweg zu hören. Die Eingangstür wurde aufgerissen. Apotheker Siebenstern stürzte in seinem weißen Kittel herein, lief an dem kleinen Tresen und am Tisch der Sekretärin vorbei, blieb im Türrahmen stehen. Aufgeregt gestikulierend stieß er mit weit geöffneten Augen hervor: „Mit dem Messer… diese Männer mit dem Messer…. im schwarzen Mercedes…"

Kesselring ging auf ihn zu. „Beruhigen Sie sich mal, Sie aufgeregter Apotheker, erzählen Sie ganz von vorn. Was ist los?" Aber statt weiterer Worte quoll ein Strom von Blut aus Siebensterns Mund. Er rutschte langsam am Türrahmen hinab, hustete gurgelnd, hielt sich mit beiden Händen die Brust, wand sich in qualvoller Atemnot, bis seine Bewegungen schwächer wurden. Der Körper sackte zusammen, sein Kopf fiel zur Seite und die offenen Augen starrten unglücklicherweise auf die dicken Waden der Sekretärin. Elvira Duvenbeck zog sofort die Beine unter ihren Stuhl und zerrte den Rocksaum herunter.

Kesselring wählte die Nummer von Doktor Rotgold. „Kommen Sie sofort, satteln Sie ihr Fahrrad, ein Schwerverletzter."

„Kesselring, wenn Sie anrufen, ist das sonst immer eine Einladung zum Kaffeetrinken. Aber ich schätze, es gibt wieder einen neuen Fall für meine Sammlung menschlicher Tragödien. Ich bin schon unterwegs zu Ihnen."

„Beeil dich, alter Quatschkopf", knurrte der Hauptwachtmeister in den Hörer und legte auf.

Rottek kniete neben dem Sterbenden. „Hallo, Siebenstern, wach bleiben, hallo. Der Doktor ist schon unterwegs." Die Finger des Apothekers zitterten plötzlich noch einmal heftig, sein linkes Augenlid zuckte, schloss sich langsam und öffnete sich wieder. Dann war Ruhe. Nur der blasige Blutstrom aus seinem Mund rann langsam weiter.

Doktor Rotgold wohnte nur hundert Meter von der Wache entfernt neben dem Ehrenmal für die Gefallenen des ersten Weltkriegs. Schon hörte man seine aufgeregte Fahrradklingel für den Noteinsatz.

„Alarm, Alarm“, rief er, hektisch strampelnd. Das Fahrrad klapperte über das alte Straßenpflaster.

Er band seine Metzgerschürze um, kniete sich neben den Apotheker und fühlte den Puls. Dann riss er Kittel und Hemd auf, bis die Brust frei lag. Rotgold zeigte auf einen Einstich, aus dem ein feines, winziges Blutrinnsal lief. „Stich in die Lunge. Vena pulmonalis angeritzt, schätze ich. Da kann der Onkel Doktor mal wieder nichts mehr machen.“

„Hätte mich auch gewundert“, brummte Hauptwachtmeister Kesselring. „Sie müssen ja schon bei Patienten mit einer leichten Erkältung in der Fachliteratur nachblättern.“

Rotgold packte lächelnd seine Utensilien zusammen und setzte sich an den freien Tisch, um die Formulare auszufüllen. „Hauptwachtmeister Kesselring, irgendwann liegen auch Sie vor mir und müssen behandelt werden. Ich tippe mal auf leichten Schlaganfall. Dann werde ich mich für alle Ihre Frechheiten rächen. Sie bekommen von mir alle Medikamente rektal verabreicht.“

„Klappt nicht, Doktor“, brummte Kesselring. „Ich habe beim lieben Gott Unsterblichkeit beantragt. Die Genehmigung ist schon unterwegs.“

Rotgold schaute ihn ernst über den Brillenrand an. „Unsterblichkeit schützt Sie nicht davor, dass Sie irgendwann mal was mit dem Rücken haben oder dass die Verdauung nicht klappt. Oder vielleicht zwickt es sogar untenrum. Dann sehen wir uns. Ich freue mich schon.“

Kesselring schüttelte sich. „Ich leide lieber hundert Jahre, als von Ihnen wie ein Brathähnchen tranchiert zu werden. Ich befürchte, Sie sind einer, der bringt sogar Unsterbliche ins Grab.“

Kommissar Rottek saß zusammengesunken an seinem Schreibtisch. „Schöne Scheiße“, flüsterte er. „Schöne Scheiße. Kesselring, andere Polizisten haben höchstens mal mit einer Wirtshausschlägerei zu tun oder mit einem Scheunenbrand. Warum haben gerade wir jetzt diesen ganzen Ärger am Hals?"

Der Hauptwachtmeister blies die Backen auf und schaute ihn hilflos an. „Ich weiß auch nicht. Aber wenn Ihre Theorie stimmt, dann kommt das daher, weil es derzeit bei uns mit den Herren Jägern mal wieder Schwierigkeiten gibt." Apotheker Siebenstern war Jagdpächter und es gab nicht wenige Jäger, die ihm sein wildreiches Revier neideten. Aber ihn deswegen ermorden? Und auch seine Frau? Innerhalb von zwei Tagen war das Ehepaar Siebenstern getötet worden.

„Kesselring, ich versteh das alles nicht", seufzte Rottek, „sehen Sie vielleicht eine Möglichkeit, dass diese hässlichen Fälle sich von selbst aufklären? Ich würde in der Zwischenzeit mit meiner Frau ein paar Tage an die Mosel fahren."

„Gute Idee. Und ich könnte mit meiner Corinna in Ruhe den Garten winterfertig machen", meinte Kesselring. „Fräulein Duvenbeck müsste uns nur anrufen und Bescheid sagen, wer der Täter ist. Damit wir ihn festnehmen können."

Er starrte auf den großen Blutfleck neben der Leiche. Das Blut des Apothekers war schon ins Holz der alten Dielen eingezogen und stand dickflüssig in den Ritzen zwischen den Brettern. „Unsere schöne Wache", schimpfte Kesselring. „So ein Jäger bereitet offenbar auch noch als Leiche Schwierigkeiten. Wer soll diese Riesenschweinerei jetzt wegmachen? Morgen früh riecht das schon wie beim Abdecker. Herr Kommissar, wer macht hier eigentlich sauber?"

Die Sekretärin wand sich. „Ich", säuselte sie gekränkt hinter ihrem Schreibtisch hervor. „Aber ich soll nur freitags fegen und einmal im Monat grob durchwischen. Von Blutseen war nicht die Rede. Ich glaube, Mutter Kerschbaum hilft bei solchen schwierigen Fällen schon mal aus. Die putzt doch auch im Bahnhof."

Rottek stand seufzend auf. „Dann rufen Sie bitte Mutter Kerschbaum an. Sie soll den ganz großen Schrubber mitbringen."

„Die haben kein Telefon", antwortete die Sekretärin spitz. Rottek winkte beruhigend ab: „Ich fahre da nachher sowieso mal hin."

Doktor Rotgold hatte die Todesdokumente fertig ausgefüllt. Er verschloss seine Arzttasche und stellte sich boshaft lächelnd vor Kesselrings Tisch. „Herr Hauptnachtwächter, ich bin ja sehr froh, dass sie die Leichen der letzten Tage mal nicht mit meiner angeblich fehlerhaften ärztlichen Tätigkeit in Verbindung bringen können. Es handelt sich hier nämlich nachweislich nicht um medizinische Fehlleistungen. Stimmen Sie mir ausnahmsweise zu?"

Kesselring lehnte sich grinsend zurück. „Warten wir mal den gerichtsmedizinischen Befund ab, Herr Lazarettkommandant. Mal nebenbei gefragt: Haben Sie denn überhaupt ein Alibi für diese ganzen Geschichten?"

Doktor Rotgold stand schon in der Tür. „Sie sind wirklich ein süßer Knabe, Kesselring. Wenn Sie nicht verheiratet wären, würde ich vor ihrem Schlafzimmerfenster jede Nacht romantische Liebeslieder singen."

Kesselrings Miene ließ auf schweren Brechreiz schließen. Kommissar Rottek stand auf und schob den Arzt mit sanftem Druck nach draußen. „Fräulein Duvenbeck, rufen Sie den Bestatter. Die Leiche zur Gerichtsmedizin nach Koblenz. Und die Spurensicherung soll natürlich kommen. Können Sie das alles veranlassen oder soll ich Ihnen einen Plan machen?" Die Sekretärin schwieg gekränkt und blätterte wütend im Telefonverzeichnis.

Rottek winkte dem Hauptwachtmeister, und gemeinsam gingen sie nach draußen. Siebensterns Hubertus-Apotheke lag rund 250 Meter von der Polizeiwache entfernt. Die beiden Polizisten nahmen den direkten Weg dorthin. Ein paar kleine Blutstropfen auf dem Granitpflaster des Gehwegs sagten ihnen, dass sie richtig lagen. Aber schon nach weniger als der halben Strecke hörten die Blutspritzer auf.

Die Tür zur Apotheke stand offen. Ein großer, gebeugter Mann mit einer verwaschenen Bauernjacke und einer speckigen Mütze stand vor dem Tresen. Onkel Walter. So nannten ihn alle. Ein Landwirt aus der Mühlengasse, der noch mit seinem Pferd pflügte. Zwei Schweine und acht Kühe gehörten zu seinem Hof. Er roch kräftig nach Stall.

Rottek gab ihm die Hand. „Onkel Walter, wie lange stehst du schon hier?"

„Drei Minuten vielleicht. Wegen dem Rezept. Die Rheumasalbe für mein Knie. Ich kann vor Schmerzen nicht mehr schlafen."

„Hast du vorhin irgendwas Besonderes gesehen? Ist dir was aufgefallen hier oder draußen? Wer lief denn auf der Straße rum?"

Onkel Walter zuckte mit den Schultern. „Kann ich dir nicht sagen. Ich hab' nur meine Lesebrille auf. Bei der anderen ist ein Bügel abgebrochen. Wo ist denn der Apotheker so lange?"

„Gib mal her das Rezept." Rottek las laut den Namen auf der Verordnung: „Butazolidin." Die Medikamente waren in Schubladen alphabetisch sortiert. Er fand nach einigem Suchen die Salbe. Drei Pakete lagen in dem Fach. „Hier, nimm." Rottek gab sie Onkel Walter. „Das reicht ja wohl erst mal", sagte er. „Der Siebenstern kommt nicht wieder."

„Abgehauen?"

„Sozusagen."

„Der war doch Flüchtling. Ist der wieder zurück in den Osten?"

„Onkel Walter, der Siebenstern ist ganz weit weg. Erzähl ich dir später mal."

„Dem ist es hier doch ganz gut gegangen. Aber es gibt so Menschen, die sind nirgendwo zufrieden." Der Landwirt schüttelte fassungslos den Kopf und hinkte davon.

In der Apotheke fanden sich keine Blutspuren. Die Räume zeigten nicht einmal Zeichen eines Kampfes oder von Unordnung. Wo sollte der Unbekannte seinem Opfer die tödliche Verletzung zugefügt haben? Rottek schaute Kesselring ratlos an. „Scheint diesmal wieder ein ganz einfacher Fall zu sein", brummte der Hauptwachtmeister boshaft. „Ich glaube, wir müssen jetzt schnell diesen Bürgermeister finden", stellte er nach einer Pause ernst fest. „Egal wie. Der Irre sticht hier einen nach dem anderen ab, glaube ich."

„Ich hatte ihn gestern", sagte Rottek leise. „Er stand vor mir."

„Und?"

„Weg. Plötzlich war er weg."

„Hatten Sie Ihre Knarre nicht dabei?"

„Ich war auf der Jagd. Mein Drilling war entladen. Ich hatte eine dicke Sau geschossen und konnte sie nicht verfrachten. Zu schwer. Plötzlich stand Ingo neben mir. Er half mir, das Wildschwein ins Auto zu wuchten. Dann war er wieder verschwunden. Was hätte ich machen sollen?"

„Überreden. Das lernt man doch als Kriminalspezialist, denke ich. Übrigens: Ich hatte ihn gestern auch."

„Den Bürgermeister?"

„Nein. Den Fuchs. Ich habe im Hühnerverschlag übernachtet. Er hat sich wieder eins gegriffen."

„Und?"

„Weg."

„Konnten Sie ihn nicht überreden? Das lernt man doch als Hauptwachtmeister."

„Hätte ich auch getan. Mühelos. Aber ich hab' tief geschlafen. Dann ist das schwer mit dem Überreden."

„Kesselring, einer der ersten Grundsätze, die man als Jäger lernt ist: Wer Wild erlegen will, muss wach sein. Gilt besonders für Füchse. Das hätte ich Ihnen vielleicht vorher erklären sollen. Ich glaube, der Fuchs weiß mehr über Sie als Sie von ihm."

„Rottek, ist Klugscheißer eigentlich eine geschützte Berufsbezeichnung?"

„Ja, dafür muss man einen Lehrgang machen. Geht aber nur beim höheren Polizeidienst." Der Kommissar schaute ihn mit einem zugekniffenen Auge an, zog die Schachtel Ernte23 aus seiner speckigen Lederjacke und hielt sie dem Hauptwachtmeister hin. „Hier. Und danach fahre ich zu den Kerschbaums."

Sie gingen den Weg zurück zur Wache. Gut hundert Meter vorher begann Siebensterns dünne Blutspur auf dem Gehweg der Wilhelmstraße. Gleich neben dem Pfarrgarten von Pastor Löselein.

„Wir müssen das hier irgendwie sichern", murmelte Rottek. „Zumindest so lange, bis unsere Experten kommen."

Im gleichen Moment brüllte Kesselring los wie ein Stier und rannte in Richtung Wache. „Hau ab, du Mistköter, das ist ein Tatort", schrie er so donnernd, dass die Passanten zusammenzuckten. Die Wut des Hauptwachtmeisters galt Purzel, dem Spitzmischling von Zigarren-Kuhn. Der leckte genussvoll und gründlich die Blutstropfen des Apothekers vom Granitpflaster.

Kapitel 21

Bürgermeister Ingo Dingens räkelte sich wohlig auf der hellgrün gestrichenen Küchenbank und schaute zu, wie Witwe Süsselbeck ihm Kaffee einschenkte. Es roch nach Sauberkeit und nach Butterbrot. Durch das Fenster sah er, wie draußen im novembergrauen Garten die letzten gelben Blätter vom Kirschbaum fielen. Sie legte ihm sanft die weiche Hand auf die Schulter: „Vielleicht noch ein Brötchen? Mit Teewurst vielleicht? Junge Leute haben doch immer Hunger."

Ingo schaute ihr dankbar in die Augen. „Sie sind so gut zu mir. Ich bin doch eigentlich nur ein verrückter Heini, der auf der Flucht ist. Vielleicht werde ich schon gesucht. Wissen Sie denn nicht, ich bin doch der Mann mit dem Messer? Haben Sie denn keine Angst?"

Witwe Süsselbeck schaute ihn lächelnd an. „Ich kenne mich aus", sagte sie mit ihrer rauen Krähenstimme. „Männer laufen immer vor irgendwas davon. Jetzt bleibst du erst mal bei mir. Hier wird dich keiner suchen. Und heute Abend mache ich uns Apfelpfannkuchen. Magst du so was?"

Ingos Augen glänzten. „Ja! Und dazu vielleicht Hagebuttentee?"

Witwe Süsselbeck nickte verschwörerisch. Den Bürgermeister hatte sie am Morgen in ihrem Gartenschuppen entdeckt, weil Rotteks Foxterrier Toni an der Holztür bellte und kratzte. Dieser Garten gehörte nämlich auch zu seinem Hoheitsbereich und der Schuppen wurde von ihm mehrmals wöchentlich auf Katzen und Marder überprüft. Diesmal roch es aus den Ritzen eher unbestimmt nach etwas Fremdem. Deshalb schlug er Alarm.

Der Bürgermeister hatte sich dort aus mäusezerfressenen Wehrmachtswolldecken ein Lager gebaut und sich tief in sie hineingewühlt. Witwe Süsselbeck wusste, was über ihn erzählt wurde. Aber sie hatte keine Angst. Etliche merkwürdige Männer hatten in den letzten Jahren schon den Weg zu ihr gefunden. Auch Männer, die sie bedrohlich böse und wirr anstarrten. Doch die erwiesen sich als nicht gefährlich. Nur als traurig und verloren. Sie hoffte jedes Mal, dass einer von ihnen blieb. Aber sie gingen alle wieder. Vielleicht blieb Ingo bei ihr? Er konnte ja nicht mehr in sein Zuhause zurück. Dort wartete sicher schon die Polizei auf ihn. Einige Sekunden schauten die beiden sich forschend in die Augen. „Komm rein", sagte Witwe Süsselbeck dann nur knapp und machte eine Kopfbewegung Richtung Haus. Ingo sah sich ängstlich um, rannte dann dicht an der Ligusterhecke entlang zur Hintertür.

„Ist mir egal", unterbrach ihn Witwe Süsselbeck, als Ingo ihr eine weitläufige Erklärung über die Hintergründe seiner Flucht abgeben wollte. Es war für sie nur wichtig, dass wieder ein Mann in ihrer Küche saß und hungrig war. Ihr Herbert lag irgendwo in Russland in einem Soldatengrab. Die kurze Ehe mit ihm war eine Kette von Kränkungen gewesen. Jetzt saß hier einer, der dankbar war für ihre Fürsorge. Für ihn legte sie erst einmal zwei Briketts in dem weiß emaillierten Malag-Küchenherd nach. Die kalte Frikadelle verschlang Ingo innerhalb von zwei Minuten, drückte sich danach auch noch Senf aus der Tube auf den Finger und schleckte ihn ab. Dann machte sie ihm einen Teller mit Leberwurstbrötchen, Gurke und Tomate zurecht. Er stopfte alles gierig in sich hinein und trank noch zwei große Tassen warme Milch dazu. Im Radio sang Bully Buhlan „Zwei Herzen im Mai." Sie schwiegen und wunderten sich insgeheim. Denn sie fühlten deutlich etwas wie einen unerklärlichen Zauber, der sie in diesem Augenblick verband.

Als ein Kunde ans Fenster vom Pilsbüdchen klopfte, reagierte sie nicht. Witwe Süsselbeck goss feierlich zwei Gläser Stachelbeerwein mit einem Schuss Doppelkorn ein. Sie saßen auf der Küchenbank nebeneinander und tranken sich zu. Ingo fühlte sofort wohlige Wärme aus seinem Magen aufsteigen. Alles erschien plötzlich leicht und einfach. Da war jemand, der ihm Leberwurstbrötchen schmierte und ihm eine Tasse mit warmer Milch einschenkte. Das hatte es in seinem Leben noch nie gegeben.

Witwe Süsselbeck legte ihre linke Hand auf seine. Er ließ es geschehen. Sie kochte vor Gier und Zärtlichkeit. „Ich bin die Martha", flüsterte sie mit zitternder Stimme. Dann schob Ingo ihre Hand sanft fort. „Es geht nicht", murmelte er. „Ich kann es nicht."

Sie schaute ihn mit plötzlich kalten Augen an. „Bist du schwul?"

„Nein, nur treu. Sehr treu. Ich habe es Rita versprochen. Die blonde Rita aus dem Rathaus. Kennst du sie? Mein Herz gehört ihr."

Martha Süsselbeck goss sich einen großen Schluck Doppelkorn in den Stachelbeerwein und trank schnell das Glas aus. „Aber das mit dem Rathaus, das ist doch vorbei. Was willst du denn jetzt noch dort? Träum nicht. Du bist der Mann mit dem Messer, Ingo. Sie suchen dich. Das wird nichts mehr mit deiner Rita."

„Die Liebe einer Frau macht alles möglich. Rita wird mich zurückholen, und alles wird wie früher sein."

„Du bist verrückt. Warum bleibst du nicht hier? Bei mir kannst du alles haben. Hier wird dich niemand finden. Du bist wirklich verrückt. Wir leben zusammen, bis alles vorbei ist. Irgendwann ist es ja vorbei. Dann erinnert sich keiner mehr an die Geschichte." Ihre spröde Stimme klang plötzlich sanft und lockend.

„Wenn man so allein und einzeln ist wie ich, dann wird man eben verrückt. Nein, ich kann nicht bleiben. Ich will zu meiner Rita. Zu meiner wunderbaren Rita. Sie wird mich retten. Wir haben einander ewige Treue geschworen."

Es war still. Das Wasserschiff auf dem Herd sang leise. Die Küchenuhr an der Wand tickte ihre Sekunden ab. Witwe Süsselbeck spürte, dass es die Sekunden einer Situation waren, die sie bald beenden musste. Ingo schaute sie an, aber sie schaute in ihr leeres Glas.

„Warum hast du das gemacht, das alles? Diese Messergeschichten? Was wühlt da in dir? Man sticht doch nicht einfach andere Leute mit dem Messer ab?“

„Martha, ich war’s nicht. Vielleicht war ich’s gar nicht. Oder doch? Für Rita hätte ich es getan. Wenn ich dann ihr Held wäre. Eine Frau verliebt sich doch gerne in einen Helden. Mein ruheloses Herz sucht eine Heimat. Das ist es.“ Er sprach müde mit leerem Gesicht wie ein Schauspieler, der einen fremden Text vom Blatt abliest.

„Wie auch immer. Aber deshalb musst du doch niemanden totstechen? Die Leute sagen, es ist der Hass in dir. Du hasst irgendjemanden. Du hasst Jäger, hat man gesagt. Was soll der Quatsch?“

Ingos Augen leuchteten auf und flackerten. „So ein Hass ist eine angenehme Beschäftigung. Das passt so schön zum Unglücklichsein. Fang an, irgendjemanden zu hassen, und das arbeitet ständig in deinem Kopf. Wie eine kleine Bohrmaschine. Irgendwann fragst du nicht mehr, ob das Sinn macht. Du weißt dann bald auch nicht mehr, warum das alles so ist. Aber so ein Gefühl trägt dich. Und dann findest du alles richtig und kurzweilig, was du aus Hass tust. Man kann Jäger hassen oder die Müllabfuhr. Irgendjemand muss es sein. Sonst macht es keinen Spaß.“

„Du hältst ja Vorträge wie ein angesoffener Pastor. Ich glaube, da sind ein paar Leitungen falsch gelegt in deinem Kopf. Willst du nicht lieber Radio hören oder zum Fußball gehen, als so geschwollen nachzudenken und Leute totzustechen? “

„Ich weiß auch nicht. Vielleicht bin ich es ja gar nicht gewesen. Eigentlich ist mir alles irgendwie egal. Ich glaube, ich verstehe nichts von der Welt. Davon kommt das alles. Davon kommen diese Wolken im Kopf.“ Er bewegte den Oberkörper im Kreis und ließ den Kopf dabei mitrollen. Seine Augen waren halb geschlossen.

„Geh, mein Freund.“ Witwe Süsselbeck stand auf und räumte das Geschirr auf die Spüle. „Geh jetzt. Suche dir da draußen deinen Weg.

Aber lass das Messer hier. Sie werden dich kriegen und du kommst dann vielleicht im Gefängnis zur Ruhe. Aber du darfst niemanden mehr totstechen, hörst du. Deinen Quatsch mit dem Hass, das nehm ich dir nicht ab, Ingo. Du bist anders. Ich hab' deine Mutter gut gekannt. Das war eigentlich eine feine Frau. Sie hat bei mir Häkeln gelernt. Denkst du nicht mehr an die?"

Ingo Dingens stand wortlos auf, griff seinen klammen Wollmantel und ging zur Hintertür. „Man kommt im Leben ganz gut ohne Mutter zurecht", sagte er mit einem merkwürdig weichen Unterton in der Stimme. „Ein Mann wie ich sowieso. Ich habe doch eine glückliche Stadt geschaffen, das bringt mich weiter. Mir wird niemand etwas tun. Ich werde frei sein für meine Rita."

Witwe Süsselbeck wusch im Spülbecken klappernd das Geschirr ab. „Mach dir keine Hoffnungen", sagte sie rau. „Das Leben ist gerecht."

Ingo stand in der offenen Tür und schaute noch einmal mit einem gequälten Gesichtsausdruck zurück. „Noch etwas", murmelte er schüchtern. „Haben Sie ein Ei für mich?" Witwe Süsselbeck antwortete nicht. Einen Moment lang packte Ingo das Messer in seiner Manteltasche fest am Griff und zog es ein paar Zentimeter heraus. Dann ließ er es wieder los und schlich vorsichtig davon. Die Hintertür ließ er offen.

Kapitel 22

Rotteks grauer DKW Junior hielt vor dem Haus der Kerschbaums in Weyersbusch. Mutter Kerschbaum saß auf der Bank unter dem von braunem Herbstlaub bedeckten Glasdach der Veranda und schälte Kartoffeln. Der alte Jupp und seine sechs Söhne schauten in der Werkstatt neugierig aus der Montagegrube unter einem alten „Jimmy" der US Army hervor, dem dreiachsigen Zweieinhalbtonner.

„Setz Kaffee auf, der Sheriff ist da", rief Jupp seiner Frau zu. Die sieben Kerschbaums stiegen aus der Montagegrube, wischten sich mit schmierigen Lappen grob das Öl von den Händen und Jupp winkte Rottek in die Veranda.

Der Alte zog sein grünes Barett der Fremdenlegion tiefer in die Stirn und legte Rottek die Hand auf die Schulter. „Schön, dass du uns besuchst. Wir hatten schon befürchtet, du hättest uns vergessen. Seine guten Freunde vergisst man doch nicht in dieser schwierigen Zeit, denke ich." Er blickte dabei seine sechs Söhne an. Die nickten eifrig.

Rottek schaute auf den Dunlop-Aschenbecher auf dem Tisch, der wie ein kleiner Autoreifen aussah. „Jupp, es gibt eine Menge Ärger in der Stadt. Und ich möchte wissen, ob ihr damit etwas zu tun habt. Es ist eine Frage unter alten Freunden, du verstehst."

Jupp Kerschbaum holte eine Packung Burger Stumpen aus der Brusttasche seiner schwarzen Eisenbahner-Latzhose, hustete ausgiebig, zündete sich einen Stumpen an und blies den Rauch mit spitzen Lippen nach oben. Die Kerschbaums begingen viele Straftaten. Das war sicher. Aber man konnte ihnen ganz selten etwas nachweisen. Sie verschwanden für ein paar Tage und kamen übermütig und lachend zurück, feierten Feste im Hof und Mutter Kerschbaum wurde mit Geschenken überhäuft. Welche Straftaten sie begangen hatten, konnte man nur ahnen. Eins war sicher: Es waren keine kleinen Gaunereien. Nur große. Der alte Jupp war nach dem Krieg als Soldat in der Stadt gestrandet, hatte einige Jahre in der Fremdenlegion gedient und trug immer noch stolz das Scharfschützenabzeichen der Legion. Rottek mochte ihn. Er wusste selbst nicht, warum. Jupp belog ihn nicht. Er sagte ihm stattdessen immer nur einen Teil der Wahrheit. Oder er übertrieb so maßlos, dass Rottek wusste: Er meinte genau das Gegenteil von dem, was er sagte. Der alte Kerschbaum hatte das Gesicht eines Menschen, der zu viel gesehen hatte vom Leben, als dass man ihm noch etwas vormachen konnte.

„Rottek, wenn es Ärger gibt, haben wir nie etwas damit zu tun. Wir Kerschbaums sind besondere Menschen. Friedlich, fleißig, bescheiden. Wir wollen keinen Ärger. Du kennst uns ja schon lange. Wir lieben die Sonne, die Schwalben und die heiteren Stunden des Lebens. Danach streben unsere Seelen. Wenn es in eurer Stadt Schwierigkeiten gibt, bekümmert uns das sehr. Dein Leid ist unser Leid, Rottek. Wir empfinden mit dir, tief in unseren Herzen empfinden wir mit dir." Bei diesen Worten schlug er mit der rechten Faust in der Herzgegend auf seinen Brustkorb.

„Jupp, es gibt Tote in der Stadt. Das ist jetzt ernst. Und du weißt, wenn ihr was damit zu tun habt, werde ich es herausfinden."

„Rottek, wir unterstützen die Polizei, wo wir können. Wir überlegen fast jeden Tag, ob wir nicht selbst Polizei werden wollen. Denn wir lieben das Gesetz. Es ist unsere Leidenschaft. Manchmal, wenn wir Langeweile haben, denken wir uns sogar unsere eigenen Gesetze aus. Ja, Rottek, wir wissen: Das Leben in der Stadt ist härter als hier draußen auf dem Land, und der Stadtmensch ist ungeschützt bösen Schicksalsmächten ausgesetzt. Das betrübt uns auch, und es wundert uns nicht, wenn diese Schicksalsmächte ihre Opfer fordern. Wir stehen auch nur hilflos am Rande und schauen diesen unglücklichen Lebenswegen traurig zu."

Er senkte den Kopf, und auch seine sechs Söhne blickten betrübt zu Boden. Mutter Kerschbaum kam mit einem Tablett, stellte eine duftende Kanne Kaffee auf den Tisch und einen großen Teller mit Bratenschnittchen. Jupp nickte Rottek einladend zu: „Wildschweinbraten, ganz frisch. Für dich, unseren Lieblingspolizisten."

„Woher habt ihr denn das Wildschwein? Du hältst doch nichts von der Jagd, denke ich?"

„Ein guter Freund, ein neuer Freund, großzügig und mildherzig. Er hat das Schwein geschossen und uns überlassen. Aus einer gewissen Zuneigung. Das edle Tier bereichert unseren kargen Speiseplan, Rottek. Koste nur."

Die rosigen Scheiben vom Wildschweinbraten lagen auf frischem Brot und einer dicken Schicht Butter. Mutter Kerschbaum galt als eine großartige Hausfrau und Köchin. Rottek nahm eine Schnitte. Die sechs Kerschbaum-Söhne griffen mit ihren öligen Händen ebenfalls zu und kauten genussvoll. Jupp rauchte und schaute über das Dach der Werkstatt hinaus in das herbstliche Land.

„Ja, ein guter, neuer Freund. Ein großer Mann." Er nickte und zeigte mit seiner kraftvollen Pranke auf die Bratenschnitten. „Und ein guter Schütze. Ich denke, er trifft immer. Dieser Freund ist wirklich eine Bereicherung für uns." Er nickte seinen Söhnen zu, und die nickten mit vollem Mund kauend zustimmend zurück.

„Dann kann man euch ja nur gratulieren", sagte Rottek, „denn man findet im Leben nicht so einfach neue, gute Freunde."

„Ja, und er umgibt sich mit edlen Dingen. Fährt einen schönen Mercedes. Speist nobel bei Äffchen Fettweiß. Hat einen eigenen Fahrer. Ist reich, wohnt in einer schönen Stadt am Rhein. Rottek, manche Menschen haben es im Leben gut getroffen. Nur wir, du und ich, wir sind bescheiden und genügsam mit unserem Los."

Rottek nahm noch eine zweite Scheibe Brot und trank einen Schluck vom heißen, süßen Kaffee.

„Jupp, hör zu. Der Bürgermeister ist verschwunden. Wir müssen ihn finden."

„Rottek, dieser liebenswerte, kluge Bürgermeister? Hat er sich vielleicht im Nebel in der Stadt verlaufen und findet nicht wieder ins Rathaus zurück? So ein fröhlicher, heiterer Mensch. Und verschwindet einfach. Das passt nicht zusammen."

„Ihr müsst uns helfen, ihn zu finden. Mordverdacht. Wir glauben, er sticht Leute mit dem Messer ab. Drei Tote haben wir schon. Ingo Dingens ist flüchtig, und wir wollen ihn schnell finden. Vielleicht hat er sich im Wald versteckt. Ich denke, er ist durchgeknallt im Kopf. Habt ihr irgendwas gesehen in den letzten Tagen, was mit den Taten zusammenhängen könnte?"

„Das ist ja mal eine traurige Nachricht, Rottek. Straftaten, und das in eurer friedlichen Stadt. Wie bitter. Ich sage ja immer, wer das Gesetz nicht ehrt, der kommt in Schwierigkeiten, wenn er Pech hat. Das denkt ihr doch auch, meine Kinderchen?" Seine sechs Söhne stimmten ihm eifrig murmelnd zu.

„Jupp, du warst Soldat. Du hast doch sicher Menschen getötet?"

„Ja, aber ich habe sie nicht gezählt, Herr Kommissar. Das hätte nur mein empfindliches Gewissen belastet. Es waren immer besondere Umstände, die dazu geführt haben. Der Krieg, Rottek, der Krieg und die besonderen Umstände. Ich denke nicht gerne daran. So ein toter Mensch, Rottek, der macht mich nicht froh."

„Könntest du dir vorstellen, dass du eventuell etwas mit den Toten in unserer Stadt zu tun hast? Und nicht der Bürgermeister?"

„Rottek, niemals brächte ich es übers Herz, dir Kummer zu machen. Dir und deinem verehrten Hauptwachtmeister. Wir leben doch so harmonisch miteinander, Rottek. Wie Brüder eigentlich. Und dir würde ja nichts verborgen bleiben, was wir an unrechten Dingen tun. Deswegen leben wir hier sittsam und fromm wie die Täubchen. Ist es nicht so, meine Söhne?"

„Genauso ist es, ganz genau so“, murmelten seine Kinder zustimmend und nickten eifrig dabei.

„Aber es gibt Dinge, die geschehen müssen“, sagte Rottek leise. „Die gibt es auch für euch. Und dann geschehen sie.“

Jupp lehnte sich zurück und blies den Rauch des Burger Stumpens in die Luft. „Ja, solche Dinge gibt es. Das Schicksal fragt dich nicht, wonach dir gerade der Sinn steht. Aber so ein Toter, Rottek: Du glaubst, der liegt da und muckt sich nicht mehr. Aber er läuft dir nach, überallhin. Unser Vater im Himmel hat es gesehen und sagt: Du hast getötet, war das wirklich nötig? Und dann musst du eine gute Antwort finden. Der tote Mensch hinterlässt Spuren, die führen zu dir. Der Tote sagt zum Schutzmann: Da, der mit der grünen Mütze, der war's. Und dann beginnt eine unangenehme Zeit. Du kannst nicht mehr in Ruhe Bratenschnittchen essen, dein schönes warmes Bett daheim ist leer, die Frau weint und der Tote steht die ganze Nacht vor dir und sagt: Ich bin nicht tot. Ich mache dir jetzt eine Menge Schwierigkeiten, und du musst es ertragen. Sag selbst, ist es das wert, Rottek?“

„So ein Toter hat manchmal einen Gegenwert, Jupp. Und wenn man danach plötzlich die Taschen voll hat, dann gleicht das manches Ungemach aus.“

„Rottek, das sind Sonderfälle. Du kannst natürlich sagen: Bei den Kerschbaums gibt es nur Sonderfälle, und ich würde es möglicherweise abstreiten. Aber warum sollen wir darüber streiten? Der Tod ist für niemanden schön, Rottek. Lass uns lieber von angenehmeren Dingen sprechen.“

„Jupp: Der Apotheker und seine Frau sind tot. Das Kind vom Schmied ist tot. Klare Frage: Habt ihr damit zu tun? Ihr tragt ja manchmal merkwürdige Fehden hier in der Gegend aus. Ja oder nein? Ich will es wissen.“

„Rottek, du kränkst uns und unsere Freundschaft, wenn du auch nur einen Hauch von einem Verdacht gegen uns hegst. Ein Kind töten, Rottek? Wir? Das schmerzt uns, dass du das nur denken kannst. Wir fahren durch deine Stadt, Rottek, wir sehen dies und das und denken uns manchmal etwas dabei. Aber solche Fragen wie die deine, Rottek, die tun uns weh." Er legt die Hand auf sein Herz. „Tief hier drinnen tun sie uns weh."

Sie schwiegen. Jupp legte den Burger Stumpen in den Aschenbecher und griff sich die letzte Bratenschnitte vom Teller. Rottek erhob sich.

„Noch was ganz anderes, Jupp: Kann eure Mutter bei uns in der Wache saubermachen? Wir hatten da einen Zwischenfall. Eine etwas stärkere Verschmutzung. Deine wunderbare Frau ist ja sozusagen eine Spezialistin für Sauberkeit. Sie müsste den großen Schrubber mitbringen."

„Eine Ehre für uns, Rottek, eine große Ehre. Selbstverständlich. Am liebsten würde ich selbst mit dem Scheuertuch bei euch erscheinen, aber mein krankes Herz, Rottek, jede Anstrengung kann das Ende für mich bedeuten. Wann soll sie bei euch erscheinen?"

„So bald wie möglich. Morgen früh gleich?"

„Gerne, Rottek, gerne. Eine Ehre."

„Und wegen des flüchtigen Bürgermeisters, da schaut ihr euch um?"

„Wir schauen uns immer um, Rottek. Wir sind sieben Kerschbaums, die sich immer umschauen."

Kapitel 23

„Kuhschweinhuhn, Popel, da drüben sitzt jemand", murmelte Männel und setzte das Glas ab. „Schau mal." Der dicke Schrotthändler Popel Troost spähte angestrengt in den hohen Buchenaltholzbestand, der sich über den Dornberg zog. 200 Meter unterhalb des Waldrandes, auf einem Feldweg, standen die beiden in ihrem schwarzen Mercedes hinter einem Weidengebüsch versteckt und warteten darauf, dass Rehwild auf die Kleewiese austrat. Dort hatten sie vor zwei Wochen schon einmal einen Rehbock erwischt. In einem fremden Revier aus dem Auto zu schießen, das war übelste Wilderei. Aber Popel Troost musste seinen Jagdtrieb mit solchen verbotenen Praktiken befriedigen, denn den neureichen Angeber aus Düsseldorf wollte im Westerwald keiner in seinem Revier haben. Deshalb wilderte der schießwütige Schrotthändler rücksichtslos und ballerte aus dem Auto auf alles, worauf er gerade Lust hatte. „Hast recht, da sitzt einer. Ist das nicht dieser Komiker aus dem Rathaus?"

Männel nahm noch mal das Fernglas. „Der ist das, Popel. Der verrückte Bürgermeister. Der sitzt da." Tatsächlich hatte sich Ingo Dingens am Waldrand neben eine alte Buche ins trockene Gras gekauert und erschöpft das Gesicht in den Händen vergraben. Ihm war kalt, er war müde und hungrig.

Popel Troost griff übermütig den Drilling, der auf dem Rücksitz unter einer Wolldecke lag, kurbelte das Fenster herunter und visierte den Bürgermeister durch das Zielfernrohr an. „Soll ich ihm eins aufbrennen, Männel? Als Dankeschön für seine freundlichen Worte im Rathaus und für den Rausschmiss? Dem könnte ich jetzt ganz leicht mal eins verpassen." Er lachte sein fettes, gequetschtes Lachen und die Speckwamme unter seinem Kinn bebte heftig dabei.

„Ist Risiko, Popel. Ist Risiko. Wenn du ihn schlecht triffst, dann ist es scheiße. Denk daran, wie es mit der Katze von diesen Kerschbaums gegangen ist."

Popel Troost zielte immer noch feixend mit vor Eifer hochrotem Kopf auf Ingo. Männel fasste ihn an der Schulter. „Schieß doch neben ihn in den Baum, Popel. Dann scheißt er sich in die Hose vor Schreck. In den dicken Baum. Den triffst du doch leicht."

Der Schrotthändler brach in hysterisches Gelächter aus und zielte dabei auf den Stamm der Buche, neben der Ingo Dingens hockte. Sein Kopf verfärbte sich inzwischen vor Eifer violett. „Ich schieße jetzt, Männel. Ist die Luft rein?"

Männel schaute sich nach allen Seiten sorgfältig um. „Feuer frei, Popel." Er setzte das Fernglas an und schaute in Richtung des Bürgermeisters.

Er konnte deutlich erkennen, wie das 8 x 57-Geschoß ein faustgroßes Loch in den Stamm schlug und dicke Späne der grauen Rinde davonflogen. Ingo Dingens zuckte wie vom Blitz getroffen zusammen, wälzte sich zur Seite und rannte in panischem Schrecken zickzack zwischen den Baumstämmen in den Wald.

„Kuhschweinhuhn, Popel, Kuhschweinhuhn, der hat jetzt die Hosen voll." Männel schlug seinem Dienstherrn brüllend vor Lachen die Pranke in den Nacken. Der schaute einen Moment lang verstört, brach aber dann ebenfalls in sein quäkendes Quetschlachen aus bis ihm die Tränen die feisten Wangen hinunterliefen.

„Waidmannsheil, Jäger Popel", würgte Männel in einer kurzen Lachpause hervor, „Waidmannsheil zum Schuss auf den Bürgermeister." Und beide schüttelten sich minutenlang wehrlos vor Heiterkeit, bis Popel Troost als erster die Fassung wiedererlangte. „Fahr mal ein Stück weg, Männel", sagte er kichernd, „fahr mal dahinten um die Ecke, nicht dass wir noch Ärger kriegen. Oder fahr besser mal gleich zur Kneipe. Wir nehmen erst mal einen."

Kommissar Rottek und Hauptwachtmeister Kesselring standen derweil im Rathaus mit Sekretärin Rita Oberklein am Schreibtisch des Bürgermeisters. In dessen Schubladen hatten sie nichts Bemerkenswertes gefunden außer einem leeren Eierkarton. „Können Sie sich noch an den Moment erinnern, als Ingo verschwunden ist?“, fragte Rottek.

Rita Oberklein schaute ihn prüfend an. Dieser Mann war ihr schon ein paar Mal aufgefallen. So nah war sie ihm noch nie gekommen. Jetzt sah sie diese warmen, guten Augen. Und seine gute, kräftige Figur. Schlanke Hände. Sicher war er ein Mann, der zärtlich liebte. Eine ganze Nacht mit so einem zärtlichen Mann. Danach sehnte sie sich. Die meisten, die sie kannte, waren Grabscher. Die griffen ihr an die Brust und schnauften schon aufgeregt dabei. Oder sie lagen glotzend und keuchend auf dem Rücken und überließen ihr das Geschehen. Oder die milchbärtigen Oberschüler, die wussten gar nichts und schwitzten vor Verwirrung. Und da gab es noch den jungen Kerschbaum. Der war wild und heiß wie ein Jaguar. Aber dieser Kommissar, der war bestimmt anders. So ruhig und sicher. Und die schönen Hände. Sie sah ihm fest in die Augen und zog die Brauen für eine halbe Sekunde hoch. Aber von ihm kam keine Reaktion zurück.

„Ja, ich erinnere mich“, antwortete sie sachlich und blickte abschätzig auf den Bauch von Hauptwachtmeister Kesselring. „Da waren Besucher. Zwei Männer. Es ging um die Jagdpacht. Das Revier, das Apotheker Siebenstern gepachtet hat. Dazu hatten sie Fragen. Danach ist der Bürgermeister aus irgendeinem Grund wütend geworden. Stinkwütend. Seine Nase blutete hinterher, sogar heftig. Ich weiß nicht, was da vorgefallen ist.“

„Wie sahen die beiden Männer aus?“

„Ein kleiner Dicker in Jägerkleidung und ein Schlaksiger mit einer grauen Latzhose. So wie ein Hausmeister sah der aus. Die hatten sich nicht vorher angemeldet, kamen einfach rein. Ingo hatte gerade Zeit und redete mit ihnen. Zehn Minuten vielleicht. Dann wurde es laut."

„Waren es die?", fragte Hauptwachtmeister Kesselring und zeigte aus dem Fenster. Vor dem „Grünen Baum" parkte ein schwarzer Mercedes. Popel Troost und Männel waren gerade ausgestiegen und gingen zur Wirtshaustreppe.

„Ja, die beiden waren es, die waren es ganz sicher", sagte Rita und versuchte, ihr großzügiges Dekolleté in Rotteks Sichtfeld zu bringen. Aber nur Kesselring versenkte seinen Blick wehrlos in die wogende Auslage. Das enttäuschte sie. Rita Oberklein schaute den beiden Polizisten nach, als sie hastig das Büro des Bürgermeisters verließen. Ein ernster Mann war das, dieser Kommissar mit seiner speckigen alten Lederjacke. Aber er hatte etwas in den Augenwinkeln, was sie erregte. So eine hintergründige Heiterkeit. Sie ging zum Fenster und sah, wie die beiden Polizisten schnellen Schrittes die zweihundert Meter hinüber zum „Grünen Baum" gingen. „Schließ deine Tür für mich auf", flüsterte sie und schaute Rottek nach. „Mach doch deine Tür für mich auf."

Popel Troost saß in der Gaststube mit dem Rücken zum Eingang. Er merkte nur, wie Männels Blick starr und kalt wurde. „Kuhschweinhuhn", flüsterte er leise. „Popel, Polizei." Der Dicke lehnte sich auf seinem Stuhl zurück und nickte seinem Angestellten herrisch zu. „Du regelst das, Männel", zischte er. „Ich hab' mit der ganzen Sache nichts zu tun." Er goss sich einen halben Piccolo zu dem Bier in seinem Glas. „Millionärsbrause" nannte er das.

Hauptwachtmeister Kesselring blieb neben ihm stehen. Mit dem ausgestreckten Zeigefinger schob er ganz langsam Popel Troosts Bierglas um. Die beiden reagierten nicht. Die kalte Brühe floss über den Tisch und auf Männels graue Latzhose.

„Was wird denn hier gefeiert?", knurrte Kesselring. „Wir möchten auch nur ganz kurz stören."

Männel schaute ihn kühl an. „Lustig ist's hier, Herr Polizist. Zumindest war es das so lange, bis Sie kamen."

Rottek setzte sich auf den rechten freien Stuhl am Tisch, Kesselring auf den Linken. Rottek schaute beiden für ein paar Sekunden in die Augen. „Sie beide waren neulich auf Besuch beim Bürgermeister. Wir wüssten gerne, um was es dabei ging."

Männel hüstelte. Popel Troost griff dünn lachend sein Bierglas und stellte es wieder auf. „Ach ja, der Bürgermeister. Ein schwieriger Mensch. Sehr, ich möchte sagen: sehr impulsiv. Vielleicht auch etwas überlastet mit seinen Amtsgeschäften. Wir hatten ein angenehmes Gespräch. Dann wurde er ganz merkwürdig. Eher grob und unfreundlich. Als erfolgreicher Geschäftsmann könnte ich mir so ein Verhalten nicht erlauben."

„Um was ging es denn bei Ihrem Gespräch?"

„Ja, um was ging es? Ich bin Jäger. Der Bürgermeister hat mir vor einiger Zeit das Jagdrevier versprochen. Die örtliche Gemeindejagd hier. Es gab eine feste Zusage, alles klar. Herr Männel, mein Assistent, war Zeuge. Ich sollte beim Bürgermeister nur noch den Vertrag unterzeichnen. Und dann, in seinem Büro sagt er: Den Vertrag? Hatte ich völlig vergessen, jetzt hab' ich es schon dem Apotheker verpachtet. Siebenkreuz oder wie der heißt. Der ist jetzt der Pächter. Da hab' ich gesagt: Das geht nicht. Mit einem Mann wie ich bin kann man so einen Murks nicht machen. Wir sind hier nicht bei der Dorfkirmes. Da ist ihm irgendwie der Donner in den Schlüpfer gefahren. Er hat herumgetobt, den Kopf auf die Tischplatte geschlagen und Drohungen ausgestoßen. Dann hat er mich noch mit einem Ei beworfen. Sie, Herr Polizist, mit einem Ei! Überlegen Sie mal! Der kann doch nicht ganz klar sein, der Mann. Bewirft mich mit einem Ei."

Kesselring merkte auf. „Mit einem Hühnerei?"

Popel Troost nickte eifrig. „Mit einem Hühnerei. An den Kopf. Überlegen Sie mal, und der Mann ist Bürgermeister."

Rottek lächelte dünn. „Ja, der Mann hat eine ausgeprägte Persönlichkeit. Und dann? Was geschah danach?"

„Danach? Nichts kam danach. Dann sind wir gegangen."

„Das war alles, Herr ...?"

„Das war alles. Troost mein Name. Troost, mit zwei O. Düsseldorf." Er nestelte eine Visitenkarte aus einem Ledermäppchen und gab sie dem Kommissar.

Rottek wandte sich an Männel. „Ist Ihnen noch etwas aufgefallen, Herr Assistent? Beim Bürgermeister?"

Männel schüttelte den Kopf. „Der ist nicht ganz richtig, der Mann."

Rottek stand auf. „Falls Sie den Bürgermeister irgendwo sehen. Wir suchen ihn. Mordverdacht. Er ist auf der Flucht. Aber passen Sie auf. Er ist gefährlich. Nicht nur wegen dem Ei. Sie bleiben hier am Ort? Wir haben sicher noch ein paar Fragen. Kommen Sie doch morgen früh um zehn zur Polizeiwache. Dann machen wir das noch mal schriftlich. Es muss ja alles seine Ordnung haben."

Rottek und Kesselring winkten noch kurz Äffchen Fettweiß, dem Wirt, und gingen. Popel Troost erhob sich hastig und verneigte sich mehrfach eifrig. Männel stand ebenfalls auf, aber nur um aus seinem Schritt vorsichtig den Stoff der Hosenbeine hochzuziehen, der von Bier und Sekt nass an der Haut klebte.

Die beiden setzten sich wieder. Popel schaute Männel an und kniff ein Auge zu. Männel schaute Popel an und kniff ebenfalls ein Auge zu. „Sieht nicht schlecht aus", murmelte Popel Troost. „Wir fahren gleich mal zum Apotheker. Der wartet bestimmt schon wieder auf uns. Vielleicht hat er sich inzwischen besonnen."

Der schwarze Mercedes glitt neben die Apotheke und hielt um die Ecke in der Wallstraße. Die beiden stiegen aus. Männel rüttelte an der Eingangstür. Popel schaute auf die Uhr. „Ruhetag oder was?"

Männel zuckte mit den Schultern und zeigte auf ein Pappschild im Fenster. „Hier: ‚Apotheke geschlossen'. Na, das ist ja ein Ding. Der hat wohl keine Lust heute." Sie gingen durch das schmale Gärtchen um das Haus herum und standen vor dem verwinkelten Anbau. Die Tür stand offen. Männel griff sich im Brennholzschuppen einen klobigen Eichenknüppel und ging voran. Nach zehn Schritten blieben sie stehen. Aus Richtung der Jagdkammer hörten sie Geräusche. Sie schlichen weiter. Männel lugte um die Ecke. Mit den Augen und einer unmerklichen Kopfbewegung zeigte er seinem Chef, dass er dort eine Person erspäht hatte. Jemand machte sich in dem Raum mit den Jagdgeräten zu schaffen. Ein Mann mit einem dicken Pflasterverband am Kinn. Es war Frohberger, der dreistrahlige Pinkler. Der Jagdhelfer des toten Apothekers. Vor einigen Tagen erst hatte er an einem Fleischerhaken hier im Kühlraum gehangen. Männel hatte ihn dort platziert, nachdem Frohberger ihn beim Diebstahl des Wildschweins im Kühlraum erwischte.

„Kennen wir uns nicht?", fragte Männel ihn leise und freundlich. Der dreistrahlige Pinkler zuckte zusammen.

„Was wollen Sie noch hier?", fragte er nuschelnd, denn die Verletzung behinderte ihn noch beim Sprechen. Seine Augen waren vor Angst weit geöffnet. „Hier gibt es nichts mehr. Der Apotheker ist tot. Das wissen Sie doch. Ich hole nur noch meine Sachen hier heraus."

„Der Apotheker ist tot?", fragte Popel Troost erstaunt. Er und Männel machten ein paar Schritte auf Frohberger zu. „An was ist er denn gestorben?"

Frohberger wich zurück. „Ich weiß es auch nicht. Er ist tot, das ist sicher. Es ist Feierabend hier."

Troost und Männel schauten sich vielsagend an. Popel hob den Zeigefinger. „Das ist ja eine ganz interessante Nachricht. Dann ist ja ein Jagdrevier freigeworden. Unsere Chance. Männel, mach was." Männel ging auf den dreistrahligen Pinkler zu. Der hob abwehrend die Hände. Männel legte dem zitternden Jagdhelfer des toten Apothekers den Arm um den Nacken und drückte mit dem Ellenbogengelenk so fest zu, dass Frohberger aufschrie.

„Kannst du dich noch an unser letztes Treffen erinnern, mein Freund?“, fragte ihn Männel.

„Ja, das Wildschwein“, keuchte Frohberger, „das war doch mit dem Wildschwein.“

Männel drückte fester zu und schlug ihn mit der linken Faust von unten grob auf die Wunde. Frohberger ächzte vor Schmerz laut auf. Aus Angst nässte er sich ein, aber diesmal ging der dreifache Strahl im Verborgenen ab, ohne dass die Öffentlichkeit daran teilhaben konnte.

„War irgendetwas mit einem Wildschwein? Haben wir uns wirklich schon einmal gesehen?“, fragte Männel kalt und zog die Klammer um seinen Hals fester. „Denk doch mal nach? Sonst unterhalten wir uns noch einmal eingehend darüber.“

Der dreistrahlige Pinkler lief blau an und verkrampfte die Arme. Männel lockerte seinen Griff. „Ist klar“, stöhnte Frohberger. „Ist klar, Mann. Ich habe verstanden. Ich werd' nichts sagen, niemandem. Mein Wort.“

Sie ließen ihn stehen und gingen durch den engen Flur hinaus. Popel stieß Männel mit dem Ellbogen an. Sie kicherten beide. „Hast du gehört: Er ist tot. Männel, er ist tot. Der Siebenkreuz ist tot. Da sind wir aber echt traurig! Und wenn wir den Bürgermeister finden, dann brennen wir ihm eins auf. Notwehr, Männel, dann war es Notwehr. Bei einem Mörder ist es immer Notwehr, wenn man auf ihn schießt. Lustig ist die Jägerei!“

„Kuhschweinhuhn, Popel, Kuhschweinhuhn“, prustete Männel. Sie gingen kichernd weiter. Aus dem Kichern wurde ein lautes Lachen. Popel Troost japste vor Heiterkeit und musste sich ein paar Sekunden an die Mauer lehnen, um zu Atem zu kommen.

Als sie um die Ecke der Wallstraße bogen, wo das Auto stand, erstarrten sie. Das Lachen gefror auf ihren Gesichtern. Vor dem Mercedes hatte ein rostiger blauer Bully geparkt. Die sieben Kerschbaums standen um den Wagen herum.

Jupp Kerschbaum verneigte sich leicht. Auch seine sechs Söhne verneigten sich. „Wir freuen uns, einen guten Freund wiederzusehen", sagte der Alte. „Wir wollten Sie nur begrüßen und einen guten Tag wünschen. Das war unser Anliegen. Wir möchten Ihre wichtigen Geschäfte nicht stören."

„Danke, Herr Kerschbaum, danke", stammelte Popel Troost, während die sechs Kerschbaum-Söhne sich schon wieder in den Bully quetschten. Jupp setzte sich auf den Fahrersitz. Er kurbelte das Fenster herunter. In jeder Hand hatte er ein Stück dicker, grauer Baumrinde. Er schaute Popel Troost stumm an.

„Was ist damit?", fragte Popel. „Was soll ich damit?"

Jupp Kerschbaum steckte die Holzstücke in die Tasche seiner schwarzen Eisenbahner-Latzhose. „Die stammen von einem dicken Baum", lächelte er. „Von einem dicken, alten Baum, der jetzt ein großes Loch hat. Da muss wohl jemand drauf geschossen haben."

Kapitel 24

„Der Handkäs'!", rief die alte Wirtshausköchin Irmela und schob einen großen Teller durch die Küchenklappe. Kommissar Rottek saß am Jägerstammtisch im „Grünen Baum". Er hatte sich bei Äffchen Fettweiß einen Harzer mit Zwiebeln, Essig und Öl auf geröstetem Schwarzbrot bestellt. Seine Anita arbeitete an diesem Abend in ihrem Blumenladen an einem großen Hochzeitsgesteck und dem Tischschmuck für die Feier. Es könnte spät werden, hatte sie gesagt. Rottek freute sich deshalb auf ein paar Stunden unter den Mitjägern. Auch wenn der eine oder andere dabei war, den er höchstens einmal im Monat ertragen konnte.

Wie etwa den Amtsgerichtsdirektor Washönig, der neben ihm saß. Doch der war merkwürdig still an diesem Abend. Alle warteten auf seine dröhnend groben Belehrungen und seine schrägen Jagdanekdoten. Aber Washönig hörte diesmal nur am Rande zu, wenn die anderen bewusst unsinnige jagdliche Theorien aufstellten, um ihn zu Wutausbrüchen zu provozieren. Er hatte seit Wochen so einen starken, dumpfen Schmerz im unteren Beckenbereich gespürt. Und an diesem Morgen war Blut im Stuhl gewesen. Viel Blut. Washönig vermutete, was das sein konnte. Deshalb ging er nicht zum Arzt. „Darmkrebs " würde der Befund wahrscheinlich lauten, und viele um ihn herum würden sich insgeheim darüber freuen. Vor allem seine Frau.

Doktor Rotgold würde nach der Untersuchung seinen besonders widerlichen Popo-Witz reißen, der im Ort schon bekannt war: „Blut im Stuhl? Auch Männer haben ihre Tage!", würde er herausbrüllen und in so ein kreischendes Gelächter verfallen, dass man es auf der anderen Straßenseite noch hören konnte. Nicht zuletzt deswegen hatte Washönig beschlossen, erst einmal ruhig zu bleiben und nichts zu unternehmen. Vielleicht war es auch nichts Ernstes. Aber er wusste: Irgendwann würde seine Frau ihn mit einer seiner fleckigen Unterhosen in der Hand fragend anschauen. „Ich geh mal zum Arzt", würde er gleichgültig sagen, „demnächst, wenn ich mal Zeit habe."

Hinten am kleinen Ecktisch unter dem Gemälde von dem pflügenden Bauern saß Rita Oberklein mit ihrer Freundin Elvira Duvenbeck kichernd bei einem Glas Zinn 40 und Libella-Limonade. Sie schauten sich Fotos an. Letztes Jahr bei einem Ausflug zum Drachenfels hatte Rita einen Italiener kennengelernt. Der war charmant und niedlich, aber das war kein Mann für Rita. Er kannte Ritas Spielregeln nicht: Komm mir erst nahe, wenn ich es will. Aber der Italiener hatte sie berührt, als sie noch nicht berührt werden wollte. Da hatte er schon verloren. Jetzt hatte er ihre Adresse herausgefunden und ihr Bilder geschickt von ihnen beiden und von sich in der Badehose. Er besaß in Bad Kreuznach an der Nahe eine Eisdiele. „Fahr du doch mal hin", sagte Rita zu Elvira. Die wurde flammend rot und zog sich das Kragenbündchen vom Pullover über den Mund.

„Die Kinder", murmelte sie, „Elvira, da sind doch die Kinder."

Direkt neben der Garderobe schwadronierten die Invaliden vom Kriegsopferbund. Dünners Paul klopfte energisch mit dem Haken seiner Unterarmprothese auf den Tisch, weil Horst Klawitter ihm in der Schilderung des Kampfpanzers „Tiger" widersprochen hatte. Der halbe Arm war Paul in den Vogesen in einem Panzerturm abgequetscht worden. Bei der Schlacht um den Gambsheimer Brückenkopf, 1944. „Kanone 8,8 Zentimeter, 700 PS", erklärte er noch einmal mit erhobener Hakenprothese und sagte, er, Paul, habe ja damals sogar die Kämpfe am Kursker Bogen mitgemacht, wo der „Tiger" zuerst eingesetzt worden war. Klawitter sei ja nur beim Reichsarbeitsdienst in der Flakstellung gewesen. Da hatte ihn damals ein Granatsplitter am Ohr erwischt, den man nicht herausoperieren konnte, und seitdem trug er ein Mullkissen auf der seit über zwanzig Jahren eiternden Wunde. Der, der sich Stutzig nannte und dessen wirklichen Namen keiner kannte, erzählte irgendwas von einer Maschinengewehrsalve bei Remagen. Alle wussten, dass es gelogen war. Denn Stutzig war in Kalbslederhandschuhen und maßgeschneiderter Uniform in Berlin auf der Leipziger Straße spazieren gegangen, als die Landser sich in den Schützengräben die Füße abfroren. Da kannte man ihn als den „SS-Gigolo".

Dünners Paul bestand noch einmal darauf, derjenige zu sein, der über den Kampfpanzer „Tiger" genau Bescheid wusste. Klawitter sei ja nicht dabei gewesen, wie es losging an der Steppenfront. Heinzi Benedikt zog mit der rechten Hand sein Holzbein unter dem Tisch bei. „Paul, wir haben doch alle irgendwie in der Scheiße gelegen", sagte er leise. „Und keiner kann heute damit angeben, dass er bei Adolfs großem Schlachtfest mitgemacht hat. Darauf können wir doch nicht stolz sein. Wir sollten alle die Klappe halten, Paul."

Dünners Paul versuchte sich zu empören. Aber dann vergrub er das Gesicht in seinen Händen und Klawitter legte ihm die Hand auf die zuckende Schulter.

„Heinzi, meinst du, das war denn wirklich alles ganz umsonst?", fragte Klawitter mit dünner Stimme. Dünners Paul schüttelte den Kopf. Er hielt seine Unterarmprothese mit dem Eisenhaken hoch.

Reifenhändler Orawski schaute am Jägerstammtisch aus den Augenwinkel listig zu Amtsgerichtsdirektor Washönig. Vielleicht konnte er ihn jetzt ein wenig hochnehmen? „Bei uns in Schlesien hatte ein Förster einen zahmen Mäusebussard, der konnte Beethovens Mondscheinsonate pfeifen", berichtete Orawski leutselig.

Da hielt es den grübelnden Amtsgerichtsdirektor nicht länger. Er schlug mit der flachen Hand auf den Tisch, dass Rottek die Zwiebeln vom Handkäse hüpften. „Jetzt reicht's aber! Bei euch in Schlesien habt ihr nicht einmal den Unterschied zwischen Beethoven und Backofen gekannt!“, röhrte er, und bei dem Wort „Schlesien“ schoss ein Speichelschwall so kraftvoll aus dem hängenden Mundwinkel des Amtsgerichtsdirektors über den Tisch, dass Rottek zwei Bierfilze schützend vor seinen Käse hielt. „Und eure Bussarde haben gepiepst wie ein Sperling mit Blähungen. Die Mondscheinsonate! Als ich in Schlesien war, da habe ich die Bauern so lange durchprügeln lassen, bis sie sogar beim Scheißen ‚Heil Hitler‘ gerufen haben. Bis sie das kapiert haben. Da hatten sie ihren Beethoven. Orawski, du bist ein alter schlesischer Quatschkopf. Wer dir den Jagdschein gegeben hat, der muss total besoffen gewesen sein.“

„Ist so gewesen in Schlesien, kannst du glauben, ist alles wahr“, wehrte Orawski ab, und Gemüsebauer Nauroth pflichtete ihm bei: „Hab ich auch gehört, Washönig, in Schlesien, da hatten sie kaukasische Bussarde, die haben gesungen wie die Zeisige. Düdelüh, düdelüh, so etwa. Das ist diese kaukasische Unterart der Bussarde.“

Den Amtsgerichtsdirektor hielt es nicht länger auf seinem Sessel. Er sprang mit feuerrotem Kopf auf. „Düdelüh, düdelüh“, äffte er den Gemüsebauern nach, „dir hat wohl ein Affe auf's Brötchen gekotzt, Nauroth. Düdelüh, düdelüh! Da qualmt mir ja der Kittel!“

Die Männer am Skattisch wälzten sich vor Lachen japsend auf ihren Stühlen. Aber Washönig blickte drohend in ihre Richtung. „Sind die Herren unwohl?“, fauchte er böse, aber die Skatspieler wurden nur umso heftiger von ihrem Lachkrampf geschüttelt und warfen sich wimmernd auf den Tisch. Sogar Wirt Äffchen Fettweiß hielt an seinem kupfernen Wasserbecken beim Gläserspülen inne, stützte sich an den beiden Zapfhähnen ab und schüttelte lächelnd den Kopf.

Rottek berührte den immer noch ergrimmt stehenden Washönig an der Hand. Der schaute wütend zu ihm hinunter. Rottek zeigte wortlos auf das Sesselpolster. Dort hatte sich ein kleiner Blutfleck ausgebreitet. Washönig, der soeben für ein erneutes Gebrüll Luft geholt hatte, winkte verstört ab und verstummte. Er setzte sich schnell, stand dann wieder hastig auf, setzte sich wieder. Er beugte sich zu Rottek. „Das ist Rehschweiß. Ich habe vorhin ein Schmalreh geschossen. Das ist noch die Hose vom Aufbrechen“, flüsterte er verlegen, hob kurz das Gesäß und legte ein Taschentuch auf den Fleck. Dann schaute er mit halb geschlossenen Augen in seinen Bierseidel. Dieser Schmerz war wieder da. Stärker als je zuvor. Dieser gemeine, dumpfe, beißende Schmerz.

Die Tür der Gaststube öffnete sich quietschend. Dorfschmied Struppi Strübecke setzte sich mit einem verlegenen Lächeln an den Jägerstammtisch. Nach dem rätselhaften Mord an seiner kleinen Tochter wollte er sich nicht zu Hause in sprachloser Trauer vergraben. Das war er auch seinen beiden Söhnen schuldig, die schon wieder lachen und toben und nicht trübsinnig leise in ihrem Zimmer spielen wollten. „Papa, wenn wir still sind, kommt Lenchen ja auch nicht wieder“, meinte sein ältester Sohn Jochen, und Strübecke hatte sie beide in den Arm genommen. Die anderen Jäger vom Stammtisch schauten ihn unsicher fragend an, als er sich still und schüchtern auf die Bank setzte. „Hilft ja nichts“, sagte Strübecke dünn. „Hilft ja nichts.“

Nauroth bestellte bei Äffchen Fettweiß mit einer wortlosen Geste eine Runde für den Jägerstammtisch. Gierig schaute er auf den Rest von Rotteks Handkäse. Dann sah er dem Kommissar fragend in die Augen. „Was ist denn jetzt mit dem Bürgermeister?“

Rottek kaute andächtig zu Ende. „Wir wissen nichts“, sagte er. „Er ist verschwunden. Wir wissen noch nicht einmal, ob er es wirklich war. Ich kann natürlich nicht über alles reden. Aber in den nächsten Tagen werden wir verstärkt nach ihm fahnden.“

Es war am Tisch zu spüren, wie in Amtsgerichtsdirektor Washönig wieder ein Grimm hochkochte. Mörder zu sein, davon war er überzeugt, war eine ansteckende Krankheit. Übertragen von bösartigen Keimen. Seine tief herabhängende, tropfende Unterlippe zuckte. „Rottek, du sitzt im Wirtshaus beim Käs' und der Mörder läuft frei herum. Was denkt ihr Polizisten bloß, wenn ihr in eurer Wachstube hockt? Ihr habt ihn doch erst laufen lassen, den Spitzbuben? Oder wie? Und jetzt soll wieder nach ihm gefahndet werden? Das passt doch nicht zusammen?" Washönig geiferte. „Der Mann hat Todeskeime im Gehirn. Das hättet ihr doch wissen müssen. Todeskeime! Was ist das für ein Kommissar, der im Wirtshaus sitzt und Käs' isst, während sich draußen einer mit seinen Todeskeimen ein neues Opfer sucht? Der Bürgermeister ist wahrscheinlich schon längst über alle Berge. Der macht es sich irgendwo gemütlich, Rottek. Aber wenn ich ihn kriege, ich schwör's euch, ich zerquetsche ihn. Ihr könnt ja nach ihm fahnden, aber ich, ich werde ihn mir greifen, den Hund. Zerquetschen werde ich ihn. Totquetschen." Sein Blick wurde im Hass glasig. Er trank mit zitternder Hand einen Schluck Bier

Dorfschmied Strübecke schaute ihn verständnislos an. Gemüsebauer Nauroth nickte dem Amtsgerichtsdirektor ermutigend zu: „Zerquetsche ihn, Washönig! Zack! Zerquetsche ihn!"

Reifenhändler Orawski schüttelte seinen blonden Schopf und leckte die letzten Tropfen aus seinem Schnapsglas.

„Du, Washönig", meinte er. „In Schlesien damals, da hat es Detektive gegeben, die haben jeden Verbrecher gefasst. Die haben schon gleich neben dem Mörder gestanden, gerade wenn er seine Tat begangen hat. Das Blut tropfte noch vom Messer, da haben sie ihn verhaftet. Keiner ist entkommen. ‚Da ist die Leiche und du bist der Mörder, ich hab's genau gesehen, wie du's gemacht hast', haben sie gesagt, ‚ab ins Zuchthaus oder besser gleich an den Galgen'. So war's bei uns in Schlesien mit den Mördern. Kannst du glauben. Ist alles wahr."

Washönig schaute, immer noch von seinem eigenen Zorn betäubt, mit leerem Blick geistesabwesend in die Runde. Ein Zorn, der ihn für kurze Zeit sogar den Schmerz vergessen ließ.

Äffchen Fettweiß stellte die Bierseidel auf die zernarbte Tischplatte, zog einen Bleistiftstummel hinter dem Ohr hervor und machte Striche auf Nauroths Deckel. Die Skatspieler nebenan zankten sich lautstark, weil Pionier Spahr nicht gut gespielt hatte. „Du musst mir doch deine lange Farbe zeigen“, schimpfte Mecki Lindenhaus, „dann hätten wir gewonnen.“

„Habt ihr aber nicht“, feixte Pumpen-Heiner. „Ich kriege jetzt Einszwanzig von jedem.“

Für ein paar Sekunden war es still im Raum. Plötzlich wurde die Tür der Gaststube aufgerissen. Bürgermeister Ingo Dingens stürmte herein. Er blieb eine Sekunde laut lachend im Türrahmen stehen, rannte dann mit wirrem Blick tanzend von Tisch zu Tisch und schwang sein Messer. „Joho, joho, der Mörder kommt“, kreischte er singend dazu. Die Gäste erstarrten. Ingo blieb am Jägerstammtisch kurz stehen, griff sich den Bierseidel von Amtsgerichtsdirektor Washönig, trank ihn blitzschnell in einem Zug aus und hüpfte mit den Worten „Joho, joho, der Mörder haut wieder ab“ hinaus. Die schwere alte Tür fiel quietschend ins Schloss.

Rottek fasste sich als erster. Er rannte zur Tür, blieb oben auf der Treppe stehen. „Bleib stehen, du Idiot“, rief er ins Dunkel. Aber kein Laut kam aus der Nacht zurück.

Die Männer am Skattisch saßen immer noch mit offenem Mund da. „Nicht schlecht. Der Mann hat Schneid“, rief Dünners Paul am Kriegsveteranentisch begeistert. Rita Oberklein kicherte weiter mit ihrer Freundin, als wäre nichts geschehen. Ingo Dingens gab es für sie nicht mehr. Er war aus ihrer Welt abgetaucht in seine eigene Welt, in der es laut war und in der Gewalt vorkam, Unbeherrschtheit und Unberechenbarkeit. Die Männer, die zu ihrer Welt gehörten, waren entweder nützliche Deppen oder sie waren begehrenswert, sanft, freundlich, manchmal feurig und sie hatten etwas in ihren Augen, das Rita verrückt machte. Sie nannte das „Männerleuchten“. Das gab es nicht oft. Aber sie sah es sofort. Und Ingo hatte es nicht. Er war ein Depp. Nicht einmal ein nützlicher.

Rottek setzte sich wieder an den Jägerstammtisch. Äffchen Fettweiß schmunzelte hinter seinem Tresen. „Ich geh dann mal“, brummte Amtsgerichtsdirektor Washönig, stand auf, nahm seinen braunen Filzhut und seinen grünen Lodenmantel von der Garderobe. Alle hatten den kleinen blutigen Fleck hinten an seiner Hose gesehen. Es war ihm gleichgültig. Müde schlurfte er hinaus. In der Tür blieb er stehen und drehte sich um. „Du, Orawski“, sagte er mit einem bitteren, verzerrten Lächeln. „Ich glaube, bei euch in Schlesien wäre so was bestimmt nicht passiert.“

Kapitel 25

Die ersten zähen Herbstnebel lagen über der kleinen Stadt. Hauptwachtmeister Kesselring stapfte in den Garten, um vor dem Dienst noch schnell seine Hühner zu füttern. Mit engmaschigem Kükendraht hatte er den Zaun gegen den verhassten Fuchs aufwendig abgesichert. Denn der hatte seine Schar Kleiner Niederrheiner bereits schmerzlich dezimiert. Das Metallgeflecht grub Kesselring sogar einen Fuß tief ein, so dass der Hühnermörder sich nicht wieder unter dem Zaun durchbohren konnte.

„Kommt, meine Mädchen", lockte er schon von Weitem, und die Eierlieferantinnen antworteten ihm mit erwartungsvoll freundlichem Gackern. Aber Kesselring spürte sofort: Dieses Gackern klang dünner als noch am Vortag. Und als er unter seinen Lieblingen stand, da genügte ihm ein einziger Blick um festzustellen: Es fehlte schon wieder eine. Es waren nur noch drei. Hellbraune Federn hingen im Zaun und am Holunderbusch. Erfüllt von grimmiger Trauer streute Kesselring den Eimer Legegold unter die verbliebenen drei Hühner. Bekümmert sammelte er zwei Eier aus den Nestern und sah die Verwüstung, die der Fuchs im Stall angerichtet hatte. Auch hier war alles voller Federn des Opfers, und Kesselring mochte sich nicht vorstellen, welches blutige Drama sich hier in der Nacht abgespielt hatte.

Eine kurze Untersuchung zeigte ihm: Der Fuchs war diesmal über den mehr als meterhohen Zaun gesprungen und hatte das Huhn auch mühelos auf diesem Weg vom Tatort weggeschleppt. Die aufwendige Verstärkung war vergeblich gewesen. Kesselring ballte die Fäuste. Er hatte einen Kollegen, der Jäger war: Kommissar Rottek. Aber der versuchte gar nicht erst, als Waidmann diesen mordgierigen Fuchs zur Strecke zu bringen.

Mit dem Seufzer „Corinna, er war wieder da", betrat er die Küche, griff bedrückt seine Ledertasche mit dem liebevoll eingepackten Frühstück, nahm beim Abschied trostsuchend seine Frau in den Arm und verließ mit müdem Schritt das Haus.

„Ist irgendwas?", fragte Kommissar Rottek besorgt, als Kesselring sich schwermütig in die Polizeiwache schleppte.

„Meine Hühner", stöhnte Kesselring. „Der Fuchs hat sich wieder eins geholt. Er ist über den Zaun gesprungen.

„Ich werde da was machen", meinte Rottek. „Es soll in den nächsten Tagen Schnee geben und es geht auf Vollmond. Dann ist nachts Büchsenlicht und die Chancen stehen gut, dass ich ihn kriege. Versprochen."

Kesselring winkte schwermütig ab. „Ich habe keine Hoffnung mehr", klagte er mit dünner Stimme. „Meine Hühner. Meine lieben kleinen Hühner."

Die Sekretärin Elvira Duvenbeck unterbrach ihre Zehengymnastik und blickte entgeistert den unglücklichen Hauptwachtmeister an. So kannte sie ihn nicht. Kesselring, der sonst die schwierigsten Fälle ländlicher Kleinkriminalität energisch und beherzt löste, saß als ein Häufchen Elend an seinem Schreibtisch.

„Aber man kann sich doch neue Hühner kaufen?", fragte sie schüchtern. „Es gibt doch so viele Hühner auf der Welt."

Kesselrings Stimme blieb weinerlich. „Davon verstehen Sie nichts, Fräulein Elvira. Menschen sind käuflich. Hühner treten in dein Leben. Das vertraute Huhn, das wie ein Freund ist. Das dich kennt und dich liebt, ohne Fragen zu stellen. Jeden Morgen schaut es dich erwartungsvoll an, grüßt dich mit fröhlichen Lauten. Menschen wenden sich von dir ab, enttäuschen dich. Hühner nie." Seine Stimme wurde moosig weich bei diesen Worten.

Elvira Duvenbeck nickte nachdenklich und verständnisvoll. Dann begann sie wieder mit ihrer Fußgymnastik. Kastanien greifen mit den Zehen. Gestern Abend glaubte sie, dass ihre Waden schon die Säulenform verloren hatten und bauchiger geworden waren. Sie hatte ihre Beine vor dem Spiegel hin- und hergedreht und war ganz sicher, dass auch ihre Fesseln schlanker geworden waren. Durchrieselt von einem kleinen, warmen Glücksgefühl schlief sie ein.

Jetzt ruhte ihr nachdenklicher Blick noch einmal lange auf Kesselring. Männer waren Rätsel. Das wurde ihr immer klarer. Sie war unendlich bereit, einem Mann Liebe zu geben, Zärtlichkeit und Lebensglück. Alles eigentlich. Ein unstillbares Verlangen nach Nähe und Geborgenheit erfüllte sie. „Warum will mich keiner?", war die Frage, die sie sich jeden Tag stellte. Aber sie erhielt keine Antwort. Stattdessen verbrachte sie ihre Tage in der Polizeiwache mit einem Kollegen, dessen große Liebe Hühner waren.

Hatte sie vielleicht irgendetwas Wichtiges von der Welt nicht verstanden? Was hatten Kesselrings Hühner, das Frauen nicht besaßen? Kesselring könnte doch von seiner netten Corinna berichten, die ihn umsorgte, und von dem Zusammenleben mit ihr, von den wohlgeratenen Kindern. Nein, er schwärmte von seinen Hühnern wie von Mätressen. Kuschelte er mit ihnen? Küsste er sie? Sie weigerte sich, den Gedanken weiterzuspinnen. Sie war schließlich sicher, dass sie Kesselrings Glücksmodell auf ihr Leben nicht anwenden konnte. Selbst dann, wenn sie es verstehen würde.

„Hauptwachtmeister, ich möchte nicht pietätlos sein, aber wir haben außer Ihren Hühnern noch andere geringfügig wichtigere Fälle zu klären", sagte Rottek trocken in die sekundenlange Stille.

Kesselring lächelte dünn und lehnte sich auf seinem Stuhl zurück. „Sie sind der Meisterdetektiv, ich bin nur der Schutzmann mit dem Gummiknüppel", brummte er mit festerer Stimme. „Zwischen uns klaffen Gehaltsklassen. Das liegt an den kriminalistischen Höhenflügen. Für die sind Sie zuständig. Aber ich helfe gerne, wenn es mal mit den Untersuchungen nicht so recht klappt. Können Sie sich noch daran erinnern, wie sie auf dem Almersbacher Kirchweg mal im Dunkeln auf dem Fahrrad mit einer entlaufenen Kuh zusammengestoßen und schwer gestürzt sind? Da habe ich mir gedacht: Der Junge ist gar nicht dumm, er braucht nur jemanden, der ihm mal Licht ans Fahrrad macht. Und, Herr Kommissar, mit Verlaub, das denke ich heute ab und zu immer noch."

Ein merkwürdiges Klappern näherte sich draußen und wurde lauter. Durch ihr Fenster sah Elvira Duvenbeck, wie der pensionierte Pastor Löselein sich auf dem Gehweg gebeugt und langsam näherte und seinen Krückstock bei jedem Schritt energisch auf das Pflaster stieß. Dünnes graues Haar flatterte unter seinem Pepitahut. Er drückte die Tür zur Wache auf. Unter dem Arm hielt er eine schwarze Aktenmappe. „Gott zum Gruße!", rief er mit seiner hellen Stimme. „Ich habe im Garten etwas gefunden", sagte er wichtig und schwenkte die Aktentasche. Rottek zeigte freundlich auf den Stuhl vor seinem Schreibtisch.

Pastor Löselein setzte sich, kramte einen in Zeitungspapier eingewickelten, länglichen Gegenstand hervor und legte das Paket vor Rottek auf den Schreibtisch. „Lag in meiner Eibenhecke", sagte er. „Habe ich gestern Nachmittag bei der Gartenarbeit gefunden. Ich dachte, vielleicht ist es für Sie interessant wegen dieser wilden Geschichten. Wenn es mit so einer Sache zusammenhängt."

Rottek wickelte den Gegenstand aus. Zum Vorschein kam ein großes Jagdmesser mit Hirschhorngriff. Die Klinge war blutverschmiert. Er und Kesselring schauten sich an.

„Das lag in Ihrem Garten?", fragte Kesselring.

„Genau. In meinem Garten, ein paar Meter von der Wilhelmstraße weg."

„Und es gehört ganz sicher nicht Ihnen oder Ihrer Frau?"

„Ganz sicher. Meine Frau hat Angst vor solch großen Messern. Die ist sehr sensibel."

„Stimmt", knurrte Hauptwachtmeister Kesselring, „wir hatten erst kürzlich das Vergnügen mit Ihrer sensiblen Gemahlin."

„Hat sie etwas angestellt, von dem ich nichts weiß?", fragte der Geistliche besorgt.

Kesselring winkte beruhigend ab. „Nein, das war rein privat, eher ein Zufall."

Rottek packte den Fund wieder in das Zeitungspapier ein. „Wir schicken das Messer zu den Experten nach Koblenz und die untersuchen das Teil gründlich. Kann gut sein, dass uns das weiterhilft. Erst einmal unseren herzlichen Dank, Herr Pastor."

Löselein griff seinen Krückstock und schlurfte nach draußen.

„Ein Messer", stellte Kesselring fest.

„Ein interessantes Messer", meinte Rottek.

Mit der Aufklärung der Morde kamen sie nicht weiter. Der tatverdächtige Ingo Dingens war weiter auf der Flucht. Im gesamten Landkreis fahndete man nach ihm. Popel Troost und seinen Gehilfen waren wegen möglicher Verwicklung in Gewalttaten mehrfach verhört worden. Aber der dreistrahlige Pinkler Frohberger wollte Männel nicht wiedererkennen als den Täter, der in Siebensterns Kühlkammer das Wildschwein gestohlen, ihn zusammengeschlagen und mit dem Unterkiefer an einen Fleischerhaken gehängt hatte.

„Der Mann sah anders aus. Ganz anders ", erklärte er bei der Gegenüberstellung auf der Wache. Männel in seiner grauen Latzhose schaute ihn dabei fest und drohend an. Er ballte sogar halb versteckt die rechte Faust. „Eher so ein Zigeunertyp", stammelte Frohberger, „klein und schwarzhaarig. Ich bin mir sicher."

„Der kleine Zigeuner hat das Wildschwein weggeschleppt, dich gegriffen und an den Haken gehängt?", fragte Kesselring mit ironischem Unterton. Der dreistrahlige Pinkler wand sich und atmete schwer. „Ja, war ein Kraftpaket", antwortete er mit kehliger Stimme. „Ein richtiger Brocken."

Und mit dem Messermord an Siebenstern hatten die beiden nichts zu tun. Das war sicher. Obwohl der Apotheker sie kurz vor seinem Tod als Täter genannt hatte. Aber Popel Troost und Männel saßen zu dem Zeitpunkt, in dem der Apotheker behauptete, von einem von ihnen erstochen worden zu sein, im „Grünen Baum" beim ausgiebigen Frühstück. Äffchen Fettweiß hatte es bestätigt. Er konnte sogar noch die Einzelheiten benennen: „Tilsiter Käse, Schwartenmagen, Teewurst, Brombeermarmelade und dazu Mohnbrötchen und Fackelmanns Schwarzbrot. Dann haben sie noch Rührei bestellt. Der Dicke hat hinterher auch noch Sekt getrunken. Die haben da bis fast elf Uhr gesessen."

Rottek und Kesselring blickten schweigend auf das Messer, als das Telefon klingelte. Kesselring warf sofort jubelnd die Arme hoch: „Es ist Ingo Dingens. Er stellt sich und hat ein Geständnis vorbereitet. Wir müssen ihn nur an der Telefonzelle in Weyersbusch abholen."

Aber es war nicht Ingo Dingens. Es war Staatsanwalt Baumdienst.

„Rottek, wie weit sind Sie mit Ihren Geschichten? Alles soweit aufgeklärt, nehme ich an? Sind ja eine tüchtige Truppe. Tüchtige Truppe. Täter sitzt und ist geständig, so wie ich Sie kenne. Wollte mich nur noch eben vergewissern. Fliege morgen früh mit meiner Frau nach Teneriffa. Ich habe ja meine ganze Energie in Ihren Fall gesteckt, Rottek. Brauche jetzt mal eine Auszeit. Eine Auszeit. Hat Hauptwachtmeister Kesselring an den erfolgreichen Ermittlungen maßgeblich mitgewirkt?"

„Natürlich, Herr Staatsanwalt. Der Zugriff erfolgt umgehend, Herr Staatsanwalt. Wir haben alles soweit vorbereitet. Hauptwachtmeister Kesselring observiert seit Tagen den Schlupfwinkel des Täters. Die Festnahme ist nur noch eine Frage von Stunden."

„Bin stolz, Rottek. Bin stolz. All right, sprach die Maid und hob das Kleid."

„All right“, sagte Rottek. Aber der Staatsanwalt hatte schon aufgelegt.

Das Telefon klingelte schon wieder. Rottek verdrehte die Augen, Kesselring hielt sich die Ohren zu.

„Ich verbinde“, sagte Elvira Duvenbeck hastig und riss beschwörend die Augenbrauen hoch. Es war Rita Oberklein aus dem Rathaus.

„Ingo ist hier“, flüsterte sie. „Er hat sich hereingeschlichen, sitzt an seinem Schreibtisch.“

„Sie sind in Gefahr“, meinte Rottek, „fliehen Sie!“

„Nein. Er hat mich noch nicht gesehen. Ich bleibe hier. Er wird mir sicher nichts tun.“

„Der Bürgermeister ist im Rathaus“, rief Rottek halblaut dem Hauptwachtmeister zu. Kesselring sprang auf.

„Moment“, flüsterte Rita Oberklein in den Hörer. „Moment. Warten Sie…“ Sekunden vergingen. Kesselring setzte seine Kappe auf und schnallte sein weißes Lederkoppel um. Nach fast einer Minute sprach Rita Oberklein wieder. Fast erleichtert. „Ich glaube, er ist weg. Oder…“ Dann hörte Rottek durch das Telefon einen erstickten Schrei, ein Gurgeln und ein Poltern, wie von einem Kampf. Ratlos schaute er den Hauptwachtmeister an. Zehn oder vielleicht auch zwanzig Sekunden lang lauschte er erstarrt, abwartend und unsicher. Dann griff er schnell seine Pistole aus der Schreibtischschublade und die beiden Polizisten rannten hinaus zu dem grünen Polizeikäfer. Aber Kesselring hatte den Autoschlüssel am Bord des Geräteschranks vergessen und lief schnaufend noch einmal zurück. In seiner Aufregung würgte er beim Anfahren den Motor noch zweimal ab. Erst dann rasten sie mit Blaulicht und Martinshorn los zum Rathaus.

Rita Oberklein war tot. Sie lag rücklings völlig nackt auf dem Schreibtisch des Bürgermeisters. Ihre Kleidungsstücke vom Leib gerissen, auf dem Boden verstreut. Der Büstenhalter lag über dem umgekippten Ledersessel. Ihr Kopf mit der blonden Mähne hing von der

Tischplatte herunter. Die Augen waren halb geschlossen. Der Lippenstift über den wie im Schrei geöffneten Mund verschmiert.

„Eine Bestie“, murmelte Kesselring. „Eine Bestie.“

Rottek sah aus dem Fenster, ob Ingo draußen zu sehen wäre. Aber die Straße war menschenleer.

„Was machen wir jetzt?“, fragte Rottek.

Er erhielt keine Antwort. Er dreht sich zu Kesselring um. Der hatte das Gesicht in den roten, massigen Händen vergraben und weinte fassungslos.

Kapitel 26

Der schwarze Heckflossen-Mercedes rollte auf den Parkplatz vom „Grünen Baum“. Popel Troost im langen braunen Ledermantel und Männel in der grauen Latzhose stiegen aus. „Popel, sieh mal, ein Hundi“, rief Männel und zeigte auf Rotteks Foxterrier Toni, der auf dem Treppenpodest vor der Wirtshaustür saß. Seit Toni im Hof der Gaststätte eine Ratte gefangen hatte, brachte Äffchen Fettweiß ihm fast täglich eine Wildschweinfrikadelle hinaus oder ein Stück Sülze, das ein Gast nicht aufgegessen hatte. Deshalb gehörte ein hoffnungsvoller Gaststättenbesuch zur Vormittagsrunde von Toni. Doch heute hatte der Wirt ihn trotz mehrfachen energischen Kläffens noch nicht bemerkt.

„Brauchst du nicht einen Hund für die Jagd?“, fragte Männel. „Der hier ist doch niedlich. Den kannst du heute Abend in der Itterquelle laufen lassen. Das wird doch mal wieder eine Zirkusnummer, Kuhschweinhuhn.“

„Gut. Nimm ihn mit“, meinte Popel Troost lachend. „Steck ihn in den Kofferraum. Den lassen wir nachher in der Kneipe so lange kläffen, bis jemand eine Lokalrunde gibt.“

Männel stieg in seiner grauen Latzhose langsam die Treppe zur Tür hoch, wo Toni mit schief gelegtem Kopf nach innen lauschte, ob sich die erlösenden Schritte von Äffchen Fettweiß möglicherweise näherten. „Gutes Hündchen“, murmelte Männel sanft. „Braves Hündchen.“

Als er dem Hund auf wenige Schritte näherkam, streckte er sachte die Hände vor. „Komm zu mir, mein guter Hund.“ Dann schnellte er vor und griff sich den überraschten Toni. Doch es dauerte nur den Bruchteil einer Sekunde, bis der Foxterrier die bedrohliche Lage erkannt hatte. Wütend biss er Männel derart kräftig und entschlossen in die Hand, dass der ihn sofort wieder losließ und vor Schmerz aufheulte. Toni sprang die Treppe hinunter und spürte, dass es besser war, sich von diesem Ort zu entfernen.

„Popel, die Töle schnappt, schieß sie tot!“, rief Männel in gellendem Diskant. Das Blut strömte aus einer klaffenden Wunde am Handballen. Obwohl er die Ränder der Verletzung mit der linken Hand zusammenpresste, blutete sie stark. Männel stürmte in die Gaststube. Popel Troost watschelte hinter ihm her.

„Herr Wirt, wo ist hier ein Arzt?“, kreischte Männel ins Lokal. „Ich bin schwer verletzt.“ Äffchen Fettweiß schaute ihn fragend an.

„Ein bissiger Hund“, rief Männel. „Er hat mich angefallen. Habe ich jetzt Tollwut?“

Äffchen Fettweiß besah sich die Wunde. „Da machen wir erst mal ein großes Pflaster drauf.“ Eine der Schubladen seines Tresens enthielt Verbandsmaterial, denn seine drei Enkel bezahlten für die Freiheit ihres Landlebens häufig mit aufgeschürften Knien und Ellbogen, Beulen, Prellungen und Schnittwunden sowohl vom Spiel mit Glasscherben als auch von allzu scharfen Taschenmessern.

Die Wirtshausköchin Irmela nahm sich des blutenden Handballens an und verband ihn kunstvoll. Männel setzte sich zu Popel Troost an den Tisch und verzog leidend das Gesicht. „Es pocht. Verdammter Köter!“, rief er. „Kuhschweinhuhn, Popel, im Westerwald sind sogar die Hunde durchgeknallt.“

Draußen fuhr der grüne Polizeikäfer mit Rottek und Kesselring schnell vorbei.

„Einsatz“, murmelte Popel Troost halblaut und blickte dem knatternden VW hinterher. Und dann, lauter: „Polizei im Einsatz. Ist wieder was passiert bei euch, Herr Wirt?“

Äffchen Fettweiß nahm seine Brille ab und wischte sich über die müden Augen. Letzte Nacht hatte er wieder einmal nicht schlafen können vor Schmerzen. Die linke Hüfte, Verschleiß. Er wusste nicht, wie er liegen sollte, ohne dass ihn dieser reißende Schmerz quälte. Doktor Rotgold gab ihm teure Spritzen. Die wirkten zwei, drei Tage. Aber irgendwann kehrten die Qualen zurück. Und das schöne Geld war weg. Das schmerzte ihn fast mehr als die Hüfte.

„Sie wissen doch: unser Bürgermeister", erzählte Äffchen. „Der Bürgermeister wird gesucht. Mordverdacht. Jetzt hat er auch noch seine Sekretärin vergewaltigt und erwürgt. Er soll sich im Wald verstecken. Morgen beginnt eine große Fahndung."

„Wir kennen den Mann", sagte Popel Troost wichtig. „Der ist nicht ganz richtig im Kopf."

Äffchen Fettweiß hob abwehrend die Hände. „Sagt man so. Sagt man so. Aber irgendeinen kleinen Schatten haben wir ja alle, glaube ich."

„Hier im Westerwald besonders, Kuhschweinhuhn", kicherte Männel.

„Einen Mörder als Bürgermeister, das hat nicht jeder", kicherte Popel Troost und gierte auf den Teller mit den knusprigen Brötchen, den der Wirt auf den Tisch stellte. „Bei euch ist alles irgendwie sehr speziell. Ein ganz spezieller Ort."

Der Wirt blieb neben dem Tisch stehen. Popel biss schon in ein Mettbrötchen. „Ein guter Ort. Meine Familie lebt hier schon lange", sagte Äffchen Fettweiß. „Es gibt immer mal wieder Unruhe, wenn einem von uns hier was Schräges in den Kopf kommt und wenn er sich nicht wieder einsortieren kann. Irgendeinen Idioten gibt es immer. Der Name ändert sich. Aber die Idioten wachsen nach. Herr, die Menschen sind immer nur so gut wie die Zeiten, in denen man lebt. Aber wir kommen hier sonst ganz gut miteinander aus."

Popel Troost griff sich noch ein Fleischsalatbrötchen und trank Sekt dazu. Er winkte heftig kauend mit fettigen Fingern ab. Statt seiner ergriff Männel das Wort. „Wir fühlen uns nicht wohl hier", klagte er und schaute betrübt. „Gewalt, Gesetzlosigkeit, Kriminalität. Menschen, die das Recht nicht achten. Beißwütige Hunde. Wir sind entsetzt. Eine liebenswerte kleine Stadt im Westerwald, so glaubten wir. Wollten hier heimisch werden, ehrbare Bürger sein. Alles war schon geregelt. Aber jetzt… Wer weiß, was hier sonst noch alles an bösen Dingen schlummert."

Äffchen Fettweiß schlurfte zum Tresen. „Wenn das alles mal vorbei ist mit dieser ganzen Aufregung, dann sieht es hier anders aus. Sie haben jetzt ein falsches Bild von uns. Wir sind nicht so, wie Sie meinen. Als die Amerikaner hier einmarschiert sind nach dem Krieg, da haben welche von denen genau an Ihrem Tisch gesessen und gesagt: ‚So nice, so nice. Gute Leute hier. Keine Nazis.' Stimmte ja auch, gewissermaßen. An dem Tag gab es dicke Bohnen mit Kochwurst. Das mochten sie nicht. Da hat meine Mutter Schnitzel gemacht mit Bratkartoffeln. Von da an wollten sie nur noch Schnitzel. Und sie haben immer gerufen: ‚Alle Leute nice in Schnitzeltown'. Wie es so war."

Männel lachte: „Schnitzeltown, das ist Englisch. Popel, hast du gehört: Wir sind hier in Schnitzeltown." Der Schrotthändler hatte den Mund voll. Er winkte bestätigend mit dem Zeigefinger und nickte fettig lachend dazu mit halb offenem Mund, so dass feuchte Krümel vom halb zerkauten Brötchen auf den Tisch flogen.

Äffchen Fettweiß schaute nach draußen, wo die Krähen sich hinter Brockmanns Scheune auf der Rübenmiete zankten. Er sprach, ohne die beiden anzuschauen. „Wir sind hier tief im Westerwald. Träges Blut. Wir haben gelernt, mit den Steinen zu leben, mit undankbarem Boden und mit schweren Zeiten, die kein Ende nahmen. Hier sind immer Menschen hergekommen, die schnell wieder wegwollten. Deshalb kennen wir das. Wir kennen das, wenn Menschen so über uns reden wie Sie. Das gehört zu unserem Leben, seit vielen Hundert Jahren. Aber das hier ist unser schweres, karges Land. Unser

Blut, unser Schicksal. Daran ändern Sie nichts mit Ihrem Reden. Das bleibt. Und wenn Sie längst gegangen sind, dann werden die Menschen hier weiter leben mit dem müden Boden, mit der Last der Steine und mit den stillen Wäldern. Manche werden sich fragen, warum sie hierbleiben. Aber auch wenn sie keine Antwort finden: Sie bleiben hier."

Äffchen Fettweiß wandte den Kopf und stellte fest, dass die beiden ihm überhaupt nicht zugehört hatten. Aber das war ihm gleichgültig.

„Wann ist die Fahndung nach dem Bürgermeister im Wald?", fragte Männel.

Äffchen Fettweiß hob die Schultern. „Ich weiß nicht genau. Die nächsten Tage, hab' ich gehört. Morgen oder so. Am besten mal bei der Polizei nachfragen."

Popel Troost und Männel schauten sich einige Sekunden lang an. Popel nickte mit einem öligen, zustimmenden Grinsen seiner von Mayonnaise verschmierten Lippen, schluckte schnell und stieß dann glucksend hervor: „Das wird was, Männel, da sind wir dabei."

Männel hob die Augenbrauen: „Kuhschweinhuhn, das wird was für uns," sagte er halblaut. „Lustig ist die Jägerei, Popel. Lustig ist die Jägerei."

Kapitel 27

Die Wipfel von Jagenbergs Tannen standen klamm im Herbstnebel. Am Boden war die Sicht klar. Junge, meterhohe Fichten wuchsen zwischen den mächtigen Stämmen. Amtsgerichtsdirektor Washönig pirschte am Waldrand langsam von Baum zu Baum und spähte mit dem Fernglas in den Wald. Seine Merkel-Doppelbüchse 9,3 x 62 trug er auf der Schulter. Hier irgendwo in diesem Dickicht, so glaubte er, würde er Ingo Dingens finden. Er war sicher, seine Nähe zu spüren. Washönig wollte eigentlich versuchen, ihn gefangen zu nehmen. Aber lieber würde er ihn erschießen. So, wie man eben einen mehrfachen Mörder erschießt. Er träumte von einem Kopfschuss. Dass dem Bürgermeister der Kopf auseinanderflog wie den Rehen, die Washönig grimmig lachend in den Kopf schoss, wenn die Wut auf die Welt und auf ihn selbst übermächtig wurde in ihm. Gefahrenabwehr. Das war die richtige Idee. Der verwirrte Bürgermeister habe ihm gegenüber eine schwere Gefahr für die Allgemeinheit angekündigt, würde Washönig behaupten. Eine irrwitzige Gewalttat gegen die Bürger der Stadt. Habe sich aber der Festnahme entzogen, und deshalb musste Washönig auf ihn schießen, um den Verbrecher zu stoppen und von seiner Bluttat abzuhalten. Er lächelte dünn. Keiner könnte ihm das Gegenteil beweisen. Wenn der Bürgermeister erst mal tot war, würden alle aufatmen. Und er, Washönig, hätte die kleine Stadt von diesem verrückten Mörder erlöst. Da würde es hinterher keine Fragen mehr geben. Einem glorreichen Retter stellt man keine dummen Fragen.

Washönig lächelte immer noch. Er hatte eine gute Zeit. Gestern war ihm auch noch die Lösung für das Kerschbaum-Problem eingefallen. Die Kerschbaums begingen Straftaten. Schwere Straftaten. Das glaubte jeder zu wissen. Aber niemand konnte ihnen etwas beweisen. Das ärgerte Washönig maßlos. Diese gesetzlose Sippe lebte vergnügt und feixend in Weyersbusch. Washönig schäumte, wenn er daran dachte. Der alte Jupp Kerschbaum, das war sein Todfeind. Ein listiger, verschlagener Hund. Den hatte er gestern ins Gericht einbestellt.

Denn jetzt würde Washönig diese Bande dezimieren. Es würde den alten Kerschbaum ins Mark treffen. „Ich habe mit dem Jugendamt gesprochen", hatte er ihm gestern eröffnet, und seine Unterlippe hing auf der rechten Seite böse tropfend hinunter. „Bei euch ist das Kindeswohl in Gefahr. Da bin ich sicher. Ihr trinkt Alkohol, und die Kinder schrauben an Autos, statt zu spielen. In der Schule fehlen sie auch manchmal. Ich mache jetzt einen Beschluss fertig. Deine drei Jüngsten kommen ins Erziehungsheim. Jeder in ein anderes. Vielleicht, wenn sie sich bessern, dürfen sie irgendwann wieder nach Hause. Aber das kann dauern. Das ist vielleicht nicht schön für dich, aber du hast ja immer noch drei andere Jungen zu Hause."

Jupp hatte ihn lächelnd angesehen. „Direktor, glaubst du, was du sagst?"

Washönig erstarrte. Seine fleischige Unterlippe zitterte. „Ich bin Richter, Kerschbaum. Und ich richte so, wie es mir passt. Deine Drecksbande werde ich zehnten. Und du kannst drauf warten, dass ich euch irgendwann alle einsperre. Ich schwöre es dir. Und jetzt raus. Das Gespräch ist beendet."

Der alte Kerschbaum stand auf und verbeugte sich, das grüne Barett der Fremdenlegion in der Hand. „Gnädiger Herr", murmelte er unterwürfig. „Wie es beliebt. Stets, wie es beliebt." Sich ständig verbeugend, ging er rückwärts aus dem Raum und schloss die Tür.

„Du Insekt", nuschelte Washönig in seinen von der hängenden Unterlippe nass getropften Aktenordner, „du widerliches Insekt."

Das war gestern gewesen. Das war sein Triumph über den alten Kerschbaum. Und während er jetzt in Jagenbergs Tannen nach dem

Bürgermeister spähend von Baum zu Baum schlich, formulierte er in Gedanken schon lustvoll die Verfügung, mit der er die drei jüngsten Kerschbaums ins Erziehungsheim verfrachten würde.

Doch Washönig spürte, dass ihm noch ein weiterer Triumph vergönnt war. Er würde auch Ingo Dingens zur Strecke bringen. Es konnte nicht mehr lange dauern. Er badete schon in dem Ruhm, der ihm zuteil sein würde. Am Jägerstammtisch würde man ihn feiern. Die Zeitungen würden über seinen Mut und sein Pflichtbewusstsein auf der ersten Seite schreiben: Er, Washönig, der heldenhaft die Stadt von der Geißel Ingo Dingens erlöste. Der Amtsgerichtsdirektor schloss kurz die Augen und lehnte sich wohlig lächelnd in seinem dicken Lodenmantel an einen Fichtenstamm.

Der Schuss traf ihn in die linke Seite dicht unter der ersten Rippe. Washönig fühlte einen heftigen Stoß und spürte nach ein paar Sekunden, wie Blut an seiner Hüfte hinunterlief. Dann kam der Schmerz. Erst klein und fremd, dann immer stärker. Washönig presste den Ellenbogen auf die Wunde. Er drehte sich um, suchte im Schock mit den Augen seinen dunkelgrünen Ford Taunus 17 M mit dem weißen Dach, den er hundert Meter zurück unten an Rogalskis Apfelgarten abgestellt hatte. Und ging schnellen Schrittes durch das nasse Gras zum Auto, immer noch den Ellenbogen in die Seite gepresst.

Er warf das Gewehr auf den Rücksitz und stieg in den Wagen. Aus den Augenwinkeln sah er, wie der alte Jupp Kerschbaum auf halber Strecke zum Waldrand hinter einem einzelnen Eibenbusch hervortrat. Jupp fixierte ihn, während er langsam den Colt Python mit dem 6-Zoll-Lauf in den Gürtel steckte. Washönig nahm ihn nur am Rande zur Kenntnis. Er krümmte sich im Schmerz hinter dem Steuer und raste davon.

Stöhnend betrat er seine Wohnung. „Ich leg mich eine halbe Stunde hin“, rief er seiner Frau zu. „Mir ist nicht gut.“ Sie trat im türkisfarbenen Kostüm und rosa Bluse aus ihrem Salon und sah den großen blutigen Fleck auf seinem Lodenmantel. „Was ist los?", rief sie, „Du blutest ja! Gehst du zum Arzt?"

Washönig winkte ab. „Wird wieder, wird wieder", keuchte er, „eine Schramme, kleiner Jagdunfall, ich leg mich erst mal hin." Mit einer Handbewegung scheuchte er sie weg, als sie noch fragen wollte. „Lass mich in Ruhe!"

Denn er gönnte weder seiner Frau noch dem Doktor Rotgold mit seinen dämlichen Witzen den Triumph, ihn krank und verletzt zu sehen. Im Lodenmantel legte er sich vorsichtig auf sein Bett. Der Schmerz wurde stärker. Washönig ächzte bei jedem Atemzug. Das Bett war voller Blut. „Die Milz ist getroffen", dachte er. „Es ist die Milz. Aber die ist ja nicht lebenswichtig. So eine Wunde, die heilt ja irgendwann. Nach drei Tagen, sagt man wohl, beginnt die Heilung. Und ohne Milz kann man problemlos weiterleben."

Die Wunde wurde heiß. Schemenhaft sah Washönig wieder den alten Kerschbaum neben dem Eibenbusch stehen, den silbernen Colt Python, Kaliber 357 Magnum, fest in der rechten Hand. Jupp hatte nicht gelächelt. Er hatte nicht triumphiert. Er hatte gewonnen, das war alles. Er war ein Sieger, der ihn, den Verlierer nicht auslachte. Die Sache war geklärt zwischen ihnen beiden. Washönig hatte es verstanden.

Er lag noch am Nachmittag im Mantel auf seinem Bett, als das Fieber kam. Eine plötzliche Hitze im ganzen Körper. Und gleichzeitig eine durchdringende Kälte, die ihn lähmte und ihm den Hals zuschnürte. Er hatte nicht mehr die Kraft, eine Decke über sich zu ziehen. „Wasser!", flüsterte er immer wieder zitternd. „Bring mir Wasser!" Aber seine Frau hörte es nicht. Sie saß beim Rommé-Kränzchen im Café Weiler. Das Fieber packte seinen massigen Körper, dass er sich bebend aufbäumte. Das Fieber betäubte ihn, aber der Schmerz bohrte sich immer noch in sein Bewusstsein. Als es dunkel geworden war, brüllte er so laut, dass es über die Frankfurter Straße schallte. Seine Frau hörte es, als sie nach Hause kam. Sie trat ins Zimmer.

„Hilf mir", schrie Washönig heiser. „Hilf mir doch. Hol Wasser, Frau! Wasser!"

Frau Washönig schaute kalt auf ihn hinunter. Sie blieb stehen. „Es geht nicht", sagte sie leise. „Das geht alles nicht. Ich habe dich verhext. Und jetzt wirst du verrecken." Der Amtsgerichtsdirektor starrte sie mit weit aufgerissenen Augen an und brüllte heiser, bis seine Stimme brach und nur noch ein leises Stöhnen zu hören war.

Die Sepsis tötete ihn am frühen Morgen. Keiner wusste, woher die Schusswunde stammte, die ihn gefällt hatte. Nach der Kugel suchte man gar nicht erst.

Seine Beerdigung war seit Jahrzehnten die größte in der Stadt. Sogar die Kerschbaums waren dabei. Mit der ganzen Familie.

Kapitel 28

Rottek packte das Reh und zog es von der Pritsche seines DKW Munga. Im Kalten Grund hatte er am Nachmittag angesessen. Da hatte sich dieses Kitz auf die Äsungsfläche geschleppt. Es lahmte stark. Ein Lauf war wohl bei einem Autounfall gebrochen. Rottek trug das Tier ins Kühlhaus und hängte es auf. Er schaute sich die Verletzung näher an. Dabei sah er, dass es eine Schusswunde war. Der Knochen war dicht unter dem Blatt durchschossen.

Er stutzte. Wer sollte in seinem Revier auf dieses Reh geschossen und das schwer verletzte Wild nicht erlöst haben? Schon öfters hatte es in den letzten Monaten Meldungen gegeben über rätselhafte Schüsse, über angeschossenes Wild und sogar über Rehböcke, denen man das Haupt mit der Trophäe abgetrennt hatte. Den Rest ließ der Täter verludern. Offensichtlich ein schießwütiger Wilderer, dem das Wildbret gleichgültig war. Er hatte bislang nur gehört von solchen gewissenlosen Typen, die ballern wollten, und denen das Leid der Tiere gleichgültig war. Jetzt trieb sich also einer hier in der Gegend herum. Als ob die Polizei derzeit nicht schon genug Arbeit hatte.

Rottek schloss die Tür der Wildkammer und ging zum Forsthaus hinüber. Ein überraschend milder Novemberabend. Sternenklarer Himmel. Anitas Jungen standen auf dem Hof und suchten den Großen Wagen. Rottek setzte sich auf die Eichenbank am Holzschuppen. Die beiden setzten sich neben ihn und Rottek zeigte ihnen das Sternbild am Nordwesthimmel. Die Deichsel und den Kasten, und in fünffacher Verlängerung der Sterne Merak und Dubhe den Polarstern. Foxterrier Toni setzte sich dicht neben sie und schaute ebenfalls nach oben.

Einige Atemzüge lang saßen sie still. Klaus, der jüngere, hob den Kopf und schaute Rottek an. „Du, sag mal. In der Schule erzählt man, der Mörder hat sich im Wald versteckt. Kommt er jetzt auch zu uns?"

Rottek legte die Arme um die beiden. „Zu uns traut sich kein Mörder", sagte er. „Wir sind stark und unverletzlich. Das wissen die Verbrecher. Außerdem sind wir die Polizei. Wer hierher kommt, der wird sofort eingesperrt."

Die Kinder kicherten erleichtert. Rottek erzählte ihnen, wie der Große Wagen an das Sternenzelt kam: Vom Gott Dionysos, der vom Himmel zu Besuch auf der Erde war und den ein armer Hirte bewirtet hatte. Zum Dank hatte Dionysos ihm das Geheimnis der Weinzubereitung verraten. Der Hirte wurde aber bei einem Besäufnis von Zechkumpanen erschlagen, und ihm zum Ehren hängte Dionysos dessen Wagen an den Himmel.

„Er wurde erschlagen? Da gab es ja auch schon Mörder. Überall sind Mörder", sagte der kleine Klaus nachdenklich. „Warum hat denn der Gott dem armen Hirten nicht geholfen?"

Rottek suchte noch nach einer halbwegs klugen Antwort, als Toni zu knurren begann. Das Knurren wurde drohender, und plötzlich rannte Toni mit wütendem Kläffen so schnell los, dass der Kies unter seinen Pfoten wegspritzte. Von der Giebelseite des Forsthauses hörte man ein Knacken und Brechen. Tonis Bellen klang immer noch gefährlich, aber es entfernte sich und wurde immer leiser.

Die Kinder lauschten angestrengt ins Dunkel. „Vielleicht Damwild", meinte Rottek beruhigend. „Die kommen ja jetzt bis ans Haus, wegen der Eicheln. Aber Toni bewacht uns."

Sie saßen schweigend. In der Küche klapperte Anita mit den Töpfen. Für heute Abend hatte sie Wildschweingulasch mit Nudeln versprochen. Rottek würde einen Salat dazu machen. Und hinterher vielleicht Bratäpfel. Sie hörten das leise Tappen von Tonis Pfoten. Er setzte sich hechelnd neben sie und lauschte aufmerksam in die Richtung, aus der er zurückgekehrt war. Ab und zu knurrte er noch einmal leise.

„Das war bestimmt Damwild“, meinte Rottek. „Kommt, wir gehen ins Haus. Ich mache uns einen Salat mit Zitronensahne.“

„Wer zuerst da ist!“ Die Jungen rannten los. Rottek und Toni rannten hinterher. An der Haustür stoppten die Kinder plötzlich. Gebannt schauten sie auf die obere Treppenstufe. Dort, auf dem ausgetretenen roten Sandstein, lag ein großes Jagdmesser.

Kapitel 29

Erst am späten Vormittag brach die Sonne durch den Novembernebel. Gastwirt Äffchen Fettweiß trat aus dem „Grünen Baum“, lehnte sich mit dem Rücken an die eichene Eingangstür und wandte das müde Gesicht den warmen Strahlen zu. Die Wärme strömte wohltuend durch seinen alten, schmerzenden Körper. Reglos verharrte er so, vielleicht drei Minuten lang. Als er die Augen wieder öffnete, stand Ingo Dingens neben ihm, den Blick gesenkt. Der Wirt war nicht erstaunt. Für einen Moment schaute er den Bürgermeister abschätzend an. „Komm rein“, sagte er dann.

Der Bürgermeister setzte sich an seinen alten Stammplatz an dem kleinen Tisch neben der großen Klivie, links vom Tresen. „Eine Wildschweinfrikadelle im Brötchen und eine Coca Cola“, bestellte er. Aber sie wussten beide, dass es nicht ernst gemeint war.

„Mach Schluss damit“, sagte Äffchen Fettweiß.

„Was heißt das?“, fragte Ingo.

„Das heißt, was es heißt“, sagte Äffchen Fettweiß.

Ingo Dingens schloss die Augen und versuchte ein Grinsen. „Macht mir Spaß, das alles.“

„Es ist genug“, sagte Äffchen Fettweiß ernst. „Es ist genug. Du machst jetzt Schluss damit. Da drüben steht das Telefon. Du rufst Rottek an.“

Der Bürgermeister faltete die Hände und schaute ihn mit dünnem Lächeln an. „Was weißt du von mir, Äffchen? Du sagst irgendwas. Früher hast du mich verstanden. Verstehst du mich noch? Oder sind wir uns immer fremd gewesen?“

Der Wirt trat an den Tisch. „Das tut nichts zur Sache, Junge. Jetzt nicht mehr. Du überlebst das nicht, wenn du weitermachst. Ich hab’ schon den Browning vom Dachboden geholt. Und die Jäger wollen dich suchen.“ Er war zum Tresen gegangen und stellte Ingo eine Cola hin. „Ich geb’ dir jetzt fünf Minuten. Dann rufst du Rottek an.“

Der Bürgermeister vergrub sein Gesicht in den Händen. Er atmete ein paar Mal schwer, als ob er etwas Wichtiges sagen wollte. Doch er schwieg.

In die Stille quietschte die Tür der Gaststube. Dorfschmied Struppi Strübecke trat herein. Mit entschlossenen, festen Schritten ging er zum Tresen. „Ich hab’ dich reingehen sehen, Ingo. Was willst du noch hier?“

Der Bürgermeister schaute ihn nicht an, zuckte nur ratlos mit den Schultern. Strübecke fixierte ihn. „Du hast meine Tochter getötet, Ingo. Was willst du noch hier? Du hast die Stadt unglücklich gemacht. Willst du noch mehr Leichen? Ist es das, was du willst? Geh doch zurück in deinen Wald und häng dich auf. Oder irgendwie so was. Geh von dieser Welt, Ingo. Du hast nur noch diese eine Freiheit. Die lassen wir dir. Dass du selber gehst.“

Äffchen Fettweiß stand am Tresen und verschränkte die Arme. Ingo Dingens wich den Blicken aus und schaute aus dem Fenster. Sperlinge zankten sich draußen in dem kahlen Fliederbusch um ein Stück Brot. Dann hob er den Kopf und grinste die beiden an.

Strübecke trat einen Schritt auf ihn zu. „Als mein Lenchen geboren wurde, Ingo, da war ihre Haut dunkelblau. Es war kaum ein Puls zu spüren. Herzfehler. Zehn Mal ist sie fast gestorben. Zwei Jahre sind wir von Krankenhaus zu Krankenhaus gefahren, bis wir einen Arzt fanden, der sie operieren wollte. Nach sechs Wochen kam sie gesund nach Hause und wurde das fröhlichste Kind der Stadt. Wir waren unendlich glücklich, Ingo. Kannst du dir das überhaupt vorstellen? Dass so ein Engel ein völlig kaputtes Herz hat und dann findest du einen, der es repariert? Und dann kommst du, Ingo, mit deinem Messer und stichst dieses Herz tot. Kannst du so etwas überhaupt denken,

Ingo? Kannst du damit leben? Ich hoffe nicht. Du musst ein qualvolles Ende finden, Ingo. Das verlangen wir. Das ist die Sühne, die du dieser Stadt schuldig bist."

Ingo winkte mit beiden Händen ab. Dann lehnte er sich auf seinem Stuhl zurück. „Das ist alles so schwierig", flüsterte er halblaut. „In meinem Leben ist alles schwierig. Könnt ihr mir nicht helfen?"

Strübecke schaute ihn unentwegt herausfordernd an. Äffchen Fettweiß schlurfte hinter den Tresen. Die Sperlinge lärmten immer noch draußen im Fliederbusch. Schwerer Nebel hatte sich wieder vor die Sonne geschoben. Die Kirchturmuhr schlug Viertel vor elf.

„Und?", fragte Strübecke kalt.

„Dann mach' du es doch. Ich sitze hier und wehre mich nicht. Oder sollen wir in den Wald fahren, wo uns keiner hört und sieht?", fragte Ingo zurück. „Hol die Büchse her und mach es selbst. Das ist einfacher für mich."

Strübecke schüttelte den Kopf. „Das ist zu einfach. So einfach machen wir dir es nicht. Du wirst es selbst machen, Ingo. Du wirst einen Weg finden, dein Scheißleben zu beenden. Ich bin sicher."

Ingo Dingens sprang auf. Das Glas mit der Cola stürzte um. „Ihr seid grausam", schrie er, griff das Glas und schleuderte es auf die schwarzen Fliesen, dass es in tausend Stücke zersprang. „Ihr seid unendlich grausam. Was hab' ich getan, dass ihr so grausam seid?"

Er wandte den Kopf und schaute Äffchen Fettweiß an. Der stand ruhig hinter dem Tresen, seine alte 9 Millimeter Browning in der Hand. Ingo wirkte unendlich traurig und enttäuscht. „Du?", fragte er. Sein leerer Blick wanderte durch die Gaststube. Von draußen hörte man Motorengebrumm. Der Leichenwagen von Bestatter Endlichkait fuhr vorbei.

„Das ist Rita", sagte Äffchen Fettweiß laut und betont deutlich. „Rita Oberklein. Sie ist von der Gerichtsmedizin freigegeben worden. Übermorgen soll die Beerdigung sein."

Ingo Dingens erstarrte und wurde bleich. „Meine Rita?", fragte er leise. „Gerichtsmedizin? Beerdigung? Was ist hier los, Äffchen? Was spielen wir hier? Was treibt ihr für böse Scherze mit eurem Bürgermeister!"

„Du Ungeheuer!", brüllte Dorfschmied Strübecke. Er sprang auf ihn zu, packte ihn an den Haaren, dass er aufschrie, zog ihn zur Tür, öffnete sie und warf ihn wie einen Sack Holzwolle die Treppe hinunter auf das Pflaster. Benommen blieb Ingo unten liegen. Nach einigen Sekunden hob er den Kopf. Strübecke und Äffchen Fettweiß standen in der Tür. Der Wirt hielt noch den schwarzen Browning so in der Hand, als ob er jeden Moment schießen wollte.

Ingo Dingens stand stöhnend auf. Er hielt sich die Schulter. Sein linker Arm hing schlaff herab. Tränen liefen über sein Gesicht. Mit schweren, langsamen Schritte schleppte er sich davon, bog auf den Feldweg ein Richtung Wald. Nur einmal wandte er sich noch um und sah die beiden mit einem unendlich traurigen und hilflosen Blick an.

„Es reicht", sagte Äffchen Fettweiß.

„Ja, ich denke, der ist fertig", sagte Strübecke. „Es geht nicht mehr mit dem. Jetzt ist es soweit."

Der Wirt legte ihm die Hand auf die Schulter. „Ich hab' den Browning jetzt immer bei mir, Struppi. Wenn er doch noch mal wiederkommt, dann mach ich es. Egal, was dann wird. Ich mache es."

Strübecke nickte und richtete seinen klobigen Oberkörper auf, als habe jemand eine gewaltige Last von seinen Schultern genommen.

Kapitel 30

Stolz und erwartungsvoll hob Hauptwachtmeister Kesselring sein duftendes Eibrot in die Höhe. „Von meinen eigenen Hühnern!", riefen er, Kommissar Rottek und Sekretärin Elvira Duvenbeck wie aus einem Munde, denn dieser Spruch war in der Wachstube schon lange zur täglichen Zeremonie geworden. Doch seit Tagen hatte Kesselring die von seiner Corinna liebevoll zubereitete Köstlichkeit nicht zur gewohnten Frühstückszeit verzehren können. Bluttaten, Ermittlungen und Vernehmungen hatte den Tagesablauf gestört und ihn vom geregelten Verzehr des Eibrotes abgehalten.

Immerhin hatten seine letzten Hühner nicht vor lauter Trauer über den Verlust der Artgenossen die Eierproduktion eingestellt, so dass Kesselring auf das stärkende Eibrot nicht verzichten musste. Der Fuchs war in der Zwischenzeit schon wieder mordend in den Hühnerstall eingedrungen, so dass nur noch zwei Kleine Niederrheiner übriggeblieben waren. Solange die armen Tiere weiterhin in akuter Lebensgefahr schwebten, würde Kesselring auch keine neuen Legehennen anschaffen. Sie wären nur noch mehr Futter für den Hühnermörder.

„Ein Eibrot meiner Corinna gibt Kraft und Klugheit!", sprach Kesselring mit vollem Mund. „Dann sind Sie ja heute schlauer als Jerry Cotton vom FBI", meinte Rottek, „Wir brauchen jetzt auch dringend einen Superschutzmann."

Sekretärin Elvira Duvenbeck hatte in der Zwischenzeit von einer neuen, angeblich hochwirksamen Diät erfahren, mit der sie ihre dicken Waden endlich in grazile Körperteile verwandeln konnte. Diese dicken, säulenförmigen Waden waren ihr großer Kummer und wenn sie abends in ihr Bett ging, dann betete sie sogar zu Gott, er möge ihr Gazellen gleiche Beine und wohlgeformte Waden schenken, von denen die Männer die Blicke nicht abwenden konnten. Sie nahm seit Tagen nur noch Kohlbrühe zu sich und glaubte bereits eine deutliche Verschlankung der fleischigen Fesseln zu bemerken.

„Hier riecht's ja wie auf meinem Komposthaufen", rief Hauptwachtmeister Kesselring aus, als Elvira zum ersten Mal den Zaubertrank zu sich nahm, und riss alle Fenster auf, als die Sekretärin noch einmal ihre Thermosflasche öffnete und dieser ein muffiger Kohlgeruch entschwebte.

„Ich glaube, man sieht schon was", meinte Kesselring nach drei Tagen scheinheilig, und als Elvira daraufhin arglos ihre immer noch unverändert kräftigen Säulenwaden zeigte, rief er schwärmerisch aus: „Oh, fast wie Marlene Dietrich." Worauf die Sekretärin ihn wütend mit dem geflochtenen Papierkorb bewarf. Samt Inhalt.

Auch Kommissar Rottek wedelte mit der Rhein-Zeitung vor seiner Nase, als die kräftige Kohlbrühe ihr Aroma entfaltete. Der ländliche Geruch störte ihn bei seinen Planungen der Fahndung nach Ingo Dingens. Am Mittag würden sie im Wald eine erste größere Suche nach dem Tatverdächtigen starten. Dabei waren Struppi Strübecke und der dreistrahlige Pinkler mit ihren Hunden. Außerdem kannten die beiden sich in dem Revier sehr gut aus und ahnten, wo sich ein Schlupfwinkel finden könnte. Wie der Bürgermeister in der Novemberkälte ohne Nahrung und ohne wärmende Kleidung bislang überlebt hatte, das war für sie alle ein Rätsel.

Es gab im Wald einige verfallene Schutzhütten und an der Wied die Höhlen der alten Silberstollen. Aber Ingo Dingens war nicht dumm. Er würde sich kein Versteck suchen, in dem man ihn auf Anhieb finden konnte. Dies könnte durchaus der Anfang einer langen Fahndung nach dem flüchtigen Bürgermeister sein.

War er wirklich der Mörder? Rottek zweifelte manchmal daran, obwohl es für die meisten Bürger der Stadt feststand, dass er für die

Bluttaten verantwortlich war. Vielleicht hatte er tatsächlich aus einer wahnhaften Feindseligkeit gegen Jäger gehandelt, wie man vermutete. Vielleicht war alles nur ein Zufall, und die Wahrheit sah ganz anders aus. Aber um das festzustellen, mussten sie ihn erst fangen.

Alle Ermittlungen bisher waren vergeblich gewesen. Der dreistrahlige Pinkler konnte sich angeblich nicht daran erinnern, wer ihn am Fleischerhaken aufgehängt hatte. Dass der Bürgermeister seine Sekretärin im Wahn vergewaltigt und erwürgt hatte, erschien vielen wahrscheinlich. Aber Rottek wollte es einfach nicht glauben. Das traute er dem verwirrten Ingo nicht zu.

Wer hatte die Frau des Apothekers im Friseurstuhl erstochen? Ein Unbekannter? Der Bürgermeister? Oder doch Friseur Rimini selbst? Rimini war tot. Die Vernehmung der beiden Fremden aus Düsseldorf verlief ergebnislos: Apotheker Siebenstern hatte sie ganz klar beschuldigt, auf ihn eingestochen zu haben. Aber die Tatwaffe, die Pastor Löselein in seinem Garten gefunden hatte, wies nur Fingerabdrücke des Apothekers auf. Und auch die ausgewerteten Spuren ließen nur vermuten, dass Siebenstern sich, verzweifelt wegen des Todes seiner Frau, lebensmüde die Verletzung selbst zugefügt hatte und aus rätselhaften Gründen Troost und seinen Chauffeur belastete.

Kesselring hatte sich längst aus allen Theorien von Tatverläufen und möglichen Tätern ausgeklinkt. „Rottek, mir brummt der Schädel von dem ganzen Durcheinander“, rief er. „Sie sind Jäger, nehmen Sie die Verfolgung des flüchtigen Wildes auf.“ Nicht einmal der regelmäßige Ausschank vom „Schwarzen Tod“ half den beiden zu weitergehenden Erkenntnissen.

„Ein guter Schnaps bringt dich normalerweise immer weiter“, hatte Kesselring erklärt.

„Wohlgemerkt, es heißt ja auch extra ‚ein guter Schnaps‘“, hatte Rottek geantwortet und musste wegen dieser Lästerung noch einen Doppelten des grässlichen Gebräus zu sich nehmen.

Struppi Strübecke und der dreistrahlige Pinkler trafen mit ihren Hunden ein. Mit dem grünen Polizeikäfer, Rotteks olivfarbenem Munga und Strübeckes nagelneuem Unimog 406 fuhr die Kolonne über den Dornberg in den Wald. Am Morgen hatte der dreistrahlige Pinkler in einem Dickicht Bretter und Dachpappe entdeckt. Hatte er sich da sein Versteck gebaut? Dort in der Nähe hielten sie an.

Kapitel 31

Popel Troost und Männel hatten sich mit dem schwarzen Mercedes 220 S schon früh am Rand vom Dornberg postiert. Männel hatte den Wagen trickreich ins Gebüsch an der Kreuzung von zwei Schneisen abgestellt. Etliche Hundert Meter weit konnten sie die Waldwege einsehen. Troost saß in seinem dicken braunen Ledermantel und in Wolldecken gehüllt auf dem Rücksitz, hatte beide Fenster heruntergedreht und sie als Schießscharten hergerichtet. Sogar einen Fluchtweg hatte Männel ausgekundschaftet. In weniger als einer Minute würden sie nach einem Schuss unerkannt auf die Bundesstraße einbiegen und Richtung Köln davonrasen können.

Jetzt warteten sie seit Stunden darauf, dass der Bürgermeister irgendwo aus dem Busch trat. Popel Troost wollte ihn niederschießen. Er zitterte in seinem braunen Ledermantel vor Jagdfieber und vor Rachsucht. Der Bürgermeister hatte ihn erniedrigt. Er hatte ihm im Rathaus sogar ein Ei an den Kopf geworfen. Ihm, dem Millionär Popel Troost, der sich alles kaufen konnte. Ihm, dem König von der Holthausener Itterstraße.

„Jetzt machen wir ihn platt", hatte Troost jubiliert, als sie von der Fahndung nach Ingo Dingens gehört hatten. „Männel, wir fahnden auch." Es würde Notwehr sein, das hatten sie beschlossen. Falls sie entdeckt würden, dann wäre der Schuss Notwehr gewesen. „Bei einem Mörder ist es immer Notwehr, wenn man auf ihn schießt", hatte Popel Troost verkündet. „Er hat ja das gefährliche Messer dabei."

Jetzt suchte Männel mit dem Fernglas sorgfältig die Wegränder ab. Ganz früh hatten sie einen Fuchs gesehen, später zogen mehrfach Rehe über die Schneisen. Aber Troost hatte nicht geschossen. Er wartete auf ein ganz besonderes Wild.

„Achtung!", flüsterte Männel plötzlich aufgeregt und zeigte in die vom Nebel halbverhüllten Wipfel. In etwa 150 Meter Entfernung war eine Ansitzkanzel teilweise von hohen Fichten verdeckt. Sie schien dort mit den Jahren regelrecht eingewachsen und war fast unsichtbar. Aber mit dem Fernglas erkannte Männel, dass sich die Tür der Kanzel geöffnet hatte. Eine vermummte Person in dickem Mantel und einer alten Wehrmachtswolldecke um die Schultern stieg herunter. Es war Ingo Dingens.

Popel Troost entsicherte den Drilling und legte an. Ingo Dingens stand frei auf dem Waldweg, aber seitlich zu dem Schützen. Schwer zu treffen. Troost hüstelte ständig vor Aufregung. „Dreh dich um, du Affe", flüsterte er mit bebender Stimme. „Dreh dich um, damit ich dich abknallen kann."

„Du, pass auf, pass auf", zischte Männel plötzlich. In zweihundert Metern Entfernung hatte der von Rottek geführte Suchtrupp mit den Hunden langsam den Weg gekreuzt und war in einem Buchenaltholzbestand verschwunden. Ingo Dingens wandte sich dieser Gruppe zu und ging zügig und entschlossen in deren Richtung. Jetzt drehte er Popel Troost breit den Rücken zu. Eine bessere Gelegenheit zum Schuss würde er nicht finden. „Feuer frei?", flüsterte er.

„Feuer frei, Popel, Kuhschweinhuhn", zischte Männel. Troost beugte sich vor und zielte.

Eine mächtige Pranke legte sich plötzlich auf den Lauf und drückte ihn nach unten. „Hier wird nicht mehr geschossen", knurrte der alte Kerschbaum. „Gib mir das Gewehr, Onkel." Er zog den Drilling aus dem Autofenster, entlud ihn und warf ihn ins Gebüsch. Dann stellte er sich vor das Fenster des Fahrersitzes, seinen Colt Python in der Hand.

„Du steigst aus, mein Freund", brummte er.

„Ich? Wieso? ", entgegnete Männel mit hoher, aufgeregter Stimme. Aber Jupp Kerschbaum schlug ihm schnell und trocken den 6-Zoll-

Lauf des Python übers Gesicht, dass Männels Nase mit einem hässlichen Geräusch wegknickte und die Lippen aufplatzten. Blut tropfte von seinem Kinn. Jupp Kerschbaum öffnete die Fahrertür und zielte auf Männel.

„Du steigst aus."

Männel quälte sich mit angstvoll verzerrtem Gesicht aus dem Wagen, blieb in seiner grauen Latzhose mit erhobenen Händen dicht vor dem Alten stehen.

„Dort hinten geht der Kommissar", erklärte Jupp ihm und zeigte mit dem Lauf in Richtung der Fahnder. Dort stand jetzt Ingo Dingens und man sah, wie Rottek, Kesselring und die beiden Jäger mit den Hunden aus dem Wald auf ihn zutraten.

„Ja, und?", fragte Männel mit furchterfüllt piepsiger Stimme.

„Da gehst du jetzt hin. Und erzählst ihm alles. Und wenn du auch nur einen Schritt in die falsche Richtung machst, dann knallt es hier ganz laut. Und wenn es hier laut knallt, dann fällt einer um. Und das bist du."

„Was erzähl ich dem Kommissar denn?", fragte Männel in mühsam gespielter Ahnungslosigkeit mit verkrampfter Kehle.

„Wir haben dich gesehen, Junge. Wir haben alles gesehen. Wir haben dich gesehen, als du mit dem Messer aus dem Friseurladen kamst. Wir haben das blutige Messer in deiner Hand gesehen, als du hinter Brockmanns Scheune hervorkamst, wo Strübeckes Tochter erstochen lag. Und vor allem haben wir auch gesehen, wie du hinter dem Bürgermeister her ins Rathaus geschlichen bist. Die Schreie von Rita waren zu hören, als Ingo schon längst wieder draußen war. Dann kam die Polizei, und erst dann kamst du herausgelaufen und bist hinter den Häusern verschwunden. All das, mein Freund, haben wir gesehen. Denn, wie du schon weißt, sehen wir alles. Als ihr in die Stadt gekommen seid, da haben wir gewusst, dass wir euch auf die Finger schauen müssen. Dass ihr zwei ganz schräge Vögel seid. Wir spüren so etwas. Ich sag immer: Bei mir kein Theater, ich bin selbst Schauspieler. Verstehst du das? Gut, wir hätten vielleicht früher ein Ende machen sollen. Aber wir haben zu spät darüber nachgedacht. Wir hatten nicht geahnt, dass du ein kranker Teufel bist. Wir denken nicht wie ein Kommissar, der immer nur das Böse sieht. Wir denken ganz anders. Weil wir an das Gute im Menschen glauben. Aber egal. Jetzt marschiere los. Deine Hände bleiben oben."

Männel wandte sich bleich um und schritt mit erhobenen Händen auf die Gruppe zu, die jetzt mitten auf dem Waldweg stand. Die Polizisten waren inzwischen auf ihn aufmerksam geworden. Kesselring ging vorsichtig auf ihn zu. Man sah, dass Männel ein paar Worte sprach. Kesselring packte ihn am Arm und zog ihn weg.

„Und wir machen jetzt einen schönen Ausflug nach Düsseldorf", sagte Jupp Kerschbaum sanft zu dem im dicken Ledermantel zitternden Popel Troost.

„Gern, Herr, sehr gern", stieß der hervor.

„Wir schauen uns die schönen Sachen in deinem großen Haus an", meinte der Alte und rückte sein grünes Barett der Fremdenlegion zurecht. „Du hast doch sicher viele schöne Sachen?"

„Ihr seid willkommen, jederzeit, wie gute Freunde. Wie eine Familie", lispelte der Schrotthändler. „Ist klar."

„Das ist schön. Wir freuen uns schon sehr", sagte Jupp und winkte kurz mit der Hand. Aus dem Unterholz krochen seine sechs Söhne hervor und blieben grinsend vor Popel Troost stehen.

„Willkommen die Herren", keuchte er. „Alle willkommen in meinem Haus."

„Danke, mein Freund", sagte Jupp. „Dann steig jetzt mal aus."

Mit ängstlich fragendem Gesicht kletterte Popel Troost von der Rückbank des Mercedes. Die sechs Kerschbaum-Jungen quetschten sich in die Limousine. Die Kleinsten saßen hinten johlend auf dem Schoß der Großen. Jupp setzte sich ans Steuer. Er ließ den Motor an, stieg noch einmal aus, griff den Drilling vom moosigen Boden und warf ihn in den Kofferraum. Dann verschwand der Wagen auf dem Waldweg. Nach einer knappen Minute bog er auf die Bundesstraße Richtung Köln ein.

Popel Troost blickte dem Auto noch lange fassungslos nach.

Kapitel 32

Wieder so ein Nebeltag. Äffchen Fettweiß stand allein hinterm Tresen der Gaststube vom „Grünen Baum". Das Ticken der alten Wanduhr klang laut durch den stillen Raum. In einem langsamen Takt tropfte der Wasserhahn in das kupferne Spülbecken. Aus der Küche hörte er die alte Wirtshausköchin Irmela hantieren. Sie bereitete das bayerische Kraut für die Schlachtplatte vor und sang dabei leise „Zogen einst fünf wilde Schwäne." Äffchen liebte es, wenn Irmela die Lieder aus ihrer Jugend sang. Leise summte er mit.

Ein freches Kläffen ertönte von der Wirtshaustreppe. Toni mahnte dort seine tägliche Essensration an. Auf dem Buffet stand eine kleine Schale mit dem Rest einer gekochten Schweinebacke bereit, die vom Abend davor übriggeblieben war. Äffchen Fettweiß ließ den Foxterrier herein und stellte die Schale an den gewohnten Platz auf den Boden. Es dauerte nur wenige Sekunden, bis die Portion verschlungen war. Toni leckte die Schale gründlich aus, machte noch seine Runde durch die Gaststube, schnupperte eindringlich an einem Spalt der Fußbodenleiste, hinter der die Maus wohnte, und ließ sich dann für ein paar Minuten behaglich zu Füßen von Äffchen nieder. Das war sein Zeichen besonderer Wertschätzung.

Milchig brach die Sonne durch den Nebeldunst. Aus der Küche drangen Düfte von gebratenem Speck und von Schweinshaxen, die in der Röhre schmorten. Toni hob sachkundig die Schnauze in die Wirtshausluft und genoss die köstliche Witterung. Dann streckte er sich ausgiebig und tappte zur Tür, denn er hatte an diesem Vormittag noch viel zu erledigen. Äffchen Fettweiß ließ ihn hinaus.

Die Enkelkinder spielten drüben auf Brockmanns Heuboden. Tagelang hatten die Eltern in Angst gelebt, wenn ihre Kleinen unbeobachtet draußen unterwegs waren. Jeden Moment, so befürchteten sie, konnte Ingo Dingens sich in seinem Wahn wieder ein beliebiges Opfer suchen. Die ganze Stadt atmete erlöst auf, weil der wirkliche Mörder nun gefasst worden war.

„Kein schöner Land in dieser Zeit" sang Irmela jetzt in der Küche. Draußen wurde wütendes Kläffen lauter. Gablers weiße Katze hastete über den Parkplatz, Toni dicht dahinter. Die Katze rettete sich auf eine der alten Kastanien. Toni beschimpfte sie von unten noch eine Weile und setzte dann seine Vormittagsrunde fort.

Irmela öffnete die Küchenluke und bestellte sich Apfelsaft. Eine Wolke wunderbarer Bratengerüche drang aus der Luke. „Ich mache jetzt den Kloßteig", erklärte Irmela geschäftig und schloss das Fenster wieder. Vor vier Tagen hatte es im „Grünen Baum" das alljährliche Schweineschlachten gegeben. Seit Generationen mästeten sich die Fettweißens ein Schwein im Stall. Manchmal auch zwei, und in der Gegend wusste man, dass es bald eine köstliche Schlachtplatte mit Kraut und Klößen gab, knusprige Haxen und Schwartenmagen.

Früher, in den besten Jahren, da bebte die Gaststube in diesen Wochen von früh bis spät vom Lärm der Bauern vom Viehmarkt und später vom besoffenen Geschrei der Besucher des Herbstmarktes. Daran musste Äffchen gerade denken. Und in der Küche kommandierte damals Irmela im Dunst der Wurstbrühe ein ganzes Geschwader von schwitzenden Helferinnen in wehenden Schürzen. Das waren Tage, an denen Äffchen Fettweiß abends beim Geldzählen einschlief, bis seine Hedwig ihn lachend weckte und sie sich einen Kirsch einschenkten auf den guten Tag. Äffchen lächelte. Die alten Zeiten eben.

„Wie es so war", murmelte er. „Wie es so war."

Aus den Augenwinkeln bemerkte er eine Bewegung auf dem Parkplatz. Zwei Menschen näherten sich. Ingo Dingens und Witwe Süsselbeck. Hand in Hand.

Wenig später betraten sie die Gaststube. Ingo ging ohne zu zögern zu seinem alten Stammplatz an dem kleinen Tisch neben der großen Klivie.

„Eine Coca Cola für mich und eine Libella für meinen Schatz", bestellte er vergnügt.

Ingo war ein freier Mann. Es gab nach Männels Geständnis nichts, was man ihm noch vorwerfen konnte. Aber ein Unbehagen blieb in der Bevölkerung. Denn einer, an dessen Schuld man so lange geglaubt hatte, konnte nicht auf einmal völlig unschuldig sein. War da nicht doch etwas, was die Polizei übersehen hatte? Gab vielleicht der verhaftete Täter, dieser Eifelbauer, nicht einfach alles zu, was man ihm vorwarf, nur damit er seine Ruhe hatte?

Ingo Dingens war morgens verwirrt um das Rathaus gekreist, in das man ihn nicht mehr hereinlassen wollte, obwohl er doch der Bürgermeister war.

„Ist besser so, Ingo", sagte Kommissar Rottek, hatte den Arm um seine Schultern gelegt und ihn nach Hause gebracht. „Die ganze Aufregung und alles, das musst du erst einmal verkraften." Sie hatten noch einige Zeit in der dünnen Novembersonne auf dem Mäuerchen vor der Amtshäusersiedlung gesessen und geraucht.

„Ist jetzt alles anders, Rottek?", hatte Ingo dann leise und ängstlich gefragt.

„Es bleibt nie, wie es ist, Ingo. Oder hast du das geglaubt?"

„Ich weiß auch nicht. Aber es war doch alles gut so, wie es war? Ich hab' doch alles richtiggemacht? Es war doch ein schönes Spiel?"

Ingo schloss sich danach in seiner Parterrewohnung ein und kam nicht wieder hervor. Aber Witwe Süsselbeck klingelte so lange an seiner Tür, bis er öffnete. Sie nahm ihn an der Hand und führte ihn in ihr Haus. Ingo blieb.

Äffchen Fettweiß brachte ihnen die Getränke an den Tisch.

„Du siehst gut aus, Ingo", sagte er. „Richtig gut."

Ingo Dingens lächelte ihn an. „Mein Schatz hat auf mich gewartet die ganze Zeit", sagte er stolz. „Ich hab' immer gewusst, dass wir glücklich werden miteinander. Meine Martha und ich. Es hat gar nicht anders kommen können. Die Treue, Äffchen, die Treue, die rettet die Welt."

Witwe Süsselbeck strahlte und küsste Ingo mit einer wilden Bewegung auf den Mund. „Mein Schatz", quietschte sie rau, „mein lieber Schatz."

Ingo schaute Äffchen in die Augen. „Eine glückliche Stadt", sagte er langsam und betont. „Unsere glückliche Stadt."

Witwe Süsselbeck erhob sich und ging am Tresen vorbei zur Toilette.

„Martha, hallo, warte mal", rief Ingo. Sie blieb in der Tür stehen. Ingo Dingens griff in seine Jackentasche, holte ein braunes Ei heraus und warf es über ihr an die Wand. Das Ei spritzte auf ihre braune Dauerwelle und ihren roten Wollmantel hinunter. Ingo lachte schallend. Wortlos drehte Witwe Süsselbeck sich wieder um und verschwand in dem dunklen Gang.

Äffchen Fettweiß schaute ihn ernst an. „Was glaubst du, wie es mit dir weitergeht, Ingo?"

„Es wird weitergehen, Äffchen. Es wird irgendwie weitergehen. Ein paar Tage noch oder eine Woche, und dann wird mich der Kommissar wieder suchen. Weil es wieder Aufregung gibt. Ich bin doch der Messermann. Unser schönes Spiel geht weiter. Das ist doch ein lustiges Spiel. Es wird immer lustig bleiben in dieser glücklichen Stadt."

Äffchen Fettweiß zögerte kurz. Dann ging er hinter den Tresen, öffnete die oberste Schublade des alten Eichenbuffets und holte seinen schwarzen 9 Millimeter Browning hervor. Er lud durch und ging langsam auf Ingo zu.

„Es reicht, Ingo", sagte er und zielte auf seinen Brustkorb. „Wir wollen hier jetzt Ruhe haben."

„Ich weiß", sagte Ingo, schaute ihm ruhig in die Augen und nickte. „Ich weiß."

Nach dem Schuss sprudelte in einem dicken Strahl Blut aus seinem Mund. Er schaute Äffchen Fettweiß immer noch an, aber der Blick brach. Es dauerte fünf Sekunden, bis Ingo umsank. Ein schweres Jagdmesser fiel aus seiner Jackentasche.

Witwe Süsselbeck stürmte aus der Toilettentür. „Was ist denn hier los?", rief sie mit ihrer Reibeisenstimme. Sie blieb stehen, schaute von Ingo zu Äffchen Fettweiß, von Äffchen Fettweiß zu Ingo. Dann kniete sie neben Ingo nieder, nahm seinen Kopf in beide Hände und küsste den blutigen Mund. Äffchen stand daneben, den Browning in der Hand und die Augen geschlossen. Dann erhob sich Martha Süsselbeck und schritt aus der Gaststube, ohne sich noch einmal umzusehen.

Keine fünf Minuten nach dem Anruf hielt der Polizeikäfer vor dem „Grünen Baum". Rottek und Kesselring stapften in die Gaststube. Wortlos standen sie lange neben der Leiche. Der Browning lag noch auf dem Tresen. Äffchen Fettweiß lehnte mit dem Rücken an dem schweren, eichenen Buffet.

„Notwehr?", fragte Rottek und hob Ingos Messer vorsichtig auf.

„Ja, Notwehr", sagte Äffchen Fettweiß.

„Ich schreib das so in den Bericht", sagte Rottek.

Kapitel 33

„Was wollen Sie von mir?“, brummte Männel in die verrauchte Luft der Polizeiwache. „Sie reden und reden und stellen mir komische Fragen. Was soll das alles?“

Kommissar Rottek zog an seiner Ernte23 und schaute lange schweigend den Mann an, der da in seiner grauen Latzhose vor ihm saß. Männel hatte ein Geständnis abgelegt. Aber mehr wollte er zu seinen Taten nicht sagen. Sein Nasenbein schien gebrochen und die Lippen waren aufgeplatzt. Aber er wollte keine Behandlung und weigerte sich, auf Nachfragen zu antworten. Deshalb ließ man ihn nach einer weiteren Nacht in der Zelle jetzt etwas länger auf sein Frühstück warten. Sekretärin Elvira Duvenbeck hatte von Bäcker Fackelmann knusprige, duftende Schinkenbrötchen geholt. Aber sie standen außerhalb von Männels Reichweite. Aus der dampfenden Kaffeekanne schenkte Rottek sich ein, ohne den gierigen Blick des Täters zu beachten.

Hauptwachtmeister Kesselring kaute genussvoll an seinem Eibrot und beobachtete den Delinquenten wie ein exotisches Tier im Zoo.

„Wir unterhalten uns eben gern mit angenehmen Menschen wie Sie einer sind, Herr Männel“, sagte Rottek. „Nur, wenn man miteinander redet, kommt man sich auch näher. Das wollen Sie doch auch, Herr Männel? Dass wir uns näherkommen? Ich mag so nette Menschen wie Sie. Oder mögen Sie uns nicht? Haben wir uns irgendetwas zuschulden kommen lassen?“

„Ich hab’ schon zehnmal gesagt: Ich war’s. Ende der Durchsage. Ich hab’s gemacht. Alles, was Sie aufgezählt haben, Herr Kommissar, das hab’ ich gemacht. Ich gestehe. Ist klar. Ich war das. Was denn noch? Soll ich noch Mundharmonika dazu spielen?“

Rottek drückte seine Zigarette aus, holte aus dem Schreibtischfach einen Teller mit Apfelstücken hervor, die Anita ihm mitgegeben hatte und stellte ihn vor sich auf den Schreibtisch.

„Herr Männel, wir finden das interessant, was Sie hier in unserer Stadt alles so gemacht haben. Wirklich interessant, ganz ehrlich gesagt. Denn was Sie hier veranstaltet haben, das hat noch kein anderer getan. Und wenn man dann so nett zusammensitzt wie wir jetzt, dann kann man ja auch mal fragen, wie es dazu gekommen ist. Was sonst so war. Oder ein witziges Erlebnis am Rande. Wir halten hier ein richtig nettes Plauderstündchen ab. Ein Schwätzchen sozusagen."

Kesselring trank geräuschvoll einen Schluck Milchkaffee. Er spülte sich die Krümel vom Eibrot aus den Zähnen und schaute Männel in die Augen. „Wenn man so gemütlich zusammensitzt, dann sagt der eine dies und der andere das, und so vergeht die Zeit wie im Fluge", sagt er freundlich und wandte sich der Sekretärin zu. „Haben wir nicht noch eine Kerze im Schrank, Fräulein Duvenbeck? Machen Sie es uns mal richtig gemütlich hier. Dann redet es sich auch leichter. Wenn man einen so netten Gast hat, dann muss man ihm auch etwas bieten, Fräulein Duvenbeck."

Die Sekretärin schrieb das Gespräch mit. Sie sprang auf, fischte eine staubige Adventskerze aus dem Schrank und zündete sie an. Männel war irritiert. Der Kaffee duftete und der Teller mit den Schinkenbrötchen fesselte seinen Blick.

Rottek hatte das erste Apfelstück verspeist und sah Männel freundlich lächelnd an.

„Herr Männel, Sie sind also einfach in den Friseurladen gegangen und haben die Frau erstochen, die da saß?"

Männel zuckte mit den Schultern. „Ja, so war das wohl. Ich hatte Lust dazu. Ich wollte so was machen. Und da passte es gerade. Die Frau war ja ganz allein. Und dann bin ich wieder rausgegangen, ganz ruhig."

„Kannten Sie denn die Frau?“

„Nein. Ich kannte hier im Ort nur den Apotheker Siebenkreuz. Bei dem waren wir ja schon zweimal wegen der Jagd. Der Herr Troost, der hatte ihm ja ein Angebot gemacht. Aber der Apotheker war sehr abweisend. Sein Jagdrevier, das war ja das große Thema die ganze Zeit. Aber diese Frau kannte ich nicht, glaube ich.“

„Warum stechen Sie denn einfach so eine fremde Frau tot, Herr Männel? Das macht ja auch nicht jeder. Sie sind aber auch ein Kerl.“

„Och, Herr Kommissar, solche Sachen, das konnte ich schon immer ganz gut. Für den Herrn Troost, da musste ich öfters mal was erledigen. So in der Richtung. Und dann hab' ich immer noch ein bisschen Quatsch gemacht zusätzlich. So Spielchen mit dem Messer. Oder die Handtasche von dieser Frau beim Friseur, die hab' ich einfach mitgenommen und bei dem Siebenkreuz an den Haken gehängt. Na, der wird Augen gemacht haben.“

„Aber sie wollten doch nicht einfach so eine Dame totstechen?“

„Nein, nicht einfach so. Das hatte ja immer einen Grund. Geschäfte meistens oder auch sonst. Bei dieser Frau im Friseurladen, das war nur Spaß. Schwupp, und fertig.“

„Und das kleine Mädchen, Herr Männel? War das auch nur Spaß?“

„Ja genau. Die war so niedlich, Herr Kommissar. So was Niedliches. Ich hab' die da hinter die Scheune gezogen, zack, zack, und da hab' ich's gemacht. Das macht man eben so, wenn einem danach ist, Herr Kommissar. Kennen Sie das nicht?“

„Doch, natürlich, Herr Männel. Nur: Sie sind natürlich ein Experte. Da können wir nicht mithalten. Oder, Herr Hauptwachtmeister?“

Kesselring verneigte sich in Richtung Männel. „Ich bin sehr beeindruckt. Der Mann ist ein Ass, Herr Kommissar.“

Rottek verzehrte ein weiteres Apfelstück, schaute dabei aus dem Fenster auf die Straße. „Wir bewundern Sie, Herr Männel. Wissen Sie: Viele reden nur, und ganz wenige, die machen es einfach. Die tun es. So wie Sie. Wir sind stolz, solch einen Meister in unserem Hause zu haben."

Männel wand sich verlegen. Rottek schaute ihn wieder an. „Sind Sie denn sicher, dass Sie hier nicht irgendwie die Jäger aufmischen wollten mit den Geschichten? Haben Sie da nicht vielleicht vorher auch was ausspioniert?"

„Nein, eher nicht. Ganz sicher ist man natürlich nie, und was der Herr Troost nun genau wollte, das habe ich auch nicht verstanden. Aber ich hatte da keinen Plan, jemanden aufzumischen. Ich hab' eigentlich noch nie im Leben für irgendwas einen Plan gehabt."

„Haben Sie denn nie Angst gehabt, erwischt zu werden?"

„Erwischt werden? Nein, Herr Kommissar. Für den Herrn Troost, da hab' ich solche Sachen gemacht. Für meinen Chef. Das hatte der doch angeordnet. Und dann kann das nicht verkehrt gewesen sein. Das war ja für eine gute Sache. Was der Herr Troost gesagt hat, das wurde erledigt. Und mit der Zeit, da ist man dann eben einer, der solche Sachen macht. Alles Mögliche, was einem gerade so in den Sinn kommt. Wenn da einer zappelt oder quiekt oder sich in die Hosen macht, da blüht man auf, Herr Kommissar. Wissen Sie, wenn ein Messer so reinflutscht, das ist immer wieder interessant. Oder was meinen Sie?"

„Gewalt, Herr Männel, Gewalt auszuüben, das hat Ihnen einfach Spaß gemacht?"

„Gewalt? Nein, Herr Kommissar. Wenn Sie das meinen, Gewalt habe ich immer vermieden. Bei mir ging es immer zack, zack, und Feierabend. Ehrlich jetzt. Oder wenn einer frech geworden ist, dann hab' ich ihm gegeben, was er brauchte." Männel deutete einen kräftigen Faustschlag an. Kesselring stand auf, nahm sich eine Zigarette von Rotteks Schreibtisch und zündete sie an. „Herr Männel, wie war das denn mit dieser Frau im Rathaus? Die Sekretärin. Sie erinnern sich?"

„Jaja. Die hatte ich mir vorgemerkt. Das war so eine süße Puppe. Die passte mir genau ins Programm, Herr Kommissar. Ich bin dem Bürgermeister hinterher, der ins Rathaus ging. Mit dem wollte ich eigentlich bei passender Gelegenheit auch so was veranstalten. Da war noch was zu erledigen mit dem. Aber hatte sich nicht ergeben an dem Tag. Der war ja viel zu schnell wieder weg. Aber die Puppe, die saß da so fein in ihrem Stuhl. Und da hab' ich sie mir mal vorgeknöpft. Aber richtig vorgeknöpft, Herr Kommissar."

Kesselring nahm den Teller mit den Schinkenbrötchen, stellte ihn in seinen Schreibtisch und zog das hölzerne Rollo hoch. Männel blickte enttäuscht dem Teller nach. Rottek schenkte sich eine Tasse Kaffee ein. „Herr Männel, was sollen wir denn jetzt machen mit Ihnen? Machen Sie mal einen Vorschlag. Wenn Sie an unserer Stelle wären, was würden sie tun?"

Männel wiegte den Kopf. „Weiß ich auch nicht so genau. Wichtig sind natürlich die Gesetze, ist ganz klar. Aber Sie und ich, Herr Kommissar, wir würden uns schon irgendwie einigen. Doch manche Leute sind sehr empfindlich. Das wird wohl das Problem sein. Diese Leute, die alles so genau nehmen. Ich hab' ja alles soweit erzählt, was jetzt hier gewesen ist. Das meiste jedenfalls, soweit ich mich erinnern kann. Ein Geständnis. Ich hab' reinen Tisch gemacht. Mehr kann man ja von mir nicht verlangen. Irgendwann muss es dann auch mal gut sein mit den ganzen Geschichten."

„Und dann, Herr Männel?"

„Tja, dann müssen wir uns echt was überlegen, Herr Kommissar. Sie sind ja auch kein Unmensch, glaube ich."

„Nein, ich nicht, Herr Männel."

Hauptwachtmeister Kesselring machte sich groß, stellte sich neben Männel und schaute Rottek an. „Wo ist eigentlich dieser Troost? Wer hat sich denn um den gekümmert? War der denn auch im Wald dabei?"

Männel lachte. „Ja, der saß doch noch im Auto. Ist der nicht weggefahren mit dem Mercedes? Der sitzt jetzt schön in seiner Kneipe, der Herr Troost. Kuhschweinhuhn."

Rottek schaute ihn prüfend an. „Wie war das eigentlich, Herr Männel: Wieso sind Sie freiwillig zu uns gekommen da im Wald?"

Männel beugte sich vor und faltete die Hände. „Das Gewissen, Herr Kommissar. Es hat mich nicht ruhen lassen. ‚So ein netter Kommissar', hab' ich immer gedacht, ‚und jetzt rennt er bei der Kälte kreuz und quer durch den Wald und macht mühsame Ermittlungen'. Ich hab's nicht ertragen können, Herr Kommissar. Ich hatte ein Mitgefühl für Sie, wegen der Kälte. Deshalb bin ich aufgestanden und hab reinen Tisch gemacht. Damit es schneller ging mit den ganzen Geschichten. Sie haben es ja selbst bemerkt."

„Kesselring, um diesen Troost, da müssen wir uns noch mal kümmern bei Gelegenheit. Wo der abgeblieben ist bei der ganzen Aktion."

Der Hauptwachtmeister nickte. „Den will ich hier bald sitzen sehen, Rottek. Der kann sicher auch hübsche Geschichten erzählen."

Männel holte Luft und wollte etwas sagen. Aber Rotteks Telefon klingelte. Es war Staatsanwalt Baumdienst.

„Was macht Ihr Blutbad, Rottek? Neue Erkenntnisse? Ich bin ja sehr gespannt. Gespannt."

„Die Sache ist abgeschlossen, Herr Staatsanwalt. Der Täter ist gefasst und geständig. Wird umgehend in die Haftanstalt überführt. Alles Weitere werden Sie ja dann veranlassen."

„Täter gefasst und geständig? Spreche Anerkennung aus, Rottek. Anerkennung. Hat denn Hauptwachtmeister Kesselring an den Ermittlungen teilgenommen?"

„Hauptwachtmeister Kesselring war die Schlüsselfigur bei der Aufklärung, Herr Staatsanwalt. Ein alter Fuchs eben."

„Rottek, das ist unser gemeinsamer Erfolg. Ein Gemeinschaftsprojekt. Die Sache hat mich ja nächtelang nicht schlafen lassen. Schlafen lassen. Ich habe immer gedacht: Baumdienst, was kannst du noch tun, um diesen Fall zu lösen. Zu lösen. Sie werden ja in Ihrem Bericht meine tatkräftige Mitwirkung erwähnen, Rottek? Ehre, wem Ehre gebührt, das ist mein Motto."

„Selbstverständlich, Herr Staatsanwalt. Ehre, wem Ehre gebührt. Das versteht sich von selbst."

„Gut, Rottek. Also, ich fasse zusammen: Täter durch meine Mithilfe gefasst und geständig, wird in die Haftanstalt überführt. Überführt. All right, sprach die Maid und hob das Kleid."

„All right", sagte Rottek. Aber der Staatsanwalt hatte schon aufgelegt.

Kapitel 34

Eine Woche vor Weihnachten hatte der dreistrahlige Pinkler eine kleine Drückjagd im Stadtforst organisiert, dem ehemaligen Revier von Apotheker Siebenstern. Wildschweine hatten sich in den großen Fichtendickungen eingeschoben und gingen in der Wintersaat und auf den Wiesen zu Schaden.

Von Jagenbergs Fichten ging das Treiben über den Dornberg. Toni sauste wie eine braun-weiße Schneeflocke durch das Dickicht und kniff die quiekenden Frischlinge in die Keulen, eine große Rotte brach über die Schonung und Gemüsebauer Nauroth erlegte gleich zwei von ihnen. Die Hunde schlugen an, die Schüsse krachten. Der Deutsch Kurzhaar von Struppi Strübecke stellte einen angeschossenen Keiler, bis Rottek dazukam und ihn abfangen konnte. Ein aufregendes Treiben. „Wie damals bei uns in Schlesien", jauchzte Reifenhändler Orawski und schoss auf einen Überläufer, der aber deutlich zu schnell für ihn war und unverletzt in die Weite der schützenden Wälder entkommen konnte. „In Schlesien damals waren die Schweine nicht so schnell", nörgelte er.

Am Dornberg verstummten die Hunde plötzlich und liefen nicht mehr weiter. „Was ist da los?", fragte Strübecke. Sein Deutsch Kurzhaar, Toni und Metternich vom dreistrahligen Pinkler standen an einer jungen Buche nur ein paar Schritt vom Waldweg entfernt.

Rottek erreichte die Stelle als erster. An dem dünnen Baumstamm lehnte die kaum verweste Leiche eines kleinen, dicken Mannes in einem braunen Ledermantel. Wie im Trotz hielt er noch im Tod die Arme vor der Brust verschränkt und seine Gesichtszüge ähnelten denen eines zutiefst empörten Kindes, das man beim Spiel betrogen hat.

„Troost“, sagte Rottek. „Man nannte ihn Popel Troost.“

Wie sich herausstellte, war der Schrotthändler einfach an der Stelle des Waldwegs stehen geblieben, an der ihn die Kerschbaums bei ihrer Abfahrt verlassen hatten. Er war wohl sicher, dass man einen reichen Mann wie ihn, der sich alles kaufen konnte, nicht einfach mitten im Wald stehenlassen würde, und hatte im Nebelwald darauf gewartet, dass Männel mit dem schwarzen Mercedes 220 S erscheinen und ihn abholen würde. Wie immer. Aber Männel saß in der Koblenzer Karthause zwischen dicken Mauern in einer Gefängniszelle und würde dort auch noch lange sitzenbleiben.

In der ersten Nacht fror Popel Troost selbst in seinem dicken braunen Ledermantel jämmerlich und malte sich aus, wie er Männel beschimpfen und bestrafen würde, wenn der erst wieder vor ihm stünde. Am Tag darauf verfiel Troost in Lethargie, die ihn die Kälte kaum noch spüren ließ, und er beschloss, Männel alles zu verzeihen. In der zweiten Nacht konnte er nicht schlafen, dämmerte nur und sah die Wipfel der Kiefern gegen den nachthellen Himmel. Aber plötzlich stieg eine erlösende Wärme in ihm auf. Eine heitere Wärme, die den ganzen Körper erfasste. Und da kam auch schon der schwarze Mercedes 220 S angerollt. Männel stieg aus und hielt ihm die Tür im Fond auf. Troost warf sich auf den Rücksitz. Das Fahrzeuginnere war wunderbar beheizt. „Männel, das war ja eine ganz wilde Geschichte“, rief Troost seinem Fahrer zu und klatschte vergnügt in die Hände. „Jetzt will ich erst mal zwei Schnitzel mit Kartoffelsalat.“

Männel drehte sich beim Anrollen halb zu ihm um und hieb lachend mit der Rechten auf das Lenkrad. „Kuhschweinhuhn, Popel, Kuhschweinhuhn, es geht wieder los.“

Kapitel 35

Hauptwachtmeister Kesselrings Garten lag friedlich im silbrig hellen Mondlicht. Die Konturen des Hühnerstalls waren deutlich zu erkennen. Selbst der Holunderbusch davor wurde vom Vollmond gleißend hell angestrahlt und warf seinen Schatten auf den krautigen Lehmboden, auf dem noch dünn Gestrüpp von Melde und Beifuß zu erkennen war und in dem tagsüber die Kleinen Niederrheiner des Polizeibeamten scharrten und pickten. Doch das Federvieh, das Kesselring viele Jahre lang durch regelmäßige Eierlieferung erfreut hatte, war deutlich dezimiert.

Ein Fuchs räuberte immer wieder auf dem Hühnerhof und hatte von sieben Tieren bereits sechs ermordet und verspeist. Alle Schutzmaßnahmen blieben gegen den gerissenen Beutegreifer vergeblich. Der Fuchs bohrte sich unter dem Zaun hindurch, sprang über die inzwischen verstärkte Bewehrung und war sogar auf das Dach des Stalles geklettert und so in das Nachtquartier der Vögel eingedrungen. Es war ein aussichtsloser Kampf: Huhn um Huhn landete in seinem Rachen.

Dieser schmerzliche Verlust war Hauptwachtmeister Kesselrings großer Kummer. Nur noch ein einziges, letztes Hühnchen kratzte einsam auf dem Gelände. Und auch dessen Schicksal schien angesichts des taktisch gewieften Mörders besiegelt. Wehmütig streute ihm der Hauptwachtmeister morgens vor dem Dienstantritt liebevoll die Körner hin und sagte dem Tier Lebewohl, denn jeder Abschied konnte ein Abschied für immer sein.

Besonderen Grimm hegte Kesselring gegen seinen Kollegen, Kommissar Rottek. Den sah er als Jäger in der Pflicht, ihn von dem räuberischen Fuchs zu erlösen. Und zwar mit Pulver und Blei, wie er glaubte: „Waidmänner sollen nicht nur am Stammtisch bei schäumenden Humpen schwadronieren, sondern sich auch mal für den Bürger nützlich machen."

Rottek hatte dann nach langem Wehklagen des Hauptwachtmeisters versprochen, in einer mondhellen Nacht mit der Schrotflinte am Hühnerhof anzusitzen und den ungebetenen Besucher in ein möglichst besseres Jenseits zu befördern. Nachdem sich die Turbulenzen der polizeilichen Ermittlungen wegen der Bluttaten im Ort etwas beruhigt hatten, hatte sich Rottek jetzt in Kesselrings Garten im Holzschuppen postiert, die Flinte im Anschlag, und wartete darauf, dass der Fuchs wieder zu Besuch auf den Hühnerhof schlich. Der Hauptwachtmeister zeigte sich zufrieden und versprach, dem Kollegen am Eiersegen künftig neu angeschaffter Hühner teilhaben zu lassen. Er wälzte sich schlaflos im Bett und wartete auf den Schuss, der ihn und sein letztes Huhn von der Geißel des blutigen Räubers befreien würde.

Die Novembernacht war frostig. Der Wind pfiff eisig durch die Bretterritzen des Holzschuppens. Rottek kuschelte sich in einen warmen Ansitzsack, aber die Kälte kroch nach drei Stunden langsam von den Füßen die Beine hoch. Als er die Kirchturmuhr Mitternacht schlagen hörte, war er völlig durchgefroren. Aber bis ein Uhr wollte er aushalten, so hatte er es dem Kollegen versprochen. Dann zogen auch noch Wolken vor die Mondscheibe, und die Sicht auf das Schussfeld wurde schlechter. Rottek hatte im Holzschuppen noch zwei alte Kartoffelsäcke ertastet und legte sie sich als letzten wärmenden Schutz um die Schultern. Einmal nickte er kurz ein, wachte aber schnell wieder auf, weil er neben sich ein Geräusch zu hören glaubte.

Immer dickere Wolken verdunkelten das Mondlicht. Rottek fixierte angestrengt die hellen Flächen, auf denen er den Fuchs vielleicht würde erkennen können. Aber die Konturen verschwammen im Halbdunkel oft vor seinen Augen. Plötzlich vernahm er von links im Laub des Walnussbaums ein leises Rascheln. Es schien sich ein dunkler Fleck zu nähern, der sich am Zaun entlangbewegte. Rottek verschwammen die Schatten vor den Augen. War das der Fuchs oder bildete er sich das nur ein? Der dunkle Fleck verschwand irgendwo beim alten Apfelbaum, der von außen in den Hühnerhof hineinwuchs. Sah er richtig oder glitt der Schatten den schrägen Stamm hoch? Rottek war sicher: Ja, das war der Fuchs. Jetzt sprang der Räuber vom unteren Ast oben auf den Zaun und innen wieder hinunter. Aber mit der Schrotflinte konnte Rottek in der Schwärze nichts anvisieren. „Scheiße", flüsterte er. Ein Wort, dass er nur selten aussprach. Aber jetzt schien es ihm berechtigt.

Da bewegte sich rechts neben ihm eine merkwürdig kleine, helle Gestalt blitzschnell auf den Hühnerhof zu, flog oben gegen den Zaun, zappelte hinüber und stürzte sich auf den Schatten, den Rottek für den Fuchs hielt. Sofort ertönte laut ein wütendes Fauchen, Knurren und Keckern, das minutenlang dauerte. Dann war nur noch das Knurren zu hören. Kurz darauf herrschte Stille. In Kesselrings Schlafzimmer ging das Licht an. Rottek suchte nach seiner Taschenlampe. Er kroch aus dem Ansitzsack, kletterte aus dem Holzschuppen und leuchtete in den Hühnerhof.

Er konnte nicht glauben, was er sah: Der Fuchs lag regungslos auf dem Lehmboden. Rotteks Foxterrier Toni stand über ihm und hatte ihn an der Kehle gepackt. Ein Ohr des Hundes hing nur noch als ein blutiger Fetzen herunter. Toni beutelte den toten Fuchs noch einmal entschlossen und kurz. Dann ließ er ihn los, setzte sich auf die Keulen und schaute seinen Herrn selbstbewusst an.

Rottek schossen die Tränen in die Augen. Wie so oft, hatte sein kleiner Hund ihn gesucht, weil er mit der Waffe in der Hand das Haus verlassen hatte und spürte ihn hier auf. Eine ganze Zeit lang musste Toni neben ihm am Holzschuppen lautlos in der Kälte gewacht haben. Und als der Fuchs kam, hatte er zugegriffen. Denn ein Jagdhund weiß auch im Halbdunkel, was in solch einem Moment zu tun ist, wenn wir Menschen mit unseren stumpfen Sinnen noch ratlos umherblicken.

Das Gartenlicht ging an. Hauptwachtmeister Kesselring kam in Schlafanzug und Pantoffeln vor Aufregung schnaufend aus dem Haus geeilt.

„Was ist hier los, Rottek? Hat der Killer mein letztes Huhn gegriffen? Warum haben Sie nicht geschossen?“

Rottek entlud seine Schrotflinte. „Das Huhn lebt, Herr Kollege. Der Fuchs nicht.“

Kesselring schnaufte noch lauter und starrte aufgeregt umher. Dann sah er Toni im Hühnerhof neben dem toten Fuchs sitzen. „Das gibt’s ja nicht! Hat Ihre Töle den Fuchs totgebissen, Rottek?“

„Toni ist ein Jagdhund, Herr Hauptwachtmeister. Und er weiß, was er zu tun hat.“

„Im Gegensatz zu Ihnen, Waidmann Rottek. In Ihrer Jugend kamen Sie mir eher wie ein Windhund als ein Jagdhund vor. Aber ich kann’s nicht glauben. Ist der Fuchs wirklich tot?“

Er öffnete die Pforte zum Hühnerhof und ging auf Toni und den Fuchs zu. Kesselring wollte mit einem kräftigen Tritt seine ganze Wut an dem Fuchs auslassen. Aber Toni duldete diese Misshandlung seiner persönlichen Beute nicht, sprang auf und biss Kesselring so kräftig in den Fuß, dass sich schnell ein kleiner Blutfleck auf dem Pantoffel abzeichnete.

„Mistvieh!“, brüllte der Hauptwachtmeister, hielt sich den verletzten Fuß und hüpfte auf einem Bein jammernd aus der Gefahrenzone des immer noch gefährlich knurrenden Toni. Ehefrau Corinna hatte inzwischen das Schlafzimmerfenster geöffnet und blinzelte irritiert auf die Szene.

„Was ist denn mit dir?“, rief sie besorgt, „was macht ihr denn da unten überhaupt?“

Kesselring winkte wütend ab. „Ruf die Polizei!“, brüllte er genervt, „hier gibt es einen Angriff auf die Staatsgewalt.“

„Huch!“, sagte Corinna und schloss schnell das Fenster.

Rottek ging zu seinem Hund, lobte und streichelte ihn lange. Dann nahm er ihn auf den Arm, griff mit der anderen Hand den Fuchs und trug ihn hinaus.

„Morgen können Sie neue Hühner kaufen, Kesselring. Der Mörder ist gefasst und geständig.“

Der Hauptwachtmeister saß mit schmerzverzerrtem Gesicht auf einer umgedrehten Schubkarre. Er sah sich besorgt Tonis verletztes Ohr an. „Bringen Sie den großen Jäger mal zum Tierarzt“, meinte er milde gestimmt. „Aber bitte als Privatpatient, auf meine Kosten.“ Er wollte den Hund streicheln, doch ein besonders böses Knurren ließ ihn zurückzucken.

„Das ist genau so ein ekelhafter Giftknochen wie Sie“, brummte Kesselring. „Aber als Jäger offensichtlich etwas erfolgreicher. Was machen wir mit dem Fuchs?“

„Einen schönen Kragen für die Gemahlin?“, fragte Rottek. „Unter Füchsen sagt man sich: Hühnchen gibt ein schönes Fell.“

„Für dieses schöne Fell mussten sechs meiner Hühner sterben“, schimpfte Kesselring. „Deshalb will ich es haben. Können Sie das Notwendige dazu veranlassen?“

Rottek verließ mit Hund und Fuchs den Garten. Tierarzt Barwinski kam als Nacktschläfer nur notdürftig mit einer Unterhose bekleidet an die Tür und erklärte sich bereit, zu der späten Stunde noch Tonis Ohr zu versorgen und ihm einen mächtigen Kopfverband anzulegen. Zu Hause im alten Forsthaus legte sich der lädierte vierbeinige Jäger auf seine alte Decke unter der Treppe, seufzte einmal tief und schlief sofort ein.

Später, im Bett neben Anita, schaute Rottek lange aus dem Fenster. Der Schimmer des Mondlichts erhellte die Kiefernwipfel draußen. Immer wieder zogen Wolken an der silbernen Mondscheibe vorbei. Hell und Dunkel wechselten schnell.

Anita spürte, dass er wach lag. „Was ist mit dir?“, fragte sie leise und griff seine Hand.

„Ach, nichts“, antwortete Rottek. „Es ist nur… Toni. So ein kleiner Hund und so ein großes Kämpferherz. Ich komme mir manchmal daneben richtig klein vor.“

Anita fuhr sanft durch seine Haare. „Ihr beiden Jäger“, flüsterte sie. „Ihr beiden wilden Jäger.“

Umschlaggestaltung von init Kommunikationsdesign, Bad Oeynhausen, und Mathis Weymann populärgrafik, Stuttgart, unter Verwendung von Farbfotografien von Shutterstock/rodimov und Shutterstock/Stone36.

Unser gesamtes Programm finden Sie unter **kosmos.de.**
Über Neuigkeiten informieren Sie regelmäßig unsere Newsletter, einfach anmelden unter **kosmos.de/newsletter.**

FSC www.fsc.org MIX Papier aus verantwortungsvollen Quellen FSC® C014889

Gedruckt auf chlorfrei gebleichtem Papier

ISBN 978-3-440-17095-3
Redaktion: Miriam Lanzinger
Produktion: Ralf Paucke
Satz: DOPPELPUNKT, Stuttgart
Druck und Bindung: Friedrich Pustet GmbH & Co. KG, Regensburg
Printed in Germany / Imprimé en Allemagne